U0519704

RESONANT LEADERSHIP

和谐领导

〔美〕理查德·伯亚斯 安妮·麦基 著

李超平 译

商务印书馆

2008年·北京

Richard Boyatzis & Annie McKee
RESONANT LEADERSHIP

Original work copyright © Richard Boyatzis and Annie McKee.
Published by arrangement with Harvard Business School Press.

图书在版编目(CIP)数据

和谐领导/〔美〕伯亚斯,麦基著;李超平译.—北京:商务印书馆,2008
ISBN 978-7-100-05829-2

Ⅰ.和… Ⅱ.①伯…②麦…③李… Ⅲ.领导学 Ⅳ.C933

中国版本图书馆 CIP 数据核字(2008)第 052676 号

所有权利保留。
未经许可,不得以任何方式使用。

和 谐 领 导

〔美〕理查德·伯亚斯 安妮·麦基 著
李超平 译

———————————————————

商 务 印 书 馆 出 版
(北京王府井大街36号 邮政编码 100710)
商 务 印 书 馆 发 行
北京瑞古冠中印刷厂印刷
ISBN 978-7-100-05829-2

———————————————————

2008年12月第1版　　开本 700×1000 1/16
2008年12月北京第1次印刷　　印张 19

定价:38.00元

商务印书馆—哈佛商学院出版公司经管图书翻译出版咨询委员会

（以姓氏笔画为序）

方晓光　盖洛普（中国）咨询有限公司副董事长
王建铆　中欧国际工商学院案例研究中心主任
卢昌崇　东北财经大学工商管理学院院长
刘持金　泛太平洋管理研究中心董事长
李维安　南开大学商学院院长
陈　儒　中银国际基金管理公司执行总裁
陈国青　清华大学经管学院常务副院长
陈欣章　哈佛商学院出版公司国际部总经理
忻　榕　哈佛《商业评论》首任主编、总策划
赵曙明　南京大学商学院院长
涂　平　北京大学光华管理学院副院长
徐二明　中国人民大学商学院院长
徐子健　对外经济贸易大学副校长
David Geohring　哈佛商学院出版社社长

致中国读者

  哈佛商学院经管图书简体中文版的出版使我十分高兴。2003年冬天，中国出版界朋友的到访，给我留下十分深刻的印象。当时，我们谈了许多，我向他们全面介绍了哈佛商学院和哈佛商学院出版公司，也安排他们去了我们的课堂。从与他们的交谈中，我了解到中国出版集团旗下的商务印书馆，是一个历史悠久、使命感很强的出版机构。后来，我从我的母亲那里了解到更多的情况。她告诉我，商务印书馆很有名，她在中学、大学里念过的书，大多都是由商务印书馆出版的。联想到与中国出版界朋友们的交流，我对商务印书馆产生了由衷的敬意，并为后来我们达成合作协议、成为战略合作伙伴而深感自豪。

  哈佛商学院是一所具有高度使命感的商学院，以培养杰出商界领袖为宗旨。作为哈佛商学院的四大部门之一，哈佛商学院出版公司延续着哈佛商学院的使命，致力于改善管理实践。迄今，我们已出版了大量具有突破性管理理念的图书，我们的许多作者都是世界著名的职业经理人和学者，这些图书在美国乃至全球都已产生了重大影响。我相信这些优秀的管理图书，通过商务印书馆的翻译出版，也会服务于中国的职业经理人和中国的管理实践。

20多年前,我结束了学生生涯,离开哈佛商学院的校园走向社会。哈佛商学院的出版物给了我很多知识和力量,对我的职业生涯产生过许多重要影响。我希望中国的读者也喜欢这些图书,并将从中获取的知识运用于自己的职业发展和管理实践。过去哈佛商学院的出版物曾给了我许多帮助,今天,作为哈佛商学院出版公司的首席执行官,我有一种更强烈的使命感,即出版更多更好的读物,以服务于包括中国读者在内的职业经理人。

在这么短的时间内,翻译出版这一系列图书,不是一件容易的事情。我对所有参与这项翻译出版工作的商务印书馆的工作人员,以及我们的译者,表示诚挚的谢意。没有他们的努力,这一切都是不可能的。

哈佛商学院出版公司总裁兼首席执行官

万 季 美

译 者 序

多年来,我一直致力于领导力、敬业度、工作倦怠、职业压力、胜任特征模型与组织文化等方面的研究,并且取得了一定的成绩。我们在国内率先开展变革型领导的实证研究,揭示了变革型领导在中国的结构,编制了我国第一份"变革型领导问卷"。我们修订了国际上最权威的工作倦怠问卷 MBI-GS,在此基础上完成了"2004 年中国工作倦怠指数"、"2005 年中国教师职业压力与心理健康调查"、"2006 年中国上班族工作和谐指数大型公益调查"等项目。我们也对领导力与员工心理(包括职业压力、工作倦怠、敬业度等)及组织发展之间的关系进行了研究,虽然有了一些发现,但是与我们的期望相差甚远。所以,在我们内心深处一直有一个疑问:领导力与员工心理及组织发展究竟是什么样的关系?如果说领导力对员工心理与组织发展有影响的话,这种影响又是如何实现的?当我拿到《和谐领导》(*Resonant Leadership*)一书的原著时,我想我找到了答案——理查德·伯亚斯与安妮·麦基圆满地回答了这一问题。可以说,《和谐领导》是领导力领域当之无愧的又一巨著。这也是明知翻译是一项又苦又累的工作,我却还欣然接受商务印书馆的邀请承担此书翻译的主要原因。因为《和谐领导》回答了我最想回答的问题,因为我想为我国读者分享大师的智慧尽一

译者序

点绵薄之力。

　　作为管理者,一个摆在我们面前的难题是:在管理与领导过程中,如何做到真正的双赢,乃至多赢？在现实生活,很大一部分管理者都是顾此失彼,这也是为什么:皇帝会成为"孤家寡人",管理者会觉得"四面楚歌"、"心有余而力不足";很多管理者在工作上硕果累累,家庭生活却"红灯"高挂;商业精英会觉得"身心俱疲",乃至"过劳死";上班族会整天忙忙碌碌,却又觉得"壮志未酬"……理查德·伯亚斯与安妮·麦基认为,之所以会出现诸如此类的问题,其根本原因在于管理者的领导方式。今天的管理者所必须面对的挑战是:点燃人们的激情,调动组织的一切资源,向千变万化的未来前进。为了应对这一挑战,管理者在领导过程中必须持续不断地付出,而在这一过程中稍有不慎,管理者就很有可能被"权力压力"击垮,陷入"付出综合征",最终导致管理者的"不和谐"。当管理者不和谐时,他们的身心、他们的工作、他们与上司之间的关系、他们与团队及下属之间的关系、他们与家人之间的关系等等,都有可能出现问题,这时就很容易出现上面所提到的各种问题。更为严重是,管理者的"不和谐"会传染,进而导致更大范围的"不和谐",乃至整个组织的不和谐,最终给组织发展和组织绩效带来负面的影响。理查德·伯亚斯与安妮·麦基指出,要改变这一状况并打破"不和谐"的恶性循环,管理者必须进行"自我重塑",让自己回归"和谐",并持续维持"和谐",即管理者应该成为一名和谐的管理者,在领导过程中应该采用和谐领导。只有这样,管理者在领导的过程中才能实现多赢:管理者自己、整个组织、上司、团队与下属、家人甚至客户都能从这一领导方式中获益。

　　理查德·伯亚斯与安妮·麦基进一步指出,希望之心、警醒之心和怜惜之心是管理者能否自我重塑的关键。尽管这三个因素乍看起来好像没有什么特别之处,但是它们的确是和谐领导的核心所在。在

译者序

本书中的第六章、第七章与第八章中,理查德·伯亚斯与安妮·麦基对什么是希望之心、警醒之心和怜惜之心进行了详细说明,并用生动的案例阐述了如何培育希望之心、警醒之心和怜惜之心,而且在每章与本书附录中还提供了一些辅助练习。有心的读者可以参考这几章的内容来培育自己的希望之心、警醒之心和怜惜之心,相信付出一定会有回报。只要您真的按照这几章进行自我重塑,您就一定能成为一名和谐的领导者,您也就一定能实现自己的梦想,过上您想要过的生活。

最后,我要特别感谢张瑞芬、方伟、唐朝波、常苗苗、江超萍对本书所作的贡献,他们不仅参与了本书的初译工作,而且承担了大量的文献检索、专业词汇查阅与文字加工工作。他们的敬业、专业、认真、细致,都让我记忆犹新,正是由于他们的努力才使本书的翻译工作能够顺利完成。我也要感谢原书作者理查德·伯亚斯,他多次通过 E-mail 回答了我在翻译过程中遇到的一些问题,他的真诚、耐心、睿智给我留下了深刻的印象,也正是有了他的帮助才使本书的翻译最大限度地接近原文。我还要感谢新加坡国立大学管理学院的宋照礼博士、中国人民大学商学院的宋继文博士、迈阿密大学商学院的吴滨博士,他们总是不厌其烦地回复我求助的 E-mail,帮助我解决了翻译过程中遇到的许多难题,他们的耐心、体贴、专业是我学习的榜样。我还要感谢我的导师中国科学院管理学院时勘研究员、中国管理大学公共管理学院院长董克用教授与我的同事们:吴春波教授、方振邦教授、刘昕副教授、胡威博士,他们的支持与帮助是我前行的动力。此外,我要感谢商务印书馆的编辑张如帆女士,是她把这么优秀的一本领导力专著委托给我翻译,并在翻译的过程中不断提醒我把"高质量"放在第一位。最后,我还要感谢国家自然科学基金委,正是有了国家自然科学基金委的资助(项目批准号:

译者序

70502022），本书的翻译工作才更有保障，我的研究工作也才能更顺利。感谢所有关心、支持与帮助过我的人。

中国人民大学公共管理学院组织与人力资源研究所

李超平　博士　副教授

于中国人民大学求是楼

二〇〇七年正月初八

谨以此书献给我们的父母：
索菲娅和基里亚科斯·伯亚斯，
凯瑟琳·麦克唐纳·维格斯坦和默里·维格斯坦。
感谢你们一路上用爱心指导我们，
引领我们以警醒之心、怜惜之心和永恒的
希望之心去享受人生。

目录
CONTENTS

序言 …………………………………………………………… i
致谢 …………………………………………………………… iii

第一章　出色的领导者激励我们前行 ………………… 1

和谐或不和谐：领导者的选择 …………………………… 4
付出与自我重塑的循环 …………………………………… 6
警醒之心、希望之心和怜惜之心：自我重塑的关键 …… 8
关于如何用好本书的思考 ………………………………… 10

第二章　领导者的挑战 ………………………………… 13

盲目的野心 ………………………………………………… 15
我们是人而不是神 ………………………………………… 17
展翅高飞 …………………………………………………… 19
和谐会传染，不和谐亦然 ………………………………… 22
高情商：一个良好的开端 ………………………………… 27
通过重塑自我维持和谐 …………………………………… 31

第三章　不和谐是普遍现象 …………………………… 33

愚蠢的应对 ………………………………………………… 36
当压力变为不和谐 ………………………………………… 37

危险的滑坡 …………………………………………… 49
付出综合征的练习：我在哪里？ ………………………… 51

第四章　和谐与自我重塑的觉醒 ……………………… 55

陷入不和谐 …………………………………………… 57
发现自我认知的盲区 ………………………………… 61
通过警醒之心、希望之心和怜惜之心实现和谐与自我重塑… 69
个人重塑和职业卓越 ………………………………… 76

第五章　有意识的转变 …………………………………… 85

一个领导者的自我重塑之路 ………………………… 86
与自我和谐＝与群体和谐 …………………………… 102

第六章　警醒之心 ………………………………………… 107

留心内在体验 ………………………………………… 108
清醒、留心与关注 …………………………………… 112
无言的对话 …………………………………………… 119
滑向失察 ……………………………………………… 122
改变你的行为：培育警醒之心 ……………………… 134
观察、倾听和询问 …………………………………… 141

第七章　希望之心 ··· 145

什么是希望之心？ ··· 148
拥有梦想 ··· 150
相信梦想：乐观和效能 ···································· 163
把梦想视为可行的 ··· 167

第八章　怜惜之心 ··· 173

定义怜惜之心：行动中的同理心 ························· 176
行动中的怜惜之心 ··· 179
怜惜之心的商业案例 ······································ 182
培养怜惜之心：从倾听开始 ······························ 185
训练你的怜惜之心 ··· 189

第九章　"欲变世界，必先自变" ························· 199

附录 A　权力压力、付出综合征和自我重塑循环
·· 203
领导力与权力压力 ··· 203
长期压力和付出综合征 ···································· 204
自我重塑循环 ·· 208

附录 B　附加练习	211
注释	227
作者介绍	277

序　　言

自从我和好友兼同事理查德·伯亚斯以及安妮·麦基共同出版了《原发领导力》(*Primal Leadership*)之后，我们就在世界各地宣讲和谐领导是如何让领导者更加有效的。听众不可避免地要问我们一个问题：我同意你们的观点，但是如何实现和谐领导呢？现在理查德和安妮富有远见而又准确地给出了这个关键问题的答案。

一直以来，我个人从理查德与安妮那里学到了不少东西。面对现实生活中的原始素材，他们每一个人都极其敏锐，同时还表现出了科学家的才智、实践者的精明以及充满怜惜之心的灵性。

他们在《和谐领导》一书中也表现出了同样的敏锐，正如与他们一起工作让我获得了极大的回报一样，阅读此书也让我受益匪浅。理查德和安妮的这本书总结了全球大大小小的公司或者组织——从南非的校园到全球商业中心的董事会会议室——的经验与教训。借助自身丰富的经验，他们为类似仁爱、怜惜之类的品德，以及梦想、希望、乐观和伦理准则在我们的生活中所发挥的重要作用提供了大量具有说服力的商业案例。

卓有成效的领导需要具备社交魔力。正如理查德和安妮在本书中所指出的那样，杰出的领导者不仅能激励他们自己，也能在某种程度上传播积极性，点燃与调动周围人的积极性。但是，卓越的领导并不像高高在上

序言

的明星向他人撒下神奇的种子那样简单。真正的领导者知道他们也在被领导——领导并不是在一条单行道上行走。任何领导者都必须听取他人意见，并协调与他们的关系，以获取信息来帮助大家在整个行程中保持步调一致。最杰出的领导者知道，我们和周围的人是一个密不可分的整体。

但是这就出现了一个领导悖论：对领导者而言，管理上的首要任务并非是领导他人；领导者要面对的第一步挑战是了解并管理好自己。这包括与内心深处指引我们行为的价值观保持一致，让我们的所作所为意义深远。这种自我管理也要求我们让自身的情绪与目标保持一致——既为了更好地激励自我，也为了使我们自己保持冷静与关注。当我们的行为与内心真实的想法一致时，我们就会为自己所做的一切感到欣慰。当活力和兴奋感从心底油然而生时，这就证明了我们正在朝着正确的方向发展。

但是为什么要这样呢？因为卓有成效的领导需要怜惜之心——并不是慈善的施舍，而是一种仁爱的态度、帮助他人的倾向。怜惜之心能提升我们的精神境界，使我们不再以"小我"为中心，而是使我们能更关注他人。这个看似简单的提升能让领导者获得他们迫切需要的精神重塑，而这种重塑，正如它所表现的那样，对于领导者保持自身效率以及领导效率都至关重要。

在当今社会，由于领导者在工作中不再能坚持透明原则所产生的副作用，与他们傲慢的、以自我为中心的行为风格所产生的严重后果一起，已经破坏了商业社会的正常秩序，因此我们在本书中分享的真知灼见就显得更为珍贵。如果说今天我们需要从领导者那里获得什么的话，我想更多的应该是和谐领导。

——丹尼尔·戈尔曼（Daniel Goleman）

致　　谢

在阅读这本书的过程中,你会听到来自各方面的声音——智慧的声音、领悟的声音、经验的声音和支持的声音。这些声音来自接触过我们、教导过我们、激励鼓舞过我们的人——他们都是我们信任与珍惜的人,如果没有他们,我们不可能也不会有勇气来写这本书。我们深深地感谢在这个过程中大家所给予我们的支持、鼓励和帮助。

我们和丹尼尔·戈尔曼的合作关系一直以来就是上天给我们最珍贵的礼物和财富。我们工作的每一点进步都离不开他的帮助。我们尊敬他,也深深地关心他,同时我们也能感觉到他极具感染力的积极活力。丹尼尔的和谐领导将继续激励着我们,我们很感激也很高兴经常有机会与他交流我们的想法。

出版社的工作团队也非常出色。与他们每个人共事都非常愉快,他们都有着敏锐的判断力以及丰富的创造力。特别要感谢我们的编辑杰夫·基欧(Jeff Kehoe)给予我们的体贴、敏锐、平和的指导,他的个人魅力和他的幽默感都给我们留下了深刻的印象。我们也要感谢霍利斯·亨伯奇(Hollis Heimbouch),她对本书的内容和书中体现的精神都给予了很大的帮助——她是她自己的和谐领导者。当然,还要感谢马克·布卢姆菲尔德(Mark Bloomfield)、戴维·戈林(David Goehring)、托德·

致谢

伯曼（Todd Berman）和埃琳·布朗（Erin Brown），感谢他们相信这本书不仅会给商业界人士，也会给更多的领导者带来不一样的观念和想法。

我们的责任编辑，也是我们写作灵感的源泉露西·麦克考莉（Lucy McCauley），真的是一个特殊人物。她对我们的构思与写作的帮助所带来的价值是无法衡量的，因为她坚信我们的工作对有思想的探索者将产生重要的影响，如同对她自己所产生的影响一样。

我们要特别感谢泰里欧斯（Teleos）的团队成员格雷琴·施梅尔策（Gretchen Schmelzer）、尼恩·布兰南（Neen Brannan）和帕特利斯·沃尔登伯格（Patrice Waldenberger）。他们每个人为这项工作牺牲了数天——不，是数周时间来搜集和整理相关材料。他们踏实的工作作风、过人的智慧和幽默感帮助我们克服了许多困难，使写作工作得以如期完成。

我们很幸运地能和下面这些人合作，他们付出了自己的一切来探索有关卓越领导的真理。他们无私地与我们分享了他们的经验、他们的研究以及他们的信念。他们激励了我们，也帮助了我们。在此，我们非常感谢我们学院和研究团体的朋友和工作伙伴们：

凯斯西储大学（Case Western Reserve University）威特海德商学院（The Weatherhead School of Management）组织行为学系：梅尔文·史密斯（Melvin Smith）、黛安娜·比利莫利亚（Diana Bilimoria）、波比·麦克雷欧德（Poppy McLeod）、戴维·科尔布（David Kolb）、戴维·考波瑞德（David Cooperrider）、隆恩·弗莱（Ron Fry）、埃里克·尼尔森（Eric Neilsen）、希拉里·布拉德博雷（Hilary Bradbury）、珊迪·彼得利特（Sandy Piderit）、苏珊·凯斯（Susan Case）、丹尼·索洛（Danny Solow）、米哈利·马斯洛维克（Mihaly Maserovic）、尼尔·格林斯潘（Neil Greenspan）、戴维·阿伦（David Aron）、戴比·奥尼尔（Deb

O'Neil）和贝蒂·凡登布希（Betty Vandenbosch）。

泰里欧斯领导力学院：联合主席弗朗·约翰斯顿（Fran Johnston）以及团队成员劳拉·佩克（Laura Peck）、埃迪·马维瓦（Eddy Mwelwa）、尼恩·布兰南、戴劳尔·梅森（Delores Mason）、理查德·马希米利安（Richard Massimilian）、米歇尔·麦克尔赫尼（Michael McElhenie）、波比·纳什（Bobbie Nash）、格雷琴·施梅尔策、戴维·史密斯（David Smith）、菲莉斯·蒂琳（Felice Tilin）、帕特利斯·沃尔登伯格和埃米·尤格夫（Amy Yoggev）。

宾夕法尼亚大学：彼得·库里洛夫（Peter Kuriloff）、格雷格·谢伊（Greg Shea）和肯维·史密斯（Kenwyn Smith）。

ESADE：理查德·塞洛沃斯（Richard Serlavos）、托尼·林厄姆（Tony Lingham）、波尼·里奇（Bonnie Richley）、塞弗瑞·索莱尔（Ceferi Soler）、卡洛斯·洛萨达（Carlos Losada）、泽维尔·门多萨（Xavier Mendoza）、琼·马努尔·巴蒂斯塔（Joan Manuel Batista）和杰姆·休加斯（Jaume Hugas）。

为我们提供灵感的同事：来自IMD公司的汤姆·麦尔耐特（Tom Malnight）、兴隆资产公司（Uplift Equity）的合伙人安德斯·弗格森（Anders Ferguson）、英赛特公司（Insight Enterprises）的合伙人桑德·泰德曼（Sander Tideman）、应用研究中心的比拉·特雷（Beulah Trey）、伦敦商学院的巴比斯·梅因梅里斯（Babis Mainemelis）教授、波士顿大学的凯西·卡拉姆（Kathy Kram）、密歇根大学的简·达顿（Jane Dutton）、乔治华盛顿大学的詹姆士·贝利（James Bailey）、雅典ALBA公司的奥尔加·埃皮特罗巴基（Olga Epitropaki）、帕玛大学的阿诺德·科穆弗（Arnauldo Comuffo）、新泽西州立大学的卡里·切尔尼斯（Cary Cherniss）、北肯塔基大学的肯·雷（Ken Rhee）、保龄绿野州立大学（Bowling Green State University）的简·惠勒（Jane Wheeler）、哈佛大

致谢

学的约翰·科特（John Kotter）以及来自汉特学院的珍妮特·帕蒂（Janet Patti）。

我们还要感谢过去和现在的博士研究生，以及教练研究团队的成员们，他们是特伦斯·布里吉（Terrence Brizz）、布里吉特·雷皮沙塔（Brigette Rapisarda）、海伦·威廉斯（Helen Williams）、伊丽莎白·斯塔布斯（Elizabeth Stubbs）、爱德华·得耶格（Edward DeJaeger）、林赛·戈德温（Lindsey Godwin）、贝琪兹·里维拉（Beatriz Rivera）、路易斯·奥特利（Luis Ottley）、梅利莎·赫布（Melissa Herb）、艾伦斯·卡隆（Allece Carron）、安尼塔·霍华德（Anita Howard）、克莱欧·阿卡瑞弗-纳伯斯基（Kleio Akrivou-Napersky）、洛伦·戴克（Loren Dyck）、玛格丽特·霍普金斯（Margaret Hopkins）以及斯科特·泰勒（Scott Taylor）。

还有许多人默默地支持我们，他们是帕特丽夏·佩蒂（Patricia Petty）、埃拉托·帕斯查基（Erato Paaschaki）、佛朗哥·拉蒂（Franco Ratti）、本哈德·厄斯（Bernhard Urs）、莱尔·斯宾塞（Lyle Spencer）、法比奥·莎拉（Fabio Sala）、道格·莱尼克（Doug Lennick）、康妮·韦恩（Connie Wayne）、辛迪·弗里克（Cindy Frick）、玛丽·伯顿（Mary Burton）、霍普·格林菲尔德（Hope Greenfield）、莎伦·布朗菲尔德（Sharon Browfield）、玛丽·安·波特斯（Mary Ann Batos）、理查德·阿尔斯通（Richard Alston）、莎拉·格雷兹特克（Sarah Grazectic）、查尔斯·亨尼根（Charles Hennigan）、桃瑞丝·唐宁（Doris Downing），以及鲁思·卡克伯斯（Ruth Kacobs）。我们要感谢非洲基金会，以及他们在非洲保护区的同事们，尤其是贾森·金（Jason King）、杰基·麦诺顿（Jacqui McNaughton）、艾萨克·坦布（Isaac Tembe）和温迪·伍德（Wendy Wood），他们的洞察力和奉献精神使夸祖鲁-纳塔尔（KwaZulu-Natal）地区的孩子及其家庭看到了未来的希望。特别感谢卡尔顿·塞奇利

（Carlton Sedgeley）和罗伊斯·卡尔顿（Royce Carlton）的团队帮助我们找到合适的聚会场所，让我们能够与世界各地的专家学者分享我们的研究成果。我们的律师鲍勃·弗里德曼（Bob Freedman）帮助我们预见到了各种可能性，并让我们能始终坚持清晰的目标。

虽然我们不能用他们的名字来感谢他们，但是我们还是要表达我们对匿名评审专家的感激之情。他们的关心和关注使我们能把更好的作品呈现给读者。

我们还要感谢我们的子女和我们的其他家人。他们一直陪伴在我们的身边，他们是马克·斯科特（Mark Scott）、丽贝卡（Rebecca）、肖恩（Sean）、莎拉·雷尼欧（Sarah Renio）、安德鲁·墨菲（Andrew Murphy）、里克（Rick）、马特（Matt）、马克（Mark）、罗伯特（Robert）、杰夫（Jeff）、萨姆·维格斯坦（Sam Wigsten）、博比（Bobbie）以及托比·纳什（Toby Nash）。

这里，我们还要衷心感谢我们思想上的合作者：这世界上恐怕没有任何的文字足以表达我们对这些最亲密友人的感谢，我们可以无拘无束地交谈，分享各种想法，讨论问题，互换智慧，并且相互关爱。他们是桑迪·伯亚斯（Sandy Boyatzis）、埃迪·马维瓦（Eddy Mwelwa）、弗兰·约翰斯顿（Fran Johnston）以及梅尔文·史密斯（Melvin Smith）。弗兰和梅尔文是我们最珍视的朋友。他们激励我们超越今天的知识范围去思考，但也提醒我们要脚踏实地面对现实。无论我们做任何事情，桑迪和埃迪都是我们的好伙伴，所以我们特别要感谢在我们遇到挫折的时候他们给予的鼓励，当我们烦躁的时候他们给予的安慰，以及在写作与修改这本书的过程中，当我们常常对周围的事情失察的时候，他们提醒我们要保持警醒之心。

最后要感谢我们多年来的合作！我们从1987年以来就在一起学习、共同发表文章。我们是亲密的朋友，我们互相鼓励，激发了更多有创见的思

致谢

想,我们也很珍惜在一起工作生活的点点滴滴。

我们欢迎读者们给我们来信,期盼能听到你们更多的声音。我们的E-mail 是 richard.boyatzis@case.edu 和 anniemckee@teleosleaders.com。

第一章 出色的领导者激励我们前行

对那些勇于在目前这样一个极度不确定的时代担任领导的人而言,他们所必须去面对的挑战是巨大的。这是一个全新的世界,需要全新的领导模式。试想想看:千百年以来我们已经习以为常的一些事情,正在发生翻天覆地的变化。地球的气候在变化,我们正在经历极端的、不可预测的天气和温度变化,而这些变化又必然会导致植物、农业、动物和海洋生物等的变化。诸如飓风、洪水和干旱等自然灾害的数量和破坏程度不断上升;新的疾病不断出现,艾滋病毒也在不断威胁全球,尤其是非洲人民的生命。

纵观全球,让我们来看看领导者们所面临的情况:整个社会日趋变化多端,与几年前相比更显得危机四伏;一直以来运行良好的社会体系也不再能满足家庭、社会团体和民族的需要;过去一些能被有效控制的地区性的冲突也不断升级为全球性的矛盾。这一切削弱了我们的判断力,在给我们带来恐慌与愤怒的同时,也使得我们更为冲动,并作出无效的回应。然而,传统的解决方案显然不足以应对这些冲突。在全球范围内,一场新的战争已经引发了普遍的焦虑,影响着我们周围的每一个人。

这种史无前例的变化在影响自然与社会环境的同时,也给整个商界

第一章

带来了巨大的冲击。所有的机构都在努力拼斗以赶上外界的这种变化。政治、经济、技术和社会的变化正驱使我们的组织模式发生深刻的变化，从而使得组织的可预测性和稳定性即使不是不可控制，也变得难以捉摸。组织的复杂性正在呈几何级数增长，导致出现了既有创新而又令人困惑的组织结构。最终，不管我们是声讨全球化的新程度，还是赞赏自己终于把我们的组织推进到了全世界最边远的角落，事实却是：即使是最简单的组织也需要与距离遥远的其他机构联系，而经理人就不得不为例行公事每年出差20万英里。

当然，我们都明白这样一个通俗的道理：如此之大的变化，其背后也蕴藏着巨大的机遇。当地面在我们脚下移动产生裂缝时，也就提供了更多可利用的地域——创造了更大的想象空间，同时也为寻找途径来实现我们的梦想提供了更多可能。

那些我们称之为和谐领导者的人正在不断涌现，他们为穿越未知领域描绘蓝图，并努力去激发所在组织、机构和社区员工的斗志。他们在目前的挑战中寻找新的机遇，在恐惧和绝望面前创造希望。这些领导者在有力地、充满激情地、有目的地激励着人们前行的同时，游刃有余地应对着由于工作角色所带来的不可避免的付出与牺牲。他们积极投身于所追求的事业，但也关怀自我，并能积极进行重塑以确保自己能长时间地保持和谐。

优秀的领导者都是和谐领导者。他们能令人兴奋，同时卓有成效。在我们与丹尼尔·戈尔曼所合著的上一本书《原发领导力：认识情商的力量》(*Primal Leadership: Realizing the Power of Emotional Intelligence*)中，我们指出：优秀的领导者都能与周围的人建立和谐的关系。我们还进一步解释了在建立这些关系时，情商是如何成为一种至关重要的因素，并描述了如何去提高自己与他人的情商。

现在我们运用我们自己与其他很多领域的最新研究成果，来进一步表明领导者如何才能在他们的工作关系、团队和组织中建立和谐。管理学、医学、心理学、哲学等多个领域的研究已经为我们指明了道路。在本书中,我们整合了这些不同领域的最新研究成果,以及我们与一些有影响力的领导者打交道过程中的一些关键发现,展现了优秀的领导者是如何通过建立自我和谐以及与他人的和谐来成长为杰出领导者的。

这些和谐领导者鼓舞他们所在的组织和社区去实现一些梦想,而这些梦想在几年之前甚至还被认为是不可能实现的。如今,这些梦想真的实现了。我们看到越来越多的新产品与新服务提供给越来越多的人。组织结构正在发生戏剧性的变化,为提高效率与效果提供了更多的机遇,在让工作更有挑战性的同时也给目标的实现提供了更丰厚的回报。新的工作流程与程序不断被开发出来,以满足日益增长的复杂性与高速度的要求。

优秀的领导者对他们自己、其他人以及周围的世界非常警醒,且有着清晰的认识,同时也能与之协调一致。他们忠于自己的信仰,坚持自己的价值观,并过着充实而又有激情的生活。优秀的领导者具有较高的情商并且非常警醒:他们寻求过一种对自我、他人、自然、社会都十分关怀的生活。在面对当今社会的不确定性时,优秀的领导者充满着希望:他们用清晰的愿景、乐观的精神以及坚信自己和下属一定能够梦想成真的信心来鼓舞大家。在面对牺牲、困难、挑战甚至机遇时,优秀的领导者能够对那些他们所领导以及所服务的人们表现出最大限度的理解和怜惜。

然而,伴随着所有这些正面的转变,我们在那些共事的领导者身上也已经发现了一致的、令人困扰的变化:他们很难长时间维持他们的工作效果与和谐。首先,我们能够理解为什么这种情况会发生在那些从来没有受过情商训练的领导者身上;我们也很容易弄明白,在现今充满未知的社会里,为什么那些领导者会很难维持和谐与工作效果。但是,让

第一章

我们奇怪的是,即使是最优秀的领导者也会失去和谐,这又是怎么回事?为什么在那些有远见、有才华而情商又很高的领导者身上也会发生这种事?这些领导者确实更了解自我,他们也明白应该如何来打造优秀的组织,他们的周围也有着健康、真诚的关系。在我们分析这些问题和揭示一些我们已经得到的结论之前,先让我们更透彻地了解"和谐"一词的含义。

和谐或不和谐:领导者的选择

和谐领导者与周围的人相处融洽、协调一致。这就让大家彼此之间在工作中,无论是在想法上(做什么)还是在情感上(为什么要做)都能保持一致。[1]能创造和谐的领导者要么是天生就具有很强的理解能力,要么就是花了很大的努力来提高情商——自我意识、自我管理、社会意识、关系管理等方面的才能。他们行事思路清晰,不会简单地冲动行事或凭着一时的念头行事。

除了认识和管理自我方面做得很好外,高情商的领导者还能管理好他人的情绪,并能与他人建立牢固而又互相信任的关系。他们很清楚情绪是可以传播的,他们自己的情绪是员工情绪强有力的驱动力,并最终影响员工的工作绩效。他们也明白,短期来看恐惧和愤怒确实可以调动员工去工作,但是很快这些情绪就会起反作用,使员工心烦意乱、焦虑、工作效率低下。他们还善于换位思考,真正理解他人的处境。他们能够准确地把握他人、团体以及组织的文化,并建立持久的关系。他们通过展示自己的激情、承诺、人文关怀和组织愿景来鼓舞他人。他们使周围的人们愿意行动起来,为了令人兴奋的未来而一起奋斗。他们给了我们勇气和希望,帮助我们发挥最大的潜力。

和谐领导者能有效地整合资金、人力、智力、环境和社会资本,形成潜在的"组织秘方",以推动组织实现卓越绩效。[2]换句话说,与他们一起共事让人很愉快,同时他们的工作也卓有成效。当然,要成为一个优秀的领导者,领导者需要了解市场、技术、人员以及其他诸多影响组织的因素。虽然这些知识是必需的,但并不足以形成持续而又有效的领导,而这就是和谐领导可以发挥作用的地方。和谐让领导者能自如地运用这些知识来实现公司的绩效目标,同时也让领导者能凝聚公司上下全体员工的力量。

正如我们前面所提到的,现在的问题是成为和谐领导者并不是一件容易的事情,尤其在现在这样一个领导者必须面对许多未知需求和压力的全新世界里,想维持和谐就更难了。

为什么达到和谐这么困难呢?我们认为,这与工作的本质以及我们如何管理工作有关。就算是最优秀的领导者——那些能创造和谐的人——也必须不断付出自我。大多数人,尤其是与我们共事的那些忙碌的经理人,很少关注自我重塑,也很少去培养习惯——思考、身体和行为方面的习惯——来让我们在面对一年到头无休止的挑战时,能建立并维持和谐。事实上,情况正好相反。许多组织过高地估计了某些破坏性行为的贡献与价值,长时间地容忍不和谐与平庸的领导,尤其是当一个领导者看起来有所成效时就更是如此,而不会给我们太多时间或鼓励我们去培养能化解角色压力所带来的负面影响的技能和习惯。

更为严重的是,要求领导者创造可预期结果的压力不断增长:无数的人都在周围睁大了眼睛等待着,随时准备对负面消息重拳出击,甚至对只是有可能出现问题的线索也不放过。自20世纪90年代后期发现一些商业领导者存在不合理甚至犯罪行为以来,对组织财务和绩效的审查达到了空前严格的地步。更扁平的组织意味着每个人要做更多的事情,人们更难偷懒。不知道为什么,组织期望我们足够能干以应对这所有的事情,而不太关注我们生理和心理上的起伏变化。

第一章

但是当领导者长时间付出太多——收获太少——的时候,他们往往会出现我们所说的"付出综合征"。领导是令人兴奋的,但是压力也很大,同时也是孤独的。领导能够行使权力和影响力,但是权力也拉大了人与人之间的距离。领导者在工作中经常可能得不到支持,或者不能去考虑与他人的关系。我们的身体并不能每天都承受这样的压力。长时间这样之后,我们就会变得筋疲力尽——不在压力中爆发,就在压力中灭亡。连续不断的小危机、沉重的责任和长期需要向员工施加影响,这些都是沉重的负担,以致我们发现自己出现了付出综合征,内心动荡、不安和忧虑。

换句话说,不和谐变成了"家常便饭",即使那些能够创造和谐的领导亦然。而且,由于我们的情绪具有很强的感染力,不和谐会迅速向周围的人传播,并最终弥漫整个组织。

当然,组织中也有一些人,他们在领导职位上却从来没有和谐过,甚至他们中的某些人一开始就不应该在这样的领导职位上。另一些人寻求责任和权力,但似乎对"领导真正是什么?"缺乏最基本的理解。在他们看来,领导好像本来就应该是不和谐的。所以他们与不和谐共存,却没有认识到还有完全不同的生活,而他们也本可以更为有效。

但是,不管他们是否曾经和谐过,或者从来就没有和谐过,不和谐的领导者确实会对组织造成严重的破坏。他们被自身的不稳定情绪及其反应所支配。他们驱使员工为了错误的理由、在不正确的方向上过分辛苦地工作,留给员工的是挫折感、恐惧感和对抗心理,而他们却完全没有意识到自己所造成的危害。

付出与自我重塑的循环

我们发现了一个为什么会出现不和谐的原因——一种我们称之为

"权力压力"的现象：今天的领导者所特有的一种压力，同时也是领导者工作最基本的一部分。作为组织的领军人物，领导者所面临的选择很少会清晰明了，其交流和决策也复杂到令人难以置信的地步；而且领导者在行使职权时经常会遇到这类不确定性，加上身处高层所带来的孤独感，必然会产生权力压力。最近几年，我们跟踪观察了那些每天承受权力压力的领导者，他们就像救火队员一样，每天从早到晚就是不断在救火。最初的时候，他们只是偶尔遭受与权力相关的压力，慢慢就发展到几乎每天都要承受这种压力。最终，变成了长期性的压力。

我们观察到，这些领导者的情绪日益低落。一些人甚至表现出了一些不健康的行为，忘记了那些他们曾经所坚信的价值观；另一些人则完全累垮了。

然而，问题的症结并不简单是权力压力。压力一直是领导者工作的一部分，也将永远是领导者必须面对的现实。真正的问题是用来恢复的时间太少。许多领导者没能管理好"付出与自我重塑"这一循环，而这却是维持和谐的关键。相反，领导者总是持续不断地把自己奉献给了工作。

我们能做什么呢？想要保持我们已经达到的工作效率，我们必须控制付出、压力和不和谐所造成的综合征，而不要成为它的受害者。一次又一次地回归和谐才是关键！

幸运的是，我们已经有了很多好的典型。我们发现有的领导者能谨慎、自觉地跨出这种极具危害性的模式，在生理上、心理上与情绪上重塑自我。这些领导者能够很好地控制持续不断的危机和长期性的压力，而不会出现衰竭、恐惧和愤怒。他们不会盲目地以恐惧和防卫行为来回应所面临的威胁。他们往往能扭转局面，在挑战中寻求机遇并以创造性的方法来克服困难。他们能够通过不断强调万事皆有可能，来激励自己与他人。他们很乐观，同时又很现实。他们总能保持清醒的头脑，对自己

第一章

认定的价值观和目标充满激情。他们能建立强有力的、积极的人际关系,并营造令人振奋的组织氛围。

最重要的是,我们发现那些能够维持和谐的领导者都明白,重塑自我是一个涉及思想、身体、心情和精神等各个方面的整体性过程。他们很清楚地认识到,在自己工作中必须作出的自我付出只有在"自我"仍然得到照顾的情况下才能发挥积极作用。如果没有定期的自我重塑,付出变得太大时就会出现不和谐,而这种不和谐往往伴随着灾难性的后果。

虽然嘴上没有说,优秀的领导者也都明白这些道理。他们会集中精力来开发他们自身的才智,理解并管理情绪,关心自己的身心,并且关注那些为他们的思想提供动力的深层次的信仰和梦想。在本书中我们将向您揭示,自我重塑可以是有意识的过程,并确实能激发我们生理和心理上的转变,从而使我们能够对抗长期性压力和付出所带来的消极影响。所有的这一切将从警醒之心、希望之心和怜惜之心开始。

警醒之心、希望之心和怜惜之心:自我重塑的关键

在我们与经理人打交道的过程中,我们发现真正的自我重塑依赖于三个关键因素。尽管这三个因素乍听起来似乎对于成为一个和谐领导者这一艰难的工作来说太微不足道了,然而这些因素绝对是至关重要的;如果没有这些因素,领导者根本无法维持自身的和谐以及与他人的和谐。第一个要素是警醒之心,即生活在一种能完整且清楚地了解自身、他人和自己工作生活所处大环境的状态中。本质上,警醒之心意味着清醒、清晰而又积极主动地去关注我们自己和周围的世界。第二个要素是希望之心,能让我们相信所预想的未来是可实现的,在实现愿景的同时激励他人为这些目标而努力奋斗。实现自我重塑的第三个关键要素是怜惜之心,即我们能理解他人的需要和需求,并根据这些感受去采

取相应的行动。

正如我们在本书中要展现的,警醒之心、希望之心和怜惜之心的动态关系激发了积极的情绪,使领导者在面对挑战,甚至在面对当今不可预知的社会趋势时,依然能保持活力。这些要素综合起来,就能对抗权力压力所带来的破坏作用,使我们持续地处于自我重塑的状态中,并帮助形成和谐的人际关系和卓越的领导力,同时也帮助领导者及周围的人重塑自我。

但是,培养警醒之心、希望之心和怜惜之心,以及创造或维持和谐,并不会自动发生。对大多数人而言,开发自己这方面的潜力需要一个有意识的转变过程:慎重、有重点地弄清楚我们个人的愿景与目前的现实,有意识地建立相应的学习日程并积极去执行。这个过程——正如我们所要展示的——已经得到了研究结果的证明,并能够为领导者培养与维持警醒之心、希望之心、怜惜之心以及和谐领导所必需的能力提供支持。

总之,当今的领导者面临着前所未有的挑战,最终陷入了压力、付出、不和谐的恶性循环之中。为了应对领导这一角色所带来的不可避免的挑战,我们必须每天而且长期地投身于一个有意识的自我重塑过程。为了做到这一点,我们中的大多数人必须有意识地转变管理自我的方法,而且我们需要学习新的行为与习惯,来让我们维持个人内在的和谐,以及维持与下属的协调一致。我们需要培养警醒之心,学着去体验希望之心和怜惜之心。我们需要谨慎地专注于创造自身内部——思想、身体、心情和精神——的和谐,然后把我们的和谐传播到周围的人和团体中去。

在接下来一章中,我们将描述领导者所面临的主要挑战——点燃人们的激情,调动组织的一切资源,向千变万化的未来前进。在第三章中,我们将解释为什么不和谐会成为"家常便饭",以及即使是那些能够实现和谐的有效领导者是多么容易陷入自身以及与周围人的不和谐。在这

第一章

一章,我们还将讨论付出综合征,及其对领导者和下属的毒害作用。

在第四章中,我们会讨论领导者实现和谐的可能性,甚至是不小心陷入不和谐后重返和谐的可能性。我们会了解自我重塑的重要过程,分析生理上的自我重塑的神经—内分泌机制,并解释其对领导者的情绪、感受、知觉和行为的影响。作为这章的一部分,我们还将讨论为什么发现"唤醒呼叫"是能够让领导者走向自我重塑,管理"付出—自我重塑"循环而不会成为它的牺牲品的一个重要方面。

在第五章中,我们将详细分析有意识的转变过程,以及这一过程是如何引发一个人的习惯、知觉和情绪产生持续性变化的。第六、七、八章详细介绍了如何通过警醒之心、希望之心和怜惜之心这三条通向和谐的路径来达到和谐。我们将分别讨论能够让领导者完成从付出到自我重塑的三条主要路径,以及领导者在这三条路径上不管是对自己还是对周围的人应该如何去做。最后一章将要求你去思考如何开始你的自我重塑之路。

关于如何用好本书的思考

我们非常认真地对待给领导者做咨询,因此本书力求给您提供可靠的建议。在本书中,你将会读到一些真人真事,这些人遇到了真实的挑战,需要去面对最困难的领导问题。一系列令人惊讶的最新研究结果有力地支持了我们的研究发现。管理科学、心理学和神经科学方面的最新研究均指出了开发警醒之心、体验希望之心和怜惜之心的重要作用。我们将进一步展示,我们的观念将如何帮助领导者在工作上甚至生活中更有效、更成功。我们也会提供明确的指导,来帮助身为领导的你把我们的一些观念付诸实践。

市面上领导力方面的信息非常多,其中有些非常精辟,而有些则纯粹是废话。我们相信，领导力方面的好建议与我们经常读到的赶时髦的空话之间有着巨大的区别。你如何来辨别良莠呢？

好的建议应该是可被证明的。换句话说，必须有可靠的研究来证明其关键的思想、概念和实践。我们的思想来源于我们自己与其他学者多年的研究成果，综合了管理科学、心理学、组织行为学、教育学和神经生理学等不同学科的最新发现。在每一章以及大量的参考文献和附录中，我们引用并认真地解释了这些研究。我们希望作为读者的你，能够理解我们的逻辑，并了解支持我们观点与建议的实证依据。我们希望你能理解并能向他人解释是什么使领导者变得卓有成效，以及是什么在起妨碍作用。

好的建议还必须是中肯的和可操作的。我们的观念、概念和实践确实要行得通，而且在工作与生活中能够被领导者所采用。本书中的所有案例几乎都来源于那些我们很熟悉且很受尊敬的领导者。我们从他们身上学到了很多东西，也非常感谢他们愿意与我们大家分享他们所遇到的职场挑战与生活的全部细节，这才使得我们的概念变得栩栩如生。我们希望你能被这些故事所鼓舞，并向他们学习，就像我们一样。

除了这些你可以参考的案例以外，我们在许多章节的结尾和附录部分还安排了一些练习和活动，你可以通过这些练习所激发的反思，帮助自己更好地了解自己的领导方式，评估自己的现状，朝着自己的梦想迈进。这些练习和活动，我们自己、我们的客户和经理人学员都实验过并证明了它们的有效性。

根据你的学习偏好，你可以在开始阅读前先浏览这些练习，甚至在开始阅读之前先完成这些练习。既然你对我们的初衷已经有了一个初步的认识，你可能希望在详细了解本书的案例和研究前，就先了解怎么将这些概念应用在你身上。你可能愿意边读边做练习，或者读完全书再做练习。不管你采用哪种方式，我们强烈建议你至少完成其中的一部分

第一章

练习；进行几个小时的自我反思，就当送自己一个礼物，你将会得到令你满意的结果。

让我们首先来深入地了解两名真实的领导者：其中一名不小心陷入了不和谐；另一名十分清楚"付出与自我重塑"循环，甚至在9·11事件之后从事最具压力的工作——管理航空公司——还能维持和谐。

第二章　领导者的挑战

爱德华多（Eduardo）刚被提拔为某个著名国际非政府组织的一个引人注目的部门的领导。[1] 作为一名经济学家，爱德华多被分派到一个刚建立的脆弱民主政府——由经历数十年战争刚达成协议的对立双方所组成——的国家。他这个部门所面临的挑战是什么呢？那就是帮助新政府的各个部门在饱受战争蹂躏和贫困折磨的环境中发展民主政治，同时协调它们的发展战略。他的下属包括 50 名当地非常受人尊敬的、擅长外交的专家和学者，这些人非常擅于应付这个非政府组织的"客户"——那些到目前为止在口头上还未停止干戈的政府成员。

爱德华多是一名晋升很快的领导者，他过去六年里在两个大洲干过三份工作——所有的工作看起来都很成功。爱德华多打算快速地在这项工作中取得成效。起初，他看起来在做着所有正确的事情。他会见了他的新团队的成员，开始和他们建立友好的关系。他给他的下属设定了具体的目标，分配了明确的任务，并建立了衡量工作优秀与否的标准。他还制订了详细的工作计划。他四处走访，会见了一些关键的部长与社区领导人。但爱德华多很快就变得不耐烦，而且还有一点点多疑：人们似乎希望事情缓慢地发展。私底下，爱德华多当着他的下属嘲笑当地领导人毫无用处。他认为他们典型的冗长拖沓的会议简直就是在浪费时

第二章

间,而且他们充满感情色彩的讨论会令人有点尴尬。

他知道他需要加快速度以帮助政府官员为未来建立清晰的议事日程。他详细设计了一个调查研究项目,来调查并融合不同社区的目标与所关注的问题,同时处理这个国家内部各种不同文化的内在冲突。为此,他制定了要求非常高的时间表。他自己总是加班加点工作,同时密切关注结果,并要求别人也这么做。连续几个星期,大家都夜以继日地拼命工作。这对爱德华多来说是一个非常熟悉的工作模式,之前多次都成效显著。但高要求对爱德华多、他的下属和客户所产生的影响很快就显现出来了。休息时间太短、沟通交流过于简短、不注重细节与社会技巧,这些最终导致了人与人之间的误解和情感的伤害。

在实施这项工作的这几个月中,他的下属多次来找他,希望告诉爱德华多他们所发现的这个新政府的真实需求,以及各位部长对非政府组织所采取的措施的看法。他们认为这对与关键的部长和社区领导人建立更加良好的关系至关重要。而此时爱德华多已经充满了挫败感,他惩罚下属浪费时间的行为,嘲讽他们的会议是"鸡群聚会",因为与会者总是在毫无意义地喋喋不休。为了追求效率,他甚至禁止他的下属参与政府的运作,除了研究项目的需要之外,不准与政府代表有任何接触。不久,爱德华多开始注意到他的下属对他的措施有明显的抵触行为,但是他却回以更努力地工作和对下属更多的要求。他变得越来越没有耐心,眼里只有下属无能而又缺乏动力的工作表现。

同时,爱德华多并未意识到,该政府的部长们和其他领导人已经开始质疑他的策略,甚至他的工作动机;许多人认为他过于关注自己的职业野心,而不太关注集体的目标。当然,他们的想法并不是绝对正确的。爱德华多忠于他的工作,但问题在于他处于失衡状态——与其客户的需求和下属的工作风格不协调,人们完全不理解为什么他会如此刻薄、如此难以合作。不久,这种私下的混乱与不安情绪逐渐转化为抱怨。然而，和先前一样，爱德华多还是没有觉察到这种情况，因为他早已疏远了在政府的合作伙伴，甚至疏远了他的下属。很快，许多下属开始主动和他们在政府的同僚站到了同一阵线上。

还不到一年，爱德华多就被迫退出了这个国家，这也使那些曾经公开表示追随他的下属蒙羞。他们所制订的战略计划没有被采用，非政府组织因此失宠，而那些政府部长也没有得到他们所需的支持。最糟糕的是，由于没有合理的资源分配方式，内讧不断升级，社区仍然没有得到所需的卫生、教育及其他服务。

盲目的野心

到底哪个环节出了问题呢？在这项新工作中，爱德华多所做的事情和他过去取得成功时所做的完全一样，他评估了现状，发现并避免了最耗时的事情。他把注意力完全集中在自己的工作目标上，并要求他的下属也努力完成工作。然而这一次，他本以为正确的行为却错了。他失败了——却还不知道为什么会失败。

一个显而易见的原因就是，这一次他工作的国家与之前的国家有着极大的不同，这就使得爱德华多以往取得成功的法则变得不再可行。过去那些"正确的行为"在他以前的组织中确实有成效，但这次的这个国家是一个更加复杂的地方。该"客户"组织——一个新兴的组织——中的人，在经历了多年的战争之后，才刚刚放下指向对方的武器，以往的法则和常规的问题解决方法在这里不会起作用。而且，尽管爱德华多和这个非政府组织有极大的权威性，但是对真正的决策者——部长和社区领导人来说，爱德华多的政治权力对他们毫无影响。他们总是以非正式的方式运作，大部分情况下是在组织之外解决问题。事实上这个国家并不存在清晰的组织界限，但爱德华多却误以为这个国家存在森严的等级，并

第二章

根据这一假设开展工作。爱德华多来到这里闭着眼睛工作,只关注自己所承担的任务,而没有真正关注当地到底发生了什么。

事实上,爱德华多完全忽略了这个国家与社区的"情绪现实"。[2]为了完成工作任务,爱德华多承受着很大的压力,却完全没有注意到在这样的背景环境下,人际关系才是变革的驱动力。他没有发现,当人们每次开会讨论战略的时候,至少会做两件事情:寻求共同点以便作出决策;治愈过去战争带来的创伤。但是,他却解散了他所嘲讽的"鸡群聚会",而实际上这一聚会却是消除过去对立的派系之间的隔阂、增进相互理解的重要途径。他完全忽视了这样一个现实:在任何正式的计划出台以前,首先应该修缮与重建关系。所以随着压力的增加和情况的日益复杂化,他关注结果而不关注重建关系的工作策略变得越来越无效了。

当爱德华多自己还没有意识到这些问题时,他已经陷入了不和谐。最令人难以理解的是,他在过去的某些工作中表现出了优秀的领导才能,而这次他却显得毫无情商。他忽视了倾听下属甚至是客户的意见,也没有去关注他的行为最终如何导致了工作的失败。最糟糕的是,爱德华多控制情绪、态度和行为的能力在最关键的时候却下降了。

爱德华多陷入了很多领导者遇到的付出综合征。他之前的两个工作为他的事业奠定了基础——困难重重却成效显著——但却需要他付出一切。为了工作,他搬了好几次家,牺牲了妻子的事业和孩子们的学业。每个新工作都给他带来了更多的责任,伴随着权力和领导力而来的是特殊的压力。这种刺激的生活方式使他付出了很高的代价——家庭和工作中长期、持续的压力。在这个新的非政府组织的工作中,他感受到了要帮助这些国家重建基础设施的强烈责任。他十分关注自己的工作及其成果,总觉得自己是在跟时间赛跑。他耗尽了精力和体力,无情地驱使自己连续几周不停地工作,为这个项目付出了一切,甚至牺牲了必要的休息和反省的时间,并且他还要求身边的人也这样做。最终,爱德华多生活与工作内在的压力爆发了,导致了他的工作失利。他目标狭隘、情商下降,且对自己的角色和所处的状况没有清楚的认识。这一切都意味着他失去了方向。

我们是人而不是神

也许当你看到爱德华多的故事的时候,你能立刻指出他在领导行为上所犯的错误,以及这些错误为什么必然导致他的失败。也许你自己正在点头表示赞同。然而事实上,像爱德华多这样的领导者并不在少数。他们既不邪恶也不傻。事实上,在如今这个喧嚣的社会中,我们中的很多人都发现自己正被持续发展的目标所困扰:接踵而来的挑战、沉重的责任、每几个月就会出现的新的却难以实现的目标。所有一切都对我们身边发生的变化作出了回应——从企业组织结构的变化到国家组织形式的调整。这些变化似乎从未停止过,有时候甚至让人觉得连个喘息的机会都没有。

像爱德华多一样,我们中的许多人发现自己的工作接连不断(经常是节奏很快),每年都会搬家,每年需要优先考虑的事情也在不断变化。这些工作的要求非常高,而每一次的成功带来的是更高的期望和更多的责任。为了应对付出以及与之相随的压力,有时我们就会尝试将任务简单化,只达到工作的最低要求。也许我们会变得见识狭窄,认为只要借助技术就可以得到应有的结果,而忽视了思想、身体、精神和人际关系的重要作用。也许我们会拒绝那些与我们觉得应该发生的事情不一致的信息。我们精疲力竭了,也就停了下来了。

像爱德华多一样,我们没有看到真正的目标,也因此造成了不和谐的状况。我们自身的消极行为使我们停滞不前,不能有效地工作。与此同时,我们的压力和消极情绪在相互传染,我们周围的人也开始觉得沮

第二章

丧、空虚、工作无法进行——更不用说效率低下了。于是，一个恶性循环开始形成：权力压力、付出、不和谐、更大的压力、更多的付出。

这个恶性循环会带来什么样的后果呢？不和谐的状况比和谐的更为普遍，差劲的领导行为比优秀的领导行为更为常见。在这样一个充满无法预测的变化的环境里，不和谐反而变得更为常见，即使是优秀的领导者也发现自己正在走下坡路。而这也是如今要成为一个领导者所面临的挑战：如何应对付出综合征，如何在巨大的考验面前建立和维持和谐。

如果爱德华多能够通过经常性的休息、反省和沉思来平衡压力，如果他能够控制好每个领导者都会遇到的付出—自我重塑循环，也许他就不会忽视那些"他将走下坡路"的征兆。如果他能经常性地从心理上、身体上、情绪上和精神上重塑自己，并且允许那些为他工作的人也这么做的话，他就应该能够明白到底发生了什么。也许他本可以停下来，倾听下属希望与他分享的重要见解，但是他并没有这么做，他未能与自己以及周围的人协调一致。

显然，像爱德华多这类人是不希望失败的。他们不想制造不和谐，或营造一个使人觉得与外界失去联系、被威胁、成就被低估和工作负担过重的环境。他们不想给人一种充满失败或威胁的感觉。每个领导者都希望自己是高效的；其实在不良的领导行为背后，大多数不和谐的领导者本质上都是好人。

即使是遇到像爱德华多这么困难的情况，只要成功地处理好领导职位的内在压力，并坚持下去，我们就能更好地开发自身的优势，弥补自身的不足。如果他能维持自身的平衡与和谐，在面对他所在职位带来的新挑战时，他就更有可能依然开明、强大，并泰然自若。他也有可能采取更多更合适的方式，与相关人士建立良好的人际关系。然而事实上，他却没有足够的情绪控制力来理清思路，并采取正确的行动。

到底发生了什么？在无数同人陷入不和谐时，是什么让一些人能成功地管理领导者所面临的挑战，持续地建立和维持自身、团队以及组织的和谐？在开始探索这一问题前，让我们来看看另一种风格完全不同的领导——她用行动表明，尽管近年来，在竞争极为激烈的环境中，不和谐已经极其普遍，但是创造和谐，并且最终卓越成效，仍然是有可能的。更为重要的是，这种可能性是发生在面临着最艰难挑战的行业——航空业。

展翅高飞

如果时间退回到20世纪70年代，科琳·巴雷特（Colleen Barrett）做梦也不会想到有一天她会成为一家航空公司的总裁，那时候她还只是个法律秘书，她的老板赫布·凯拉赫（Herb Kelleher）请她帮助他与他的几个志同道合的朋友和同事来一起实现一个梦想：创建一家名叫西南航空的公司。这看起来像大卫（David）和歌利亚（Goliath）的故事。当时，大的航空公司并不希望有竞争者进入这个领域，他们想尽一切办法阻止赫布和他的创业团队。"我们每发展一步都要遭到他们的阻击，"科琳回忆说，"他们有些手段真的很卑鄙。但是这些'坏小子们'越是盲目自大，越是试图破坏我们的发展，我们的团队就变得越忠诚越团结。"[3]

赫布、科琳和他们的团队希望创建一家全新的、与众不同的航空公司：提供优质的服务，成为最出色的工作场所。员工彼此之间有着实实在在的承诺。同事之间和谐相处，整个团队深深地为他们的梦想所吸引。他们自觉地探讨该如何共同工作——团队精神被摆在了第一位，彼此"善待他人"成为准绳。他们集中精力为他们自己、为企业以及客户做正确的事情——当然并不一定完全按照这一顺序考虑事情的先后。

他们有崇高的价值观。但是当时每个人都处在高压之下，而他们的

第二章

事业又处于飞速发展时期,这时,即便是最令人鼓舞的价值观也不容易长时间地维持下去。在早期,科琳——赫布的肱骨之士、项目的策划人和执行者——就意识到了这一点。并且她还发现:他们在这个团队中(或这家小公司里)创造的这种和谐氛围,很有可能是西南航空公司快速成长为独具特色而又有成就的公司的原因之一。

科琳还发现了一些被许多领导者忽视的问题。她发现高效的团队、积极强势的组织文化并不是偶然形成的。健康的工作关系和规范确实能推动效率,但是要建立与维持这样的关系和规范,需要投入大量的时间和努力,需要详细的计划甚至专门的战略。因此她认为,建立一个优秀的企业不仅意味着提供优质服务,同时也意味着关注组织的情绪现实,并精心创建伟大的企业文化。为了确保企业永远不会失去活力,她开始建立系统、流程、仪式,来从根本上创造和维持如我们所说的和谐状态。她负责其中的许多流程,这些流程能引导员工在公司内部的行为以及与客户打交道时的行为。科琳并不是机械地把公司的愿景和使命制度化,而是根据公司的经验来精心地创建系统;她为团队精神和给予他人同情和帮助的行为设立了奖励制度;她尽量减少公司的管理层级,重视员工的个性特点;而且她确保即使是在飞机起飞这样严肃紧张的工作中,她和她的团队还经常有寻找乐趣和反思的机会。

由于拥有这种和谐的文化和领导,公司所有成员,从 CEO 到员工都能理解和尊重每位同事、客户和供应商。因此也就不必惊讶为什么这家航空公司能发展得如此迅速了。但问题是,西南航空公司怎么能够保持超过 30 多年的成功呢?特别是在今天,这个行业处于低迷时期,每年都有竞争者破产的情况下,它是如何取得这些成功的呢?西南航空每一季度都能持续地赢利并实现其目标。公司的客户服务水平享誉全球。即使在 2001 年的 9·11 事件以后,美国的许多航空公司急剧收缩业务,而西南航空的业务却从来没有下滑过。员工们忠于工作,充满激情。事实表明,他们有事业心而不仅仅视其为一份工作。

在西南航空,员工们正确地处理事情,而我们把这些归因为科琳多年来悉心创建的和谐领导和氛围。调查研究证实了我们的想法。研究显示:组织文化,尤其是员工感知到的组织氛围,能解释近30%的企业绩效。[4]作为一个和谐领导者,科琳帮助建立了一个能转化为生产力的组织氛围。今天,科琳的努力已经根植于公司每天的工作以及公司的原则和价值观之中。事实上,尽管在2003年她被《财富》(Fortune)杂志评为"最具影响力的50位女性"之一,她仍然没有丢掉这些务实的常识,以及对早期创业伙伴的真诚与承诺。[5]科琳创造了西南航空的企业文化,她把员工的激情、活力和行动引向了一个积极的方向。

我们知道,当我们团结在像科琳这样的和谐领导者周围的时候,他们激发出了我们最优秀的一面。他们让我们看到美好的未来在微笑着向我们招手,使我们为自己的努力和成果而感到欣慰。大家愿意追随和谐领导者,因为在工作中,他们的信仰与追求非常清晰。

正如我们已经指出(也值得不断重复)的,和谐领导者能很好地控制他们的情绪,能准确地理解他人和团队。他们有意识地与大家协调一致,把大家集中到共同的事业上来,创建集体感,创造一个能激发大家激情、活力和上进心的组织氛围。同时,他们还是乐观和现实的。

如果你想知道你自己或者别人是不是一个和谐领导者,你可以问自己以下几个问题:

➢ 他是一个能鼓舞人心的领导者吗?

➢ 总体来看,这位领导者是否创造了一个积极、充满希望的情感氛围?

➢ 这位领导者是否与他人保持接触?他是否了解别人心中所想?他是否体验并表现出了怜惜之心?

第二章

> 这个领导者是否警醒——值得信赖,与自己、他人、环境协调一致?

科琳的成功在某些方面要归因于她在上述四个问题中都得到了肯定的答案。换句话说,她的成功归因于她能创造并维持和谐的能力,正如爱德华多的失败要部分地归因于他自己不小心陷入了不和谐一样。而和谐与不和谐的发展都是因为情绪具有传染性。[6]的确,研究表明,不管是组织中的和谐领导还是不和谐领导的传染效应的背后,都有其客观的生理原因。

和谐会传染,不和谐亦然

情绪会传染,当人们分享情绪线索最终分享感受与心情时,人的大脑就会启动"开放式循环(open loop)"系统,最近几年这一观点得到了大量研究的支持。[7]事实上,人与人之间有"电线"相连,这些"电线"会从另一方那里搜集微妙的线索。因此,在某种意义上,我们的情绪是互相依赖的。我们会根据我们所观察到的他人的情绪,来决定我们自己的情绪反应。

我们的情绪也能把我们的意图传达给别人,从而使交流和互动更加顺畅。比如,恐惧可能是一种需要镇静、防御或躲避的信号;欢乐可能暗示着分享好运的机会或是希望建立及保持联系的愿望。我们的身体也以微妙或者明显的方式回应我们的情绪;诸如面部表情和声调之类,虽然稍纵即逝,但却是能影响人行为的重要情绪信号。[8]更微妙的线索,比如说脸红、面色苍白、细微的脸部表情或者身体姿态的某些细节,是很难控制的,也是我们对他人的真实情绪的强有力信号。我们的身体语言透露真相,即便是在我们不打算这样做的时候,我们也已经传达了自己最真实的感受。[9]

  我们并不总是清楚我们所发送或接收到的情绪中的信息。然而,我们还是非常善于解读对方。这可能与即使没有上百万年,也至少已经有几千年的人类生存机制有关。[10]我们经常留心观察他人,试图预测别人的行为,来相应地修正自己的反应。尽管我们不了解别人情绪的来源,我们大体上还是能够区分出对方什么时候处在强烈的情感之中,即使他正试图隐藏这种情感。而且,事实上,我们即使在完全没有言语交流的情况下,也能感知到周围人的情绪。[11]

  在与我们的领导打交道时,就更是如此——我们仔细地观察他们,即使在一英里以外我们都能"嗅出"他们的情绪。[12]他们有很多可支配我们的权力,我们希望能够尽可能地预测他们想要什么,以及我们该做什么。当一个领导者(像爱德华多那样)缺乏耐心、充满挫折感或害怕失败时,我们也会有同样的感受。我们也变得充满防御心和倾向于自我保护,想尽一切办法逃离使我们痛苦的源头,这就是不和谐氛围的开始。

  另一方面,当我们感觉到我们的领导者富有激情且充满希望时,我们自己也会受到鼓舞和激励。当我们的领导者热情洋溢、积极乐观并对我们真切关怀的时候,我们在工作中就会更具活力,从而能更富创造性地应对挑战。这就是科琳·巴雷特周围的人所感受到的。我们希望能在这样的领导者身边,无论他们做什么工作,我们都希望自己能够参与,尤其是与我们的价值观一致的工作。

  纳迪亚·韦杰(Nadia Wager)教授和她的同事们研究了领导者积极和消极的管理风格对下属血压的影响,证实了我们大多数人从经验中得出的结论。[13]在一个研究中,他们发现,当下属在和一个不受人尊敬、不公平、不关心员工的领导者打交道时,血压会急剧升高;而当他们和一个细心、体贴的领导者打交道时,血压就会恢复正常。

  在了解科琳·巴雷特和西南航空员工的工作情形后,我们有理由相

第二章

信她传递给周围人的信息对营造和谐的氛围有极大的帮助。她对自己所做的事充满激情,这在她的兴奋、勤劳和敬业中都能看出来。她喜欢和团队一起工作,关心她的下属和客户。她对公司与员工强而有力的积极信念感染了公司的员工,这可以从他们对待他人的方式中得到证明。

在西南航空,人们在创业时就对他们的事业以及彼此有一个基本的、共同的承诺。即使是日常工作中的短暂碰面,员工们也会友好相处,彼此尊重对方。公司里有很强的团队精神,人们都愿意去帮助他人。在这里大家都遵循黄金法则:你希望别人怎么对你,你就怎么去对待别人。这就是他们能够在公司内外充满人性关怀,与客户、供应商和承包商都维持着良好的客户服务关系的原因。当有人告诉我们"我们是客户服务行业,只不过我们的服务是航空运输而已"时,我们就会信任她。[14]很明显,这不仅仅是对公司的描述,而且它在员工的态度与行为中得到了充分的体现。在每一次与他们打交道的过程中,我们都能亲身感受到这句话。我们也能从位于得克萨斯州达拉斯的拉夫菲尔德的西南航空公司总部的氛围中感受到这句话。西南航空的内部报告显示,科琳的工作方式和公司的工作氛围帮助员工感受到了兴奋和忠诚,使他们乐于接受每天不可避免要面对的挑战。

和谐的这种传染效果最后会转化为我们所说的无形成果。来看看西南航空:你第一眼的感觉就是明亮而灿烂;工作场所中的一些事物让人感受到了生机和活力。钉在墙上的上千幅照片和来信展现了公司对取得的成就和一些特殊事件的庆祝,也表明了平凡岗位上的员工在公司所受到的尊重。你在大厦的每一处都能看见人们欢声笑语地共度美好时光。大家的着装也很特别:在西南航空没有呆板老气的制服,大家都穿着休闲的牛仔和T恤。重要的是,你总可以看见每个人都是忙碌并快乐着。

最重要的是,在西南航空,员工的行为反映了公司的价值观和使命感,这是由科琳那具有感染力的和谐领导模式创造出来的。和谐是一种生活方式,而不仅仅是一个抽象的目标。人与人之间体现出来的是切实可见的关心、坦率和真诚,对彼此工作的信任,以及对公司价值观的认同。看上去人们确实十分关注他们的工作、态度、价值观和人际关系。这也使他们对未来充满了自豪和希望。在这里,人们期盼、培育符合常识的正确判断,并愿意为之喝彩。他们对工作与公司的激情随处可见,并以大大小小、成百种含蓄而又有活力的方式表现出来。在公司内部,信息自由流通;几乎没有人会对公司的发展目标、发展策略进行盲目的猜测。大量的精力被从这类猜测中解放出来,投入到了工作中,并成功地推动着公司向前发展。很明显,科琳和她的团队有效地引导了西南航空的员工情感——而正是这种引导促使公司成为市场的常胜将军。

然而,从情绪感染力的另一方面来看,不和谐也是会传染的。当感觉到领导者的忧虑时,我们通常不会去打听发生了什么,我们只会简单地调整自己的行为方式。我们几乎是自动地在情绪上有所反应,或者被领导者的情绪所感染,或者小心地自我保护,免得被同样的问题所困扰。

正如我们在本章开始时描述的那样,这正是在爱德华多这一个案中所发生的事情。他原本是有能力营造和谐氛围的,但是除了他刚到这家非政府组织工作时做了一些努力外,他就逐渐出现了付出综合征,不能再维持原有的工作效率。随着新的工作角色给他带来的压力日益增加,这种效应的负面作用就更明显了。从某种意义上说,他无法很好地应用他的领导才能。当他担任这个新职位时,人们对他了解甚少,甚至一无所知——这是他个人所面临的挑战或者说是他的职业困境。他们所了解到的只是,这个人的压力很大,而且焦虑不安。每天,人们都会感受到他自身的压力给大家带来的冲击,所以人们对他都避而远之,甚至在他心情愉快、思想冷静的时候也会刻意与他保持距离。

这是因为,我们不会仅仅根据每一次与他人接触所获得的信息来决

第二章

定我们对对方的反应。无数的研究表明,一个人的情绪会同时受到长期态度与瞬间反应的影响。正是由于这一原因,情绪会间接地影响人们对社会现状的判断,进而影响他们的行为。[15] 一项研究表明,在谈判过程中,当对方提出被我们认为无礼的要求时,我们大脑呈现出来的脑电波与遭遇极强的负面情感如痛苦、厌恶和紧张时的脑电波一样。[16]

当我们把这些研究结果应用到工作中的关系时,就会发现,如果我们被他人的焦虑或不可靠的行为困扰(能够导致我们的不信任、不安或者恐惧),无论他们当时表现出什么样的情绪,我们都会习惯性地谨慎地与之交往。我们或者回避他们,或者敷衍他们,假装认同他们,扮演着非真实的自己。因此,当领导者不可信赖或者公然表现出破坏性情绪时,团队中甚至是组织中的不和谐几乎就会不可避免地出现。[17] 当很多人都表现出这样的行为时,结果会更糟糕——在最好的情况下会出现令人不愉快的组织政治,而在最严重的情况下则会毒害组织。

想想看,与科琳在西南航空对团队精神的鼓励形成鲜明的对比,爱德华多从语言和非语言的沟通中都流露出不愿意与团队一起工作。这并非因为他本来就漠视团队的重要性——事实上,在过去,他能很好地管理团队。但是随着压力的与日俱增,他开始把工作的成败看得过重,他对实现目标的策略的判断也走偏了。遗憾的是,他并没有认清这一事实。由于他的短视,他开始认为只有他一个人才真正了解项目的要求,因此他越来越忽视直至再也不愿倾听来自下属和客户的声音。结果,他的下属越来越觉得失败和沮丧,并感到无力扭转这一局面。当然,最后,无论是爱德华多,还是他的下属都无法完成他们负责的项目。

爱德华多促使他的下属产生了负面的情绪。由于所处情境中的真正的挑战,以及责任增加所带来的压力,加上多年应对付出综合征的压力开始爆发,他逐渐陷入了长期的精神紧张状态。他的不良情绪也传染了周围的人,使他们开始变得麻木或者自发地抵制他的领导。此时,无论是爱德华多还是他的下属都失去了创造力、活力和解决问题的能力——他们把太多的精力都放在应对这种消极、不和谐的氛围上了。事实上,有位员工告诉我们,那时几乎每个人一半的工作时间都花在抱怨、政治斗争或逃避上。不用多说,这种情况在不和谐的环境中普遍存在,无法使集体取得成功。

爱德华多和科琳的区别在于:像科琳这样的和谐领导者能够在积极的方向上控制自己与下属的情绪。他们创造了健康、有活力的文化和氛围,并取得了丰硕的成果。而所有的这一切都是从高情商开始的。

高情商:一个良好的开端

正如我们在前文中提到的,情商能够表明杰出领导者与更平凡领导者之间差异的85%—90%。[18]情商包括四个"域":自我意识、自我管理、社会意识以及关系管理。前两个"域"决定了我们如何正确地理解和控制自己的情绪和行为,后两个"域"反映了我们如何正确地认识和管理他人的情绪,如何建立良好的人际关系,以及如何在复杂的社会体系中工作。就像表2-1中显示的那样,这四个"域"覆盖了18项领导能力,这些能力都能影响和谐的形成。[19]

高情商是优秀领导的决定因素,但这并不意味着智商不重要。很明显,我们需要聪明、巧妙地应对组织面临的挑战和复杂的状况。我们需要从看似无关的信息中找到潜在的模式,我们需要了解战略、市场、财务和技术方面的知识,能够迅速、有效地学以致用,并与他人交流。事实上,两种认知能力:系统思考和模式识别总是与领导有效性有很强的关系。[20]

第二章

表2-1 情商域和能力

个人能力：这些能力决定我们如何管理自我

自我意识

- 情绪的自我意识：理解自己的情感，认识其影响；用直觉来指导决策
- 准确的自我评估：了解自己的优势和局限
- 自信：对自己的价值和能力有正确的判断

自我管理

- 情绪的自我控制：控制混乱的情绪和冲动
- 透明度：表现得诚实、正直、值得信赖
- 适应性：在适应不同环境和克服困难中表现出灵活性
- 成就动机：有动力去提高绩效，以达到自己内在的卓越标准
- 主动性：时刻准备去行动并抓住机遇
- 乐观：总能看到事情积极的一面

社会能力：这些能力决定我们如何管理关系

社会意识

- 同理心：能领会他人的情绪，理解他人的观点与看法，主动关心他人
- 组织意识：能在组织层面了解组织的发展趋势、决策网络和政治
- 服务：了解和满足下属、顾客或客户的需求

关系管理

- 鼓舞性领导：用一个有说服力的愿景来指导和激励下属
- 影响：用一系列策略来说服他人
- 培养他人：通过反馈和引导来提升他人的能力
- 催生变革：发起、管理和领导一个新的方向
- 冲突管理：解决不和

- 建立亲密的人际关系：培育并维护人际关系网
- 团队与合作：推动合作和团队建设

这也就是说：绝大多数认知能力都是基准性的，你最好拥有这些能力，否则你就不能（或者不应该）在领导位置上。当你在领导位置上时，真正决定你工作是否出色的是你如何使用你的知识，而不是你掌握哪些知识。这就是情商的价值所在。在大多数情况下，我们是先感知后思考，或是两者同时进行（两者经常在几毫秒内发生）。人类的大脑中控制情绪的部分和控制认知与理性思考的部分是紧密联系在一起的。在很多情况下，尤其是当我们陷入危机或感受到威胁时，都是情绪在真正驱动我们的行为。[21]

在当今这个充满不确定性和挑战的复杂社会环境中，加上领导这一角色与生俱来的压力，领导者会不断感受到来自这一方面或那一方面的威胁。因此，情商在现在比以往任何时候都更关键、更重要，它能使我们抑制冲动，三思而后行。自我意识和自我管理能力的提升，使我们能发挥自身的优势并管理好自己的情绪，因此我们就会对目标执著追求。理解他人也能使我们更好地激励他人，引导群体、团队和组织的文化。

再让我们回顾一下爱德华多和科琳·巴雷特的例子，你就能立刻分辨出他们情商的高低以及运用情商给组织带来的结果。当面临压力时，爱德华多误入歧途，只是以一种简单的方式来理解它的影响。他过分看重组织的等级（认为自己是老板），比如，把它凌驾于任何体现团队精神的想法和行动之上。而与之相反，科琳坚持自我平衡和自我和谐，这就让她能有效地发挥自己非凡的才干，在制定复杂而又有重要影响的战略的同时，创建和维持良好的人际关系。

同时，科琳的情商和内在和谐转化成了组织的和谐。因为具有团队

第二章

意识,她在西南航空中慢慢灌输了平等的工作理念,把工作等级化降到最小限度。反过来,这种组织文化关注员工的个性。你能在公司总部的氛围、员工的着装中感受到这种文化。在强调合作和团队协作的同时,员工的个性也得到了尊重乃至宣扬。一些员工告诉我们,尽管他们不知道很多人在公司中的头衔,却知道这些人的名字,知道他们在哪些方面表现突出。他们相互了解对方的专长,知道对方能干好什么。公司鼓励人际关系的培养——员工们下班后经常聚在一起吃烧烤或是在办公室搞聚会,来庆祝小小的成功、节假日、生日和所有想庆祝的一切。这种平等的精神以一种不寻常的、灵活且颇具创造性的方式,使大家能自由地建立人际关系,并出色地完成工作。

在西南航空,人们发自内心地彼此赞赏,正如他们赞赏他们的客户一样。科琳最近发现了一个好办法把这种赞赏制度化,这也从另一方面展示了他们是怎样维持和谐的。西南航空在业界算得上是独一无二的,其灵活而友好的服务常常使客户感到惊喜。许多客户写信给高级管理层,感谢他们所得到的特殊照顾。用这些信作为重塑自我的方式已经成为科琳的一种习惯。在安静的早晨或者是工作中出现压力的时候,科琳会花时间把每封信念给大家听。读这些信会把她和她的梦想、她对公司的愿景以及涉及的人更加紧密地联系在一起。在这些表扬员工和公司的信中,传达着一种希望。员工在符合尊重、理解和关心客户的精神下做出了大大小小的贡献,而这一切也是西南航空公司的愿景的一个缩影。

这些感谢信让科琳兴奋,让她对未来充满了希望,即使在最困难的日子里也是如此。了解员工面临的挑战和他们的反应,使科琳在激烈的商战中仍和下属保持密切的沟通和联系。她常常换位思考,了解员工和客户所面临的困难。她经常亲自给员工写便条,表扬他们的创造性和辛勤的工作。我们都知道这样做对员工而言意义重大。所以,科琳在重塑自我的同时,也在帮助他人重塑自己。而且每月一次,科琳都会把最鼓舞人心的客户来信发送给所有的员工。通过这种"表扬信",科琳唤起了西南航空公司员工的希望、关心和关怀之情,并让员工意识到公司可以做得如何之好,进而在西南航空建立了和谐的氛围。科琳知道当他们读到这些表扬信的时候,他们会和她一样感到精神振奋、充满激情和希望,感受到自己是在跟最优秀的人并肩作战。

相反,爱德华多不仅没有花时间来表达对下属的赞赏(肯定也谈不上把这项工作制度化),而且对下属在工作方面的观点也缺乏应有的尊重。他甚至不允许公开的交流,很少与下属讨论和分享工作和目标带来的期望和自豪感。可能他不是故意要这么做,只是由于他出现了付出综合征,而失去了营造积极情绪氛围的能力。他已经过久地忽视了自我重塑。

接下来,我们要说的是,对于领导者来说,由于存在领导角色与生俱来的压力和社会环境的各种要求,仅仅依靠高情商是不足以维持和谐的。那么像科琳这样的领导者是怎么做的呢?

通过重塑自我维持和谐

要在一种文化中创造和谐,在业务上取得成功,科琳和她的团队在西南航空公司中采取的方法是,必须与自己协调一致。否则的话,你会发现自己被工作压力所摆布。

再想想爱德华多的例子。他无情地鞭策自己去实现目标,并驱使他人与自己保持一致,但最后的结果呢?压力、不和谐、筋疲力尽——失败!爱德华多所不明白的是,领导者要想维持工作效率,首先必须学会如何去维持自己。

与之相反的是,科琳指出,仅仅具有高情商还不足以维持和谐领导,

第二章

尤其是现在,特别是在像她所处的这种萧条行业中,只有高情商是远远不够的。因此,她学会了如何去管理领导这一角色与生俱来的付出与牺牲,以重塑自我,并在组织中创造和维持和谐。简而言之,她已经学会了如何管理付出—自我重塑循环,我们将在后面的章节中讨论这一问题。

科琳很清楚情绪是可以相互感染的,所以她很注意自己的情绪和心情。她很留心自己情绪的起伏变化,她不仅花时间去了解自己,而且还会照顾到自己的情绪需要。她知道,工作中的某些方面,比如与下属和客户的密切联系,能使她感到充满希望、受到激励,并勇于去面对挑战。关心和重视他人的需要实际上是在帮助她重塑自我。因此,她让她自己与他人有大量的直接接触与联系。为了确保有足够的时间自我成长、平衡压力,她给自己留出了独处和反思的时间:每天一大早,她在一个计划好的专门用于反思的时间内,给员工写一些温暖人心的小纸条,或者做一些别的有利于维持和谐的事情。科琳已经学会了通过一系列有意识的自我重塑行为来营造和维持与周围人的和谐氛围——花时间照顾好自己,关注对她重要的东西,与她所关心的人保持良好的联系。

接下来我们将进一步深入地探讨这个问题,即优秀的领导者是怎样通过自我重塑来创造和维持和谐的。但首先,让我们来看看,陷入不和谐是多么容易,尤其是在今天的社会环境中,即便我们才华横溢而且出发点很好也很容易陷入不和谐。在下一章中,我们将看到一个本质上很好的人,最后却变成了一个失败的领导者。我们将探讨不和谐是怎么发生在他身上的——如果我们无法对抗我们的工作角色所固有的压力和付出,这也将有可能发生在我们身上。

第三章 不和谐是普遍现象

卡尔是一家知名专业服务公司的合伙人。许多年以来,他一直被认为是杰出领导者的楷模。他不仅能拉来众多的客户,而且能让这些客户满意,这帮他赢得了传奇般的好名声。在单位他是年轻的新同事的好榜样,所以他经常把这些年轻的新同事纳入麾下,为他们创造机会,引导他们在公司的发展。卡尔努力工作,并以一种富有洞察力的方式管理自己以及自己与他人的人际关系。管理他所领导区域中的客户项目已经成为了他的第二种天性——他基本上能够预测团队动力的模式、与客户正在进行的谈判需要提交的资料以及下一步要做的事情。他总是保持乐观的情绪和丰富的创造力,即使是在工作压力最高、精神最紧张的时候也不例外。他总是富有责任心地帮助别人,不仅确保别人获得他们需要的东西,而且帮助他们提高自身的能力。因此,下属愿意遵从他的指导,同事们信任他,董事会对他也十分尊敬。

但是上面所说的一切开始发生变化——起初很缓慢,随后发生了急剧的变化——他所在的行业发生了几起重大的涉及不道德手段与非法手段的丑闻,这足以毁灭这个行业的公司。这时,卡尔感觉到了一种新的压力,他需要去拓展业务,同时还需要重振合伙人和同事越来越低的士气。不久,他就被调到公司总部,为高管团队提供支持,协助应对这次

第三章

危机。他欣然接受了这一变动;虽然他喜欢之前的工作,但这一工作所带来的压力在最近的一两年让他备感折磨——这次人事变动对他个人来说似乎是一个重要的里程碑。

但是很快,当他发现自己与所喜欢的工作脱离了关系后,新的状况又出现了。卡尔很难理解在这个距离他原来工作地区仅500英里的新办公室里,竟然有着完全不同的情况。虽然还是在同一个公司,同样是那些认识多年的人,游戏规则却似乎完全变了。现在他比以前更努力工作了。

与此同时,卡尔的妻子担任了一家新成立的公司的领导,很少在家自己做饭。聚少离多的情况因新工作的要求而变得很平常,夫妻二人渐渐有了距离感,而由此产生的压力使卡尔身心俱疲。卡尔停止了做那些曾经使他成为和谐领导者的大大小小的事情。比如,他不再关注同事的工作动力。在此之前,他一直很注意观察怎样的人员搭配会提高工作效率,哪里会产生对抗,但是现在他在新的职位上却不再关心这些细节问题了。他已经失去了耐心,不屑玩这些把戏了。当他偶尔涉入公司各派系之间长期存在的矛盾时,他也从未想过去缓和这种矛盾。相反,当他看见这些幼稚的行为时,从不隐藏他的鄙夷。最终的结果是,他失去了双方对他的信任和尊重。

卡尔还忽视了一点:总部和别的地区的企业文化是不一样的。他只在意抑制因为新工作和不愉快的公司环境而产生的不满情绪,而没有试图去应对公司政治。终于有一天,他厌倦了所有的一切。他决定把他的想法告诉董事会,并写了一封严厉的批评信,指责总部的政治环境。当然,他知道把这些意见以书面的方式呈上去破坏了公司的潜规则,这并非明智之举,但是他已经顾不了这么多了。

尔后,大家感觉到跟卡尔相处变得越来越困难。他的谈话多数围绕着他自己:他在做什么,进展如何(进展良好);他做了很多事情却没有得到同事的赏识（他们没有意识到他的优点,他们都在嫉妒他等等）。他还开始流露出对同事、客户的鄙视,谈及其中任何一人他都绝不发表赞美之词。他的身体语言、语音语调甚至措辞都明显地表现出消极的情绪：愤怒、敌意、嫉妒、骄傲,以及对不公平待遇的强烈怨恨之情。

他行为的转变使每一个人都大为震惊：这已经不再是大家过去认识的那个冷静、头脑清醒、思想开放的卡尔了。很明显过去几年里,行业的混乱已经将这个曾经的明星人物改变得面目全非。一些人开始不相信他,客户们也不再对他组织的社交聚会感兴趣。然而,没有人能够改变他的这种行为;公司的其他合伙人觉得纠正他的行为令人非常尴尬,而他的下属则过于担心被惩罚也不愿去这么做。

那些接近卡尔的人还注意到了这样一个变化：他的生活方式变得出格。他无视妻子的反对和经济上的危急信号,固执地在总部附近买下了最贵的房子,然而这却给他带来了沉重的经济负担。他开始和年轻的同事夜夜外出买醉,谈论那些过去他唯恐避之不及的话题。他醉酒后常常口无遮拦,泄露了太多的信息,并且肆无忌惮地发表对公司和客户的看法,做出了一些与他身份不符的事情。一天晚上,两个女同事甚至被他无聊的笑话和暗示惹恼了,跑到人力资源部狠狠地告了他一状。

与此同时,金融服务业的行业状况更加恶化了：有几个公司的领导被起诉、宣判有罪,并锒铛入狱。到目前为止,卡尔的公司还没有遇到大问题,而公司的高管也希望能把这种状况维持下去。当他们仔细地评估每个合伙人的行为、价值观和工作风格时,他们发现自己处在一个很尴尬的位置,因为他们将不得不和卡尔——他们团队中的一员打交道。他的行为离谱到让人无法接受,他的管理风格存在着明显的问题,他与员工和客户相处的方式也使人忍无可忍。

没有人能够理解为什么事情会变成这样。他仍然是一个聪明的人,但是不知何故,他开始频频犯错——决策失误、脱离群众,最终陷入了不

第三章

和谐的状态。这一切发生得太突然了，卡尔的卓越才能似乎不够用了。

愚蠢的应对

当我们见到卡尔的时候，公司的最高管理团队刚刚理清了头绪，他们已经再无法容忍卡尔的所作所为。他们要求卡尔必须改正他的那些行为，要不然就离开。卡尔拼命努力想避免被炒鱿鱼，但却完全是徒劳。我们可以很清楚地看到：他从原来的和谐领导者不小心陷入了权力压力、过度付出、不和谐、更多压力的恶性循环。虽然卡尔患上了付出综合征，但是他自己并不了解自己到底怎么了。他被压力和过去辉煌的历史蒙蔽了。毕竟他曾经是公司中最优秀的经理人之一，正是因为工作成功他才被调到总部工作的，而且他经常因为工作绩效而受到褒奖，到目前为止仍无例外。但问题是，现在他所处的行业正在被迫发生转变，压力巨大，而卡尔却没能整合好自己所必需的个人资源。

相反，他又退回到了过去的老习惯——这些做法在他的职业生涯早期，当他有压力而不得不去证明自己时曾经非常有效。于是他做出了这样的推理：勤奋工作在以前有效，现在也一样能给他带来成功。他以为简单的快节奏、高强度的工作就能使他再次成功，而没有去反思自己现在处于领导者的角色，而不是客户管理的角色。卡尔试图用自我加压的方法来减轻工作中持续不断的压力。他过分集中的注意力使他失去了警醒之心——我们将在第六章深入讨论这一概念。在巨大的压力下，他自我封闭，对原本需要注意的事情都视而不见——这是一个致命的错误。我们许多人在陷入压力和付出的恶性循环时都会犯这样的错误，而这样的错误对领导者来说也很普遍。

当我们和卡尔、他的 CEO 以及同事交流时，明显地发现，卡尔已经变得茫然不知所措。他对别人对他的看法有着武断、错误的认识，他也没能意识到他给别人造成的不安和焦虑。时间一长,卡尔对自己的感情失去了了解,面对自己的情绪(现在经常是消极的情绪)无能为力,而这种消极的情绪会无法掩饰地体现在他的面部表情和肢体语言上。当被问起他个人的价值判断时,他会有礼貌甚至富有激情地告诉你他的价值观和信仰,但当他在叙述近期的异常行为时,你在他的言语中又找不到这些价值观的痕迹。卡尔的言行是矛盾的,但他似乎没有意识到这一点。

在过去的几年中,他已经慢慢地脱离现实。他设想出一个自我形象来保护自己。他不再像过去那样清楚地了解别人,他所具有的理解他人的那些能力都已经被歪曲的判断和对事件的自我服务性解释所彻底埋葬。为了实现他的工作目标,他不惜牺牲大家对他的信任,不惜将自己的人际关系一再恶化。

最后,卡尔虽然没有被开除(到我们目前知道为止),却被调离到一个不起眼的管理岗位上,这个职位没什么影响力,还远离行政办公室。而且他还必须接受进一步的察看:一旦工作出错,就要被开除。尽管暂时还有份工作,但是卡尔在这个公司的工作生涯却似乎结束了。

当压力变为不和谐

我们都见过像卡尔这样聪明、成功的领导者,但是当他们面对长期压力之后,往往失去了和谐,变得易怒、暴躁、健忘。他们的这种消极的、以自我为中心的行为给周围的人造成了不良影响,而他们自己却没能发现这点,对此我们只能摇头叹息了。而这比那些从来没有或者很少实现和谐的领导者更令人失望。对那些人,我们能够预言他们的破坏行为,对他们的愚笨无知也毫不惊讶。但对于卡尔这样的领导者,我们感到很困惑:怎么会这样?为什么没有人阻止他们的转变?我们预计到了他们

第三章

终将失败,但我们常常很惊讶他们在失败之前还能够坚持这么久。我们不明白,在这么长的时间里,他们怎么会毫无对策呢?我们的组织怎么会容忍这类行为如此之久?

我们发现有三个原因导致如此多的人陷入不和谐,且之后又被姑息继续保持这种状况。首先是我们提出的付出综合征,它源于无法控制的权力压力。[1] 权力压力来自于某些特定的岗位。这些岗位要求领导者每天行使权力,向他人施加影响力。在这种情况下,领导者不可避免地要承受这种特定的压力。这种压力在领导角色中与生俱来,并且持续不断。我们的身体根本无法应付,久而久之,对于领导者而言,这种压力就会变成长期压力。其次,很多人用防御的心态来应对压力——这个坏习惯使我们无法了解我们自己和周围的人到底在想什么,在做什么。[2] 最后,是我们的组织自己在作怪——最为严重的是,组织往往对工作中的一些不和谐行为予以肯定,在过去几年严峻的经济环境中更是如此。

权力压力和付出综合征

作为领导者,每天面对大大小小的危机是家常便饭。我们发现自己经常到处"灭火",从一个危机奔赴另一个危机。而且我们很擅长这样做:我们中最能干的人是聪明的、专注的、独立的和精力充沛的。我们有很强的自我控制能力,能够有效地克制自己的冲动行为并领导其他人。我们为了实现卓越而不断努力、辛苦地付出了许多。最终我们如愿以偿,实现了自己的目标,取得了丰硕的成果。同时,我们有极强的影响力,可以运用权力使我们的工作业绩锦上添花。像卡尔一样,我们一度都是优秀的领导者。

令人感到荒谬的是,正是我们的有效工作导致了付出综合征。事情是这样发生的:在我们将整个身心都投入到工作过程中的时候,我们付出的太多,而这最终也使我们的工作变得无效。在长时间未加控制的情况下，即使是原来的和谐领导者也会在心理和生理上出现不良的征兆，这种变化限制了领导者继续维持高绩效的能力，正如图3-1所示。

像卡尔这样的领导者都承担着重大的责任，而且职位越高，负担越重。这些领导者必须对他人施加影响力，鼓励他们、引导他们为了实现具有挑战性的目标而采取正确行动。好的领导者必须有很强的自我控制能力，而要做到这一点需要耗费我们很多心思，付出很多努力。当领导者正为实现影响力和自我控制忙得不可开交时，又不幸地遭遇一两次危机，他们就会承受我们所说的长期的权力压力。[3]事实上，压力研究者认为领导者是一个有"长期压力和间歇急性压力"的角色。[4]

图3-1 付出综合征

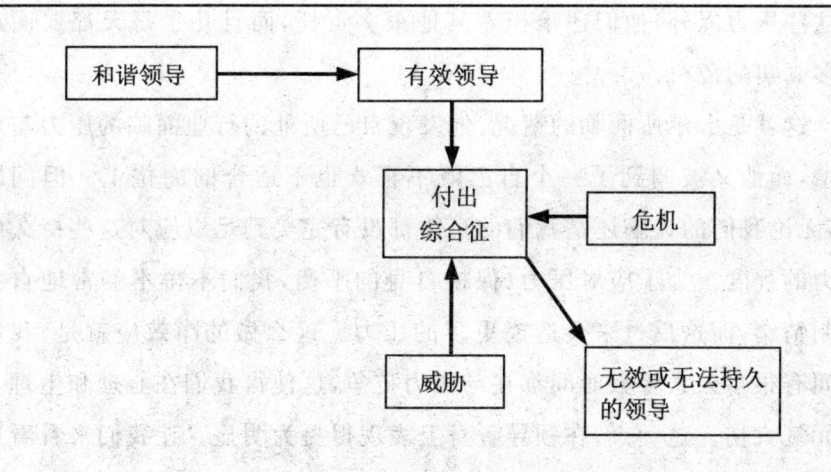

```
和谐领导 ──→ 有效领导
                 │
                 ↓
              付出综合征 ←── 危机
                 ↑            │
                 │            ↓
               威胁      无效或无法持久的领导
```

当工作有效时，领导职位的正常要求会激发我们对权力的需求，并让我们的思想和身体处于持续高度戒备状态。[5]这就产生了巨大的压力感。在这种状况下，我们大脑边缘的某个被称为杏仁核的部分被激活。它刺激了神经循环，使右前额叶皮层的电流运动也随之增加。[6]与此同时，一组激素被释放进血液中，引起了"抵抗或者逃避"的反应。这些神经和激素活动使早期的人类免受可怕而直接的生理威胁。在当时，人们

第三章

长时间忙于寻找食物,进行平凡的日常活动,例如剥下兽皮做衣服,和家人朋友玩耍。这些都增进了感情,使人们很少感觉到压力。

然而在现代充满压力的社会里,我们的处境十分复杂,而我们的情绪状况也会受到来自于工作和生活等各方面的威胁。我们经常要去面对外界的快速变化,需要冒很大的风险,在似乎是个人或者组织生死存亡之际做出决策。最近几年,在全球性的动荡局势,包括战争、恐怖主义、环境变化以及那些能触发恐惧和焦虑的未知事件的背景下,工作和繁忙的生活使得我们所面临的压力越来越大。作为人类,我们有一种独特的能力,仅凭想象和预测未来可能遇到的压力事件,就能给自己制造压力并产生相应的生理反应。这就意味着在很多时候,我们有可能都处在一种高度紧张的状态中。对于领导者而言,这种可能性就更大了,除了这些压力以外,他们还承担着其他很多责任,而且几乎每天都要面对很多真实的危机。

这就是卡尔所面临的情况:他发现自己所处的行业面临的压力与日俱增,而他又被调到了一个自己既不喜欢也不适合的岗位上。但问题是,无论我们的大脑还是我们的身体都没有完美到足以应对这些持久的压力的程度。为了应对压力、保持自身的平衡,我们不得不经常地自我控制情绪,而这反过来会造成更多的压力。这么做的净效应就是,我们中间有很多人大多数时间都在与压力抗争,这使得我们在心理和生理上都元气大伤。这一点,在领导者身上表现得更为明显。让我们来看看这一效应到底是怎样产生的。

压力唤醒了交感神经系统(SNS),激活了一系列荷尔蒙或激素的分泌。其中一组肾上腺素、去肾上腺素,在血液输送到大的肌肉群时,使血压升高(为身体做好抵抗或逃避的准备)。与此同时,大脑似乎关闭了一些不重要的神经运动,而这意味着我们就会变得好像不那么开放、灵活、富有创造力。[8]

其他一些激素也被释放出来以帮助缓解炎症（像肌肉肿块）的伤害。[9]这些激素，被称为皮质类固醇，它具有以下几个方面的危害。首先，它们导致身体免疫系统的健康保护功能下降。其次，它们抑制新的神经元再生，并过度刺激旧的神经元，导致组织的萎缩甚至死亡。[10]在之前的一本书中，我们回顾了生理学方面的研究，这些研究表明成人大脑定期会产生新的神经组织。[11]在压力下，我们的大脑不仅会停止工作，削弱我们身体正常运转的能力，同时也会让我们失去学习能力。[12]这一活动的结果是，我们越发会感到不安、焦虑、压力甚至抑郁。在这样不安的状况下，我们会越发感觉到自己不能控制局面，进而倾向于把人们的言行都理解为消极的和具有威胁性的。这种现象在领导者身上更是明显。无论哪一天，他们都不得不面临不切实际的要求，都得操纵掌控局势，都得对大小事务做出判断决策。即使是最优秀的领导者也时常会感觉到有很多不确定性，感觉有些力不从心，开始消极地理解人们的行为。

研究已经表明，不确定性和我们认为无法掌控的状况，以及当我们认为别人在评价自己的时候，都会引发压力。[13]当我们发现自己的理解力、控制力和影响力在一点点流失的时候，我们就会产生压力反应。这时，我们的身体、思想和情绪就失去了活力和创造力。我们就会认为这个世界对我们的威胁性更强。这样一来，付出综合征就加重了，使我们觉得压力倍增，但实际上，此时的情况并没有我们想象的那么糟糕。

研究告诉我们，当患上了付出综合征时，我们中的大多数人迟早都会精力耗尽，并最终出现不和谐。即使我们有能力成为和谐领导者或从没想过要成为不和谐的人，也会出现这种情况。这恰好就是在卡尔身上所发生的事情。像卡尔一样，当这一事情发生的时候，我们可能不会认识到这一点，因为持续不断的付出的警钟并不会马上敲响。精力耗尽是隐伏的，而且它表现形式多样，在不同的人身上的表现也不尽相同。然而时间一长，有件事情十分清楚，那就是：过度付出又毫无察觉就会导致

第三章

低效的领导和不和谐的产生。

虽然卡尔对自己和周围正在发生的变化毫无察觉令人十分震惊,但不幸的是,卡尔的例子并不是个别现象。正如我们的研究发现的那样,人们很难应对权力压力带来的生理影响,很多人直到工作变得无效,并且发展成不和谐领导的时候才发现自己正在遭受权力压力的危害。这是因为一旦我们被付出综合征所困扰,就会发现自己掉进了一个可怕的旋涡,无法自拔。我们觉得事情没有按照它本来应该的那样发展,就可能会暗自不悦。当我们被焦虑和不悦包围时,生活就会变得有点机械,似乎毫无意义,和我们理想的状态相去甚远。虽然我们嘴上安慰自己要克服那些不可避免的压力、不安和不满,但还会为自己的行为辩解,甚至会因为自己遇到的问题而责怪别人。有时,我们还会用心理防御行为来应对压力,但这只会使我们陷得更深。

防御行为和消极的旋涡

当我们持续不断地出现付出综合征的时候,很多人就会回退到或者形成无效的思维模式和行为习惯。这些习惯被心理学家称为防御行为。它是一种应对方法,能保护我们免受负面情绪的伤害,或者使我们从目前不适的情绪中解脱出来。比如,有些人试图以过激反应来应对问题,有人有勇无谋却甘冒风险,试图重新体验权力的感觉。有人习惯了愤世嫉俗,或者有人遇到难以应付的问题时就开始找借口或者责怪他人。有些人开始做些和他们的身份明显不符的事情(或者我们认为是与他们身份不符的事)。当出现这种状况的时候,大多数人变得越来越难以集中注意力,难以保持清晰的思路,也难以做出正确的决策。

然而这种防御行为并不能有效地缓解压力,反而通常会使我们更加痛苦。这就是卡尔开始在太多的晚上与年轻的同事外出时的感受——而这对他的工作和家庭生活来说都是十分危险的变化。但是卡尔并不以为然,他认为这是因为他的妻子工作很忙所导致的,而且他把这视为帮助自己从工作压力中解脱出来的方法。同时,他又开始反复思考生活是多么地不公平。在工作完成后,他经常想为什么事情总显得这么复杂?他详细列举了目前的困难,把一切归罪于现在的商业环境、他的上司甚至他的妻子。这一连串的想法最终不可避免地导致他产生沮丧、愤怒和厌烦的情绪,形成了更加消极的思想和错误的推理判断。

当我们感觉困惑、不悦和不安,陷入低落的情绪旋涡而不能自拔时,我们经常会在大脑里反复回放那些令人悲伤沮丧的事情,这事实上进一步强化了我们的消极情绪和绝望心情。[14]心理学家将其称之为"自我说服"。当我们在很长一段时间里都感觉情绪低落时,"自我说服"的心理机制就会聚焦在那些让我们受伤的事情上(比如:"这不是我的错""我妻子永远都没有真正快乐过""这种状况超出了我的控制范围,我只能忍耐"),这些想法破坏了我们扭转不良局面的能力并降低了我们的自信(自我效能)。[15]

这样做无异于作茧自缚,在这种情况下我们无法看清自己、他人和环境本来的面目。我们戴着有色眼镜看问题,以自己的认知,而不是事情的本质为基础来做决策。此时,我们都忘了利用另一种自我说服:心怀希望,肯定自己,理解并同情他人。

尽管这种情况令人痛苦甚至难以忍受,很多人却拒绝承认这些情况的存在。我们很多人都犯过这种错误,卡尔也是。它掩盖了我们的感觉,使我们逃避问题,并且企图让我们一直这样错下去,通常是像以前一样处心积虑地树立自己的正面形象,或者摆出一副随遇而安、漫不经心的姿态。

许多成功的领导者都是被工作(通常还有生活中的问题)断送了前程。为什么会这样?我们中的大多数人都希望有良好的自我感觉,在公众面前能够保持正面的形象。许多非常有能力的专业人士,无论生活

第三章

中发生什么事情,他们都不会让这些事情长期干扰自己的工作。他们能够维持合理的工作有效性,并且能够一直头顶成功的光环。但是如果人们把注意力过度集中在工作上,特别是在工作困难时期,在保持着正面、积极的个人形象的同时,也可能会忽略工作以外的生活中实际存在的问题。[16]在卡尔的例子中,我们怀疑(后来得到证明),可能在他调到总部以前,他的表现就已经不那么出色了。他那时似乎为客户提供的是仆人般的服务,但是许多熟悉他的人在回忆时承认:在他承担新工作、真正遇到了困难以前,他们早就察觉到他的正面形象在一点点地瓦解。

塑造正面的自我形象是领导者用来对抗付出综合征的一种常见的策略。许多领导者长期、有时长达好几年都否认自己的生活甚至工作绩效有问题。这是因为成功的领导者在工作中无一例外都能得到积极的反馈和溢美之词。在家里,情况似乎也不错。大部分时间事情进展得好像都很顺利。

成功人士通常会陷入这样的思维陷阱,即认为所有的成就都是由于他们自己的行为造成的,而所有的失败都是由于别人的错误或者是环境因素造成的。心理学家把这一现象称为"基本归因错误",我们每个人都曾经犯过这种错误,特别是在患上了付出综合征之后。[17]而领导者尤其容易犯这种归因错误。这是因为,领导者周围的人出于各种原因,总是不断献媚,不怀好意地满足领导者的虚荣心和自我成就感。对于卡尔来说,他很容易相信辉煌的业绩完全来自于自己的创造力和才能,是个人努力的结果。他把成功归因于智商、一点点运气以及找到了适合自己发展的环境。

这种把成功归因于自身的努力,而把失败归咎于别人的缺点的做法会带来一个问题,就是在压力下,我们最终把世界看成非黑即白。这样的话,我们就会慢慢失去从实际出发来观察自己与周围事物的能力。我们会错过很多东西。然后,当事情进展得不顺利的时候,就会想当然地去责怪他人,并觉得自己很不幸,尤其是在情况恶化、问题突然发生,而自己又没有采取任何行动的时候就更是如此了。这就是卡尔的情形。他原先获得的成功使他没能认识到自己对其他人的影响,很少考虑他是如何影响他们的,也不关心别人的特殊状况。然后,等压力累加在一起时,他又试图忽略它们,并且采用防御行为,这就使他看不清楚自己的行为了。

有时候,当我们回头去看过去对周围事情毫不留心的日子,我们很难相信那时候自己居然并不知道自己发生了什么事情。但像卡尔最终不得不认识到的那样,当我们生活在自我封闭的状态中,把自己伪装成"非我们的本来面目"时,我们便失去了与自我的联系——我们的情绪就像过山车一样起起落落,似乎跟我们的实际生活毫无关系。我们为那些违背自己价值观的行为正名,为我们的行为寻找无力的借口,甚至责备他人。一些人感到沮丧;一些人不得不求助于各种各样的"止痛药"——酗酒、毒品、性、暴饮暴食。当我们过着这种生活的时候,我们就会觉得自己好像是活在一个阴暗的世界里。

无论我们是埋头工作、忙于扮演工作或家庭中的角色、指责别人,还是拒绝那些告诉我们问题出在哪里的令人烦躁的信息,我们实际上都是在使用一种古老的防御行为——否认和找借口。刚开始的时候,我们还只是对自己否认真相,然后当我们试图拼命地维持正常的假象时,就会把这种谎言延伸到同事、朋友、爱人那里。这一防御策略的问题在于,它给人的思想和身体都带来了沉重的负担,而它本身最终也将失效。所有常规的休息方式,例如长周末和假期,都很难根除长期权力压力带来的负面影响。无论我们试图采用的防御行为多么聪明,我们的情感和身体语言都将背叛我们。人们能感觉到有些事情出了问题,整个局面不再完全由我们自己控制。我们失去了平衡与和谐。正如我们看到的一样,所有的人,包括他的同事和客户(可能还有他的妻子),都觉察到了卡尔的行为变化。

第三章

当然到最后,我们也无法自我掩饰。并且,所犯的错误持续折磨着我们,就算是最有韧性的人也不能幸免,我们伪装的假象也开始出现细小的裂缝。

但是,导致这一难题的还有另外一个方面,还有另外一个元素会让即使和谐的领导者也变得不和谐,那就是他们所供职的组织。

组织是如何作祟的

我们的组织经常鼓励我们做个傻子,并且鼓励大家跳入付出与不和谐的旋涡之中。这有几个原因。首先,很多组织过分看重成就,如果能够实现短期的目标,它们愿意容忍不和谐,除非出现严重的问题。其次,对于领导者来说,如果不是不可能,他们也很难获取这样的信息——表明他们正在创造一个有害的环境,必须马上改正。这是为什么呢?因为没有人告诉他们。让我们回头看看卡尔是怎样出现这种状态的。

多年以来,卡尔在公司里一直是个明星员工,由于工作表现优异而在职业生涯的早期就受到了嘉奖。他在学校时就表现突出,从书面材料来看,他是个非常优秀的应聘者。在从知名学府毕业后,他从事过许多工作:首先在一个大的会计公司当分析员,然后在一个保险公司做类似的工作,还在银行里担任过一段助理经理。

许多人大学毕业以后都会这样跳槽,所以卡尔的模式并没有什么值得怀疑的地方。事实上,他常常是带着很好的推荐信离开的。他的历任经理们都很欣赏他的成就动机、敏锐的思维、对工作的勤奋、友好的态度以及所取得的工作成果。他有时候也会对周围的人发火,尤其是当有压力的时候。但是经理们要的是结果,于是就把他偶尔的坏毛病描述成年轻气盛的正常表现。有的老板甚至还鼓励这种行为:他们把他的傲慢无礼视为有很强的目标意识的表现。在早期的工作中,卡尔承担了很多困难的任务,一旦成功完成,通常就会迅速地转入下一项工作。

不和谐是普遍现象

在我们刚认识他时,也就是他在这家公司工作的头几年中,卡尔并没有什么卓越的表现——只是完成了分配给他的财务目标,业务进展顺利而已。在20世纪90年代,卡尔所从事的行业中存在大量游资,能够获得这些重要客户就能获得公司的青睐。他经常能够潇洒地拿到奖金并获得升职。他的许多团队成员非常喜欢他,认为他创造了一个激动人心的、和谐的环境,鼓励着他们取得更好的业绩。尽管有个别下属很难接受他的行为,对他做出的一些关于客户服务方面的决定也持有异议,但是公司老板或多或少地有意忽视这样的异议。卡尔和他的团队吸引了大家的注意,他们是万众瞩目的少数人,他个人也赚足了钱。

我们别忘了,许多领导者因为工作成效而受到奖赏,在太多太多的组织中,他们是因为取得短期的工作成果而受到奖赏的。但是取得这些成果的方法却没有像实际的成果一样得到认真的评估。聪明、反应敏捷、高效完成任务就能得到奖励,人们被调教成在实际工作中为实现短期目标不惜任何代价。事实上,很多公司都有一条"无论付出多大代价都要成功"的潜规则。

随着时间的推移,这种模式逐渐瓦解了人们的自我意识能力——当处于工作和期望的压力之中,加上对速度的要求也需要高效率的思考和行动时,我们就很难保持开放的心态、好奇心和警醒。这就是很多人都会面临的状况,特别是那些有着强烈的成就动机的人,以及那些只具备与特定的结果和效果有关的很狭窄的知识和技能的人。结果就是,这些专业知识技能和过分的专注限制了他们天生具有的学习新知识的能力。绝大部分时间,除了能体会由工作带来的乐趣外,他们在很大程度上对自己和周围发生了什么事情并不清楚。他们很愚昧地只关注完成工作。

我们猜想卡尔的成就动机是他的一个非常明显的优势,同时也是他取得如此成功的一个很明显的原因。然而,正如任何发挥到极致的力量一样,他对达成目标的极度渴望最终变成了负担。他对目标和结果倾注

第三章

了太多的注意力，以至于其他的动机，甚至价值观都被甩到了一边。当他从一线岗位提升到职能部门时，这个问题就变得严重了。这时环境发生了急剧的变化，目标不再那么清晰、那么容易预测。但是，卡尔并不完全是一个愚蠢的领导——记住，一开始时他是个和谐领导者。一般情况下，他能细心地观察其他人，相当准确地分析情况，尽力为大家创造一个可以与他直言不讳地进行交流的环境。甚至当他患上付出综合征时，尽管周围人对待他的方式似乎并没有转变，他已敏锐地感觉到他们之间的关系已经不再像以前那样亲密了。

这还有组织的另外一个现实在作祟：也就是我们在之前的文献中所说的"CEO病"。[18]CEO病是指，即使领导者知道并非由自己掌控整个局面，即使周围的人都能明显发现他们在逐步滑向不和谐的深渊，也不可能有人把他们所观察到的真实情况告诉这些领导者。道理很简单，人们对有权势的人和对待其他人的方式是迥然不同的。在与有权势的人打交道时他们会变得小心翼翼，明哲保身，甚至不会与领导者分享完整、准确的信息。大家也倾向于认为领导者都是无所不能的。作为一个领导者，你可能会注意到人们似乎对你有所隐瞒，变得谨慎，或者在行为上表现出对你的感觉漠不关心。不知何故，伴随领导职位而来的权力使大家相信领导者"高于一切"，他们也不会像普通人那样"敏捷"地感受事情。仅仅是由于你在扮演领导的角色，某些人就开始主动远离你，或者把你"奉为神灵"。在每一个案例中，都很难发现与员工维持真正的接触和真正的人际关系的领导者。这通常可以理解成为人是谨慎或者说冷漠的——人与人之间缺少坦率的交谈。

绝大多数领导者像卡尔一样，很容易染上CEO病。所以，对他们来说，未能获得足够、准确、及时的信息是很普遍的情况。而当领导者经常处于焦虑的状态，或者他的领导风格过于小心谨慎，或者无意识地疏远大家的时候，问题就变得更加复杂。[19]当一个领导者习惯性地指挥周围的人,苛求完美,还带有令人捉摸不透的情绪时,人们往往感到很害怕,不愿意与其交往。有时候人们会公开地向他挑衅,同时又会小心翼翼地隐藏一些重要的信息。在很长一段时间里,人们并没有跟卡尔产生对抗,所以卡尔很轻易地就认为他的朋友们对他还是很真诚、很忠心的,因而觉得自己正在转变的风格是能够被接受而且很有意义的。

危险的滑坡

正如CEO病所产生的结果,发生沟通不良的情况是因为付出综合征就像一个危险的滑坡。往往在我们正忙于做正确的事情时——例如,实现我们的目标,努力把我们的梦想转变为现实——这种情况就发生了。当我们意识到我们在做什么,或者没有在做什么的时候,意识到我们已经放弃了太多梦想的时候,我们中的许多人就会试图证明并非一切都是错误的。但就算我们忽略、否定压力,或者假装我们能忍受经常的持续付出,压力也依然会出现在我们和周围人的身上。我们掉进了一个消极的旋涡中,无法自拔,有时就会无意识地在组织和人际关系中制造不和谐。

正如卡尔的故事告诉我们的那样,长时间地忍受持续付出、情绪波动、工作混乱的结果就是领导者越来越不可能维持团队与组织、朋友与家庭的和谐氛围。当我们情绪长期波动,承受很大压力时,我们就在周围撒下了不和谐的种子。这时,我们再想去维持良好的个人状态与和谐的人际关系已经变得很困难了。对那些最具才能和韧性的领导者而言,情况的恶化需要很长的时间——有时甚至几年——但最终消极、苦恼、焦虑的情绪将占主导,并充斥他们生活的每一个角落。即使这样我们还是很好奇:要花多长的时间,我们才能认识到自己已身陷困境?

对于卡尔来说,陷入不和谐状况,受影响的不仅是他的洞察力和人际关系,还包括他自己的身体状况。当处于压力状况下,人们的身体很

第三章

容易遭到疾病的侵袭。像很多领导者一样,卡尔也开始出现一些身体上的问题。有些领导者(比如卡尔)有肠胃的问题。这类问题如此地普遍以至于拿着防止胃溃疡恶化的处方(开有泰胃美和善胃得)都曾经成了领导身份的一个典型标志。而现在,那些消除其他普通胃病的药物(Acephex和Nexuium)则与对抗长期权力压力联系在一起了。有些领导者患有高血压,并且有中风、心脏病和其他心血管疾病发作的危险。付出综合征的出现会使一个人的免疫系统崩溃,导致遗传性疾病发病的可能性增加。事实上,很多疾病都是和长期压力有着直接的联系的,包括糖尿病、细菌和病毒感染。而且,现在越来越多的研究表明,在长期的压力下,消沉的情绪与在精神和身体方面出现的其他复杂的功能失调都会被加剧,而且情况会越来越严重。[20]

大家都希望把付出综合征扼杀在摇篮里,并且认为这是领导者工作的一部分。而要保持心理上和生理上的双重健康,以及思维的活跃,一定程度上取决于我们怎样控制好我们的角色所固有的压力。(如果你有兴趣了解付出综合征是怎样影响你个人的,你可以试着完成本章结尾和本书附录B中的练习。)

在我们结束这部分的讨论前,我们需要阐明付出综合征是怎样影响那些工作低效的领导者的。到目前为止,我们对于领导者还是很尊敬的,因此假设他们起初某一时刻是高效的,后来才发展成不和谐领导。但事实上,根据我们的观察,情况没有这么乐观。许多处于领导职位上的人不仅没有给组织带来价值,反而正在做着有损组织的事情。[21]这些领导者是不和谐的,其中一些人甚至只会蛊惑人心——很明显他们不是和谐领导者。他们中的很多人也像卡尔(或者是前面章节中的爱德华多)一样陷入了付出综合征的深渊。

然而,有很多低效的领导,他们粗心大意,甚至根本没有履行他们工作角色所赋予的责任。他们习惯性地滥用职权,一门心思地追求他们个人的目标,在个人和团队的管理上却毫无建树。事实上,他们把自己保护得很好,他们能够避免体会权力压力所产生的负面效应——或者说,他们根本就不会体会到权力压力。这些人在心理上非常善于保护自己,当问题大到不能忽视的程度时,他们必然会将问题归咎于人。

不幸的是,这些人不仅仅是付出综合征的个人受害者,而且是灾难的传播者。也就是说,是他们给周围的人带来了压力。他们是不和谐的直接创造者,受害者就是他们身边的人。有些人每天或者每周需要向这些领导者进行汇报,不得不跟他们沟通交流,于是他们就成了长期压力的受害者。在这样的领导者手下工作,员工们的组织绩效基本上永远也达不到应有的水平。如果公司是因为有一帮能干的人在弥补这种领导者的过失,短期来看还在获利的话,那么这种利益永远只能是短期的。在大多数情况下,就算最优秀的员工也很难维持高绩效,在缺乏和谐领导的情况下,很难像原来那样迅速地适应商业社会的变化。

幸运的是,我们的组织对那些差劲的领导不再像过去那样姑息纵容了。但据我们所见,对于那些曾经在大部分职业生涯中都有着优秀表现的领导者来说,不和谐仍是存在的。在下一章中,我们将看到一位和谐领导者,他曾经一度迷失方向,患上付出综合征。我们会看到他是怎么发展成不和谐的。然后我们也将看到不同于卡尔,他是如何清醒过来,如何认识到面临的实际状况;怎样精心设计自我重塑之路,重新成为优秀的领导者,并实现对未来的愿景的。

付出综合征的练习:我在哪里?

正如我们已经看到的,付出综合征是隐伏的,有时只有当我们完全深陷其中时,才会有所察觉。但是如果我们具有一定的警觉性,在问题还不太严重的时候,我们就会发现一些迹象显示自己正在往一个错误的

第三章

方向发展。对比下面的列表。其中的许多线索能帮助你判断你是否在朝错误的方向发展,并帮助你在陷入不和谐之前悬崖勒马。

我是否:

> 努力工作但收效甚微?
> 每天离家越来越早,回家越来越晚?
> 觉得很累,即使睡了一觉之后也是这样?
> 很难入睡,或者在半夜醒来?
> 发现很少有时间(或者没时间)去做以前那些让我感到愉快的事情?
> 很少感到放松,或者只在喝酒后才能真正感到放松?
> 喝了较多的咖啡?

我是否已经注意到自身或者人际关系中的变化,比如:

> 我不再认真地跟爱人谈论我所面临的真正的问题了。
> 我不关心自己吃什么,或者吃多吃少。
> 我不记得最后一次跟信任的朋友或者家庭成员长谈是什么时候的事情了。
> 我的孩子们已经不再邀请我参加他们的活动和游戏了。
> 我不再参加礼拜活动,也没有时间去安静地思考问题了。
> 我用于锻炼身体的时间比以前少了。
> 我的笑容比以前少了。

我是否:

➢ 经常头痛、背痛或者其他地方痛？

➢ 定期服用非处方的抗酸药（中和胃酸）和止痛药？

➢ 觉得我所做的所有事都不再重要了，或者没有产生我所希望的影响？

➢ 觉得没有人可以了解我想要做什么或者我有多少工作要做？

➢ 有时对情况很麻木，或者以不恰当的强烈的情绪回应一些事情？

➢ 觉得被击垮了以致不能去寻求新的经验、观念和做事的方法？

➢ 经常想着怎么"逃离"我现在的状况？

第四章　和谐与自我重塑的觉醒

尼尔·菲茨杰拉德（Niall FitzGerald）是路透集团的总裁,他以富有魅力、工作卓有成效而闻名——堪为和谐领导的典范。但这种情况并不是一成不变的。曾经有一段时间,尼尔也陷入了不和谐的状态,患上了付出综合征,深受其害。这是一个关于尼尔如何转变、怎样学习重塑自我、重新成为和谐领导者的故事。

尼尔担任联合利华的联合总裁一直到2004年的秋天。他从20世纪70年代初期加入这家公司以来,提升的速度快得令人惊讶。事业上的成功接踵而来,这种情况一直持续到了90年代初期,他顺利地接任了总裁的职位。当时尼尔在工作中的表现有如梦幻一般,他没有经历过太大的挫折,没有什么事情能够使他辉煌的纪录失色。在经营公司的这些年里,他付出了自己的全部,并取得了巨大的成功。他把组织的需要放在自己利益之上,认真地承担起自己的责任。在挑战和威胁面前,他总是机智应对,并屡屡取得成功。他善于控制自己的影响力,经常自我克制、自我反省,为的是保持良好的状态,创造和谐的氛围,以期取得令人满意的工作成绩。这些看上去似乎都没错。同时他的个人生活看起来也一片和谐:优秀的子女,良好的个人财务状况,夫妻关系在朋友和同事看来也是非常和谐、牢不可破。尼尔的生活一切运转正常,而且前途似

第四章

乎一片光明。

情况大概就是这样的。我们许多人都觉得自己很难或不可能像尼尔一样在商业上如此成功,也不可能像他一样一心地追求成功而自己在生活中又不出现什么大的问题。但是有效的领导与生俱来的持续付出和压力会使我们迷失自我,变得不和谐。然而最具讽刺意义的是,我们之中那些最成功的领导者通常是职业发展中最容易迷失自我的人。通常,基于良好的意愿,我们会尽力完成那些自己应该做的事——发展事业、忠于组织、组建家庭——但却也因此很容易就将自己局限在一个相对狭小、片面的生活中。[1] 慢慢地,几年以后,我们逐渐远离了真实的自己,忘了自己真正想要什么。终于有一天,我们发现自己已经不再是原来的自己了。

结果会怎样呢?就像我们在上一章所看到的,面对付出综合征束手无策就意味着不和谐领导会越来越普遍。在很多案例中,人们的心理和生理健康都遭受了巨大的负面影响。他们承受着肠胃问题、高血压、心脏病的折磨;吃得太多,而运动太少,或者根本不运动。一些人除工作外对任何事情都视而不见——挖空心思只求成功,过着肤浅、无聊的生活。另外一些人则牺牲了他们的人际关系。

尼尔也是这样。面对所有的压力,他很少花时间真正地重塑自我,更不能自如地应对伴随着领导职位与生俱来的、不可避免的付出和自我重塑的循环。像所有的领导一样,尼尔不得不疲于应对权力压力,控制领导角色带来的情绪起伏,以及适应相应的生活方式的转变。尼尔的压力有些来源于积极的事件,比如他的成功;有些则是来源于他在工作和家庭中遇到的困难。有些压力非常严峻,但是相对持续时间较短。正如我们在第三章看到的,当我们因为权力压力而发展成不和谐领导者时,问题通常是由组织的期望和我们自己错误的应对方法共同作用造成的。确实,尼尔所在的公司在很大程度上,对他的勤奋工作和以结果为导向的工作方法表示极大的认可。几年来,很少或者可以说根本没有人鼓励采用新的管理模式或者有意去培育尼尔自身及其与他人关系的和谐。

另外一些情况,比如家里发生的问题,也会引起长期压力。尽管尼尔的婚姻表面风光,但事实上却存在着问题:工作的压力、抚养子女、经常性的搬家,甚至日常的生活都频频报警。通过回顾,人们很容易发现真正重要的事情——像保持婚姻活力——是如何被忽略的。对于住房和子女这些家庭问题,尼尔和他爱人之间的沟通大大减少。家庭决策的制定都是基于孩子们的需要和尼尔的职业发展需要。悲哀的是,夫妻关系总是让位于其他事情,被摆在了最后。

工作和家庭两方面共同作用带来了相当严峻的压力。尼尔的确曾经试图缓解这种压力,但没有成功。他开始患上付出综合征,而且似乎找不到出路。

陷入不和谐

不出所料,尼尔变成了一个不和谐领导者。回顾过去,尼尔说,在他看上去极度成功的时候,他就已经知道有些事情是非常错误的。在安静的时候,他开始怀疑是不是生活中许多看起来近乎完美的事情事实上是错误的。在他生活中一直有指导意义的乐观精神似乎逐渐消失了,而他的领导力也不再那么有效了。他必须花大量的精力才能把注意力集中在工作上。决策越来越难,他对决策的理由和预期的效果已经不再充满自信了。他一直把他自己的价值观奉为真理;他的信念就是他的精神支柱,指导着他的决策和行动。但他开始慢慢发现,他的行为和他的信念有时候并不一致。事实上,随着时间的推移,他的价值观已不再能为他追求成就和成功提供动力支持,准确地说,后来不管是在工作上还是在生活中,他的价值观都已经成为他真正自我的影子。他的精神世界和感

第四章

情生活一片空白，人际关系也大不如前。从身体状况上看，他的健康状况亮起了红灯，开始出现"经理人病"的征兆。尼尔回忆，在那个时候，这些感觉有些模糊，而他对感觉的领悟也有些模棱两可。日益增加的不安情绪和不满的怨言完全掩盖了他准确的理解力和判断力。

尼尔发现自己渴望夫妻关系能更深入、更亲密，希望能更多地接触妻子。在很长一段时间里，他不能完全接受这一事实：他无法重新点燃婚姻中的激情。因为他失去了希望，哪怕在家里，他也开始封闭自己，而越来越多地开始只向婚姻以外的亲密朋友寻求感情上的慰藉。与此同时，他在家里和同事面前仍然维持一种家庭和谐的假象，进一步将自己和周围的人隔离开来了。

在公司，他也处于一种类似的隔离状况。在他担任联合利华洗涤用品部门的领导时，尼尔和他的团队推出了一个全新的、看似具有革命性的洗衣皂，并在报纸的显著位置大打广告，市场推广活动可以说是声势浩大。努力推广这个产品对尼尔来说，就像在沙漠中发现绿洲一样，让他有机会从日益不悦的现实中逃离出来。他全身心地投入了进去。他从事一线的领导工作，这让他感到很兴奋。然而这就是成功的领导者要面临的一个大陷阱：我们经常认为更多地以同样的方式做事就会继续给我们带来所渴望的结果，甚至在多年的持续付出已经明显带来恶果的情况下，我们仍然会这么认为。

这件事起初看起来很顺利。产品受到了市场欢迎，销售数字很理想，大家的精神都为之一振。而后，一些危险信号突然出现了。对这款肥皂的投诉比正常的投诉量要高得多。试用肥皂的员工反映产品似乎很粗糙，而且对衣服造成了实质的损伤。这几乎成了对该部门的讽刺笑话。几个月之后，随着对这款产品的负面评价的增加，尼尔再也坐不住了，他以为这些都是竞争对手搞的下流把戏，于是带领团队跟他们对抗。

拒绝接受事实，是尼尔对工作与生活现实的第一反应。他也曾经好几次试着通过休息和放松来恢复活力。他计划着放长假,事实上他也已经几次这么做了。但这些应对方法对于多年累积的权力压力和付出综合征丝毫不起作用。他已经远不只是疲倦,而是筋疲力尽了,这些都在他所作的决策中表现无遗。正如我们已经提到的,因为大脑的损伤和焦虑、恐惧、不安等情绪造成的现实影响,付出综合征摧毁了我们发现各种可能性的能力,仅仅靠休息根本无法弥补付出综合征所带来的创伤。[2]

解药:自我重塑

尼尔需要的不仅是休息和放松,他需要的是自我重塑。只有通过自我重塑才有可能从不和谐的旋涡中抽身,保持领导者的活力。长期的权力压力所产生的负面影响,抑制了智力、身体、心灵的发展,精神状态也随之衰退。当我们致力于自我重塑的时候,我们最好做好足够的准备来应对领导职位固有的挑战和付出。让我们看看为什么这么做是有效的。

最近的研究表明,自我重塑能够激活改变人的情绪的大脑模式和激素,同时使我们的身体恢复到健康状态。[3]这可以引发身体开始一系列的连锁反应,进而改变知觉能力,最后我们的行为也会发生改变,如图4-1所示。自我重塑使我们恢复思想、身体、心情的正常状态,并帮助恢复或建立起对有效领导力至关重要的和谐关系。

自我重塑开始的时候,特定的经历会激活大脑边缘的某一部分,当然这一部分与压力反应所激活的部分完全不同。紧接着刺激神经循环,增加我们左前额叶的电流活动,唤醒我们身体的自主神经系统(parasympathetic nervous system,PSNS)。[4]于是,另一组激素被释放到血液中,该激素不同于交感神经系统(sympathetic nervous system,SNS)受刺激后所释放的激素(见第三章的讨论),它们包括女性的脑下垂体后

第四章

图 4-1 付出与自我重塑的循环

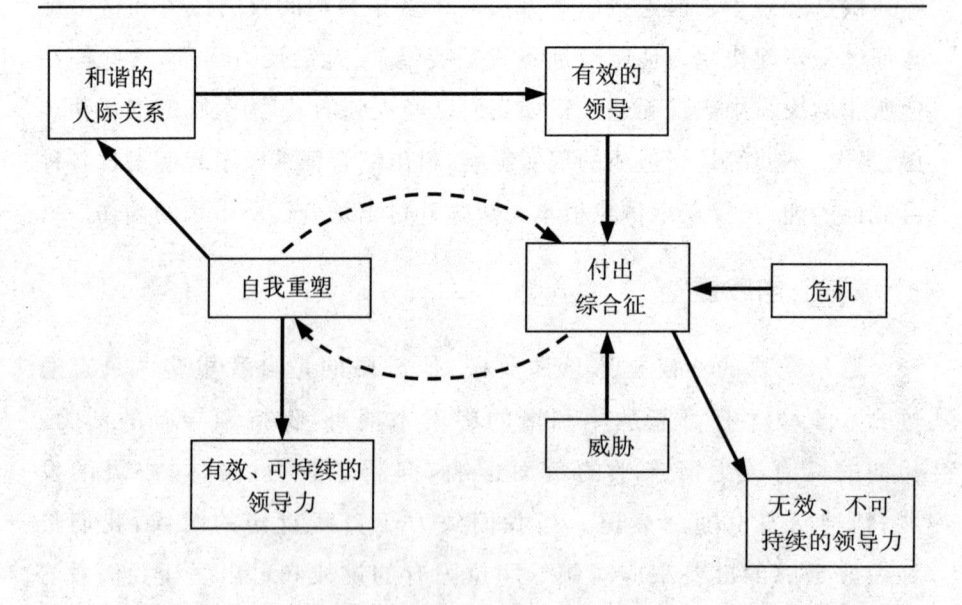

```
和谐的              有效的
人际关系    →      领导
  ↑                  ↓
  |          ┌───────────┐
自我重塑 ⇌   付出     ← 危机
  ↓          综合征
有效、可持续的       ↑        ↘
领导力              威胁      无效、不可
                            持续的领导力
```

叶激素和男性的后叶加压素。这些激素会刺激另外一些激素的释放,而之后的这些激素能够降低血压,增强人体免疫系统。于是,人们会感觉高兴、开心、乐观、积极、愉快——这种感受被最近的心理学研究称为"幸福感"。[5] 一旦处于这种情绪状态之下,人们更容易感觉到事情积极的一面,而不是消极、具有威胁的一面,进一步为自我重塑创造了更好的条件。我们将在附录 A 中详细解释这个过程。

正如我们将在后面的章节中提到的,感受警醒之心、希望之心和怜惜之心能够刺激我们的自主神经系统,为自我重塑创造条件,从而形成一个良性的循环:当压力对我们造成负面影响时,自我重塑的过程能够使我们对自己和周围的其他人保持敏锐的洞察力,充满希望和怜惜之情。[6] 所以为了重塑自我,无论面临多么困难的情况,我们都要对未来充满希望。我们必须真诚地关心我们所领导的员工;我们必须感受怜惜之心,无论是直接对他人的怜惜,还是来自别人对我们的怜惜。我们要从思想上、身体上、心情上、精神上真正地了解自己和员工。警醒之心、希望之心和怜惜之心能够使我们恢复活力,即使在挑战面前也能应对自如。

因此,只有当付出、领导压力与自我重塑交织发生的时候,才有可能实现持续有效的领导。[7]虽然和谐能导致有效领导,但是除非领导者能够经常重塑自我,否则就无法维持和谐领导。

你怎么知道什么时候该求助于自我重塑呢?这个过程不会自己发生。把自我更新、自我重塑培养成一种习惯,或者是当做一种生活的方式,这意味着我们要对目前生活的真实状况有着清醒的认识,而且要致力于有意识地转变个人的行为。你必须做一些事情,借助自我重塑来对抗付出综合征。

发现自我认识的盲区

我们曾经接触了很多领导者,他们与尼尔有同样的不和谐,他们对所有问题的征兆只是简单地不予理会或者找出各种理由予以辩解,对自己行为的后果比较麻木(很像我们在第三章中提到的卡尔的案例)。但有一些人,比如尼尔,就能认识到、听到"唤醒呼叫"——明显的征兆和信息表明他们的生活已经变成了另一种他们不想要的类型,而意识到这些"呼叫"就成为个人有意识转变的关键的第一步。

当然在有的时候,一些未知的大事件,比如结婚、离婚、死亡、巨大的失败或者工作中的机遇都有可能是一次唤醒呼叫。在我们生命中都有过这样的经历,比如当我们的第一个宝宝降生时,或者当我们在一个陌生的行业中开始全新的充满挑战的工作时,我们被迫从不同的角度来重新认识自我。我们怎样应对这些生活中的事件、如何看待这些唤醒呼叫,在很大程度上取决于我们关注自己和周围人的程度。

第四章

然而很有意思的是,个人的转变并不总是跟生活中的事件有必然的联系。事实上,唤醒呼叫和个人的转变通常会形成一个循环。无论是《旧约》中提到的七年之痒,还是最近埃里克·埃里克森(Erik Erikson)、丹·莱文森(Dan Levinson)或者盖尔·希伊(Gail Sheehy)的研究中提到的周期,我们都可以发现,生活确实存在一定的规律。[8] 对大多数人而言,个人转变的周期往往超过七年,因此我们就更难听到这一循环过程中的"唤醒呼叫"了。

在本章末尾,我们提供了几个反思练习,以帮助你辨别你处在生活、职业循环的哪个阶段。这个练习能够帮助你对"转变的需要"更加警醒。你将会更加关注和了解这个循环,知道该如何应对,而不是毫无目的地随意出击,错误地去冒险将会导致严重的后果并付出惨重的代价。

有时候我们会发现自己处在一个循环的低谷,或者因为自己的碌碌无为而有一种不知何去何从的感觉。当处于这种状况中时,我们会觉得受阻,甚至觉得陷入了困境。我们的能力可能降低了,在工作中你可能会觉得枯燥乏味,甚至在生活中你也会有悲伤的感觉。当我们的精神世界一片灰暗时,我们就会觉得乐趣与激情好像已经远离了我们的工作与生活。不安甚至是悲哀的情绪占据了我们的生活,我们可能会感觉失去了什么东西,即使在家里都会产生类似思家的情绪。一旦我们清醒地认识到自己这种病态的情绪,我们通常会感到很震惊,好像过去的日子是在睡梦中度过的一样。

然而有时候,我们并不能追随唤醒呼叫直接回复到正常的生活,也并不是一个像崩溃或重大失败那样的戏剧性事件就能触发我们回复到正常的生活。当然,原因很简单,因为付出综合征已经使我们精力耗尽,处于崩溃点。事实上,这很常见。许多领导者在工作效率、健康和幸福等方面都经历了一个缓慢、稳步的减退过程。这是由多年的持续压力和需要付出太多所造成的。问题是,在这个过程中,提醒我们"哪里好像出了问题"的信息往往太过微弱而不足以被我们发现,因此我们很容易错过这些信息,直到我们完全患上付出综合征。然后,有一天,我们终于会清醒地认识到了自己面临的状况——我们疲惫了、厌倦了,不能再做贡献了。简而言之,我们已经精力耗尽了。[10]

正如我们在以前的文章中所提到的,在我们自己意识到事情的真相以前,早就有很多线索在暗示:我们已经迷失了自我,需要进行自我重塑,对我们的生活进行调整。[11]大多数情况下,这些线索来自于我们的情绪和身体。它们常常被认为是由于我们过着一种忙碌和充满压力的生活造成的,所以它们是模糊的,也很容易被我们忽视。但如果我们去注意的话,就会发现自己有一种被困住的感觉——成为了我们所做的决策或者是那些超出我们控制能力的事件的囚犯。

让我们回头看看尼尔是怎样觉醒,找到自我重塑之路,培养可持续的和谐和有效的。正如我们看到的那样,尼尔曾经长时间地封闭自我——他不清楚自己的感觉、不清楚自己想要怎样的生活,甚至不清楚自己作为一个领导者应该表现出什么样的行为。他不能清楚地了解自己、别人和周围的世界。

他的情形引出了一对儿矛盾:为了觉醒,并设法对抗付出综合征带来的恶果,你首先必须清醒地意识到你现在是不清醒的。幸运的是,尼尔开始注意到了长久以来一直试图吸引他注意的唤醒呼叫。在这一两年中,至少已经出现了四次不同的唤醒呼叫。有的他马上注意到了,有的开始被他忽略,但是他最终还是能根据这些唤醒呼叫采取行动,从而改变了他的生活。

事业上的烦恼——第一次唤醒呼叫

第一次唤醒呼叫是尼尔工作上遇到的第一次巨大失败。他的部门极力推销的洗衣皂所存在的问题终于捅了大娄子。尽管尼尔努力反驳

第四章

关于该产品的负面报道,尽管事实上该产品在正常使用中没有问题,但是有一天让尼尔永远也无法忘记。那天,竞争对手设法在报纸上刊登了一张破旧衣服的照片,并写到:这件衣服被该产品洗涤过后变得破烂不堪。[12]但是尼尔并没有立即召回产品,或者是改进该产品存在的明显质量问题,而是和他的团队全力回击竞争对手。他们知道质量可能是有些问题,但是他们坚持说如果使用正确,产品的功效还是好的。所以在尼尔的领导下,他们力挺这款洗衣皂,直到出现更严重的后果——客户、供应商、经销商甚至朋友们都开始公开指责该款产品。

尼尔过去并不总是个愚蠢的领导,但是此刻,他被自我蒙蔽住了,开始自我封闭,不再关注周围的人。他变得很难相处,人们也觉得很难面对他。尽管他表面上尽力保持正常状态,但是大家越来越明显地看出他处在很大的困扰之中。对很多人来说,他似乎在以假面示人,使人很难看清楚他的立场以及他对事情可能的反应。这种情况不仅令人困惑,而且造成了大家的不安情绪。

很多人看出尼尔出了问题,但是谁也说不清楚他到底怎么了。正如一个同事所说,他们所知道的就是"他简直无法相处,永远是要么服从他要么就走人。如果你试图改变他的计划,你就得小心了。他的脾气很火暴"。因此,这也难怪 CEO 病发作了——几乎没有人能够或者愿意把真相告诉尼尔。[13]

最终,就算是 CEO 病也阻止不了将要在尼尔身上发生的事情。即使不做其他的事情,竞争对手也很愿意曝光所了解到的事实。尼尔和他的团队再也无法否认这些证据。当不正确使用的时候,产品确实对衣物有害,甚至可能对人体造成威胁。他们为产品的推广失利感到难过,更为他们没能早点承认产品缺陷、控制损失而感到难过。这是一个众所周知的耻辱的失败。此外,媒体还添油加醋地大做文章。

由此,出现了尼尔所说"问题的雪崩"和更多的唤醒呼叫。

朋友的遗弃——第二次唤醒呼叫

当产品推广失败以后,尼尔向周围的人寻求帮助时才发现他的朋友们都不见了。正如一个同事所说:"我们以前需要他,所以才能容忍他的行为。可是当有迹象表明他的工作出现了严重问题时,所有人都马上选择了'弃船逃生'。"多年来一直支持尼尔的人也不再跟他联系,这令尼尔很震惊,因为在他身上从来没发生过在他最困难的时候大家抛弃他的这种事情。

与此同时,他的家庭生活也糟糕到了极点。他在家的时候表现得非常不开心,他对自己造成的混乱局面感到十分愧疚。尼尔第一次发现自己在质疑自己究竟是一个什么样的领导者,究竟是一个什么样的人?尼尔不得不觉醒了。他开始问自己:"到底是我的什么问题导致了事业的失败?是什么造成了我大多数的朋友离我而去?是什么让我的婚姻陷入了不可挽回的局面?作为一个领导者我是否有自己想象的那么好?为什么我忽略了这么多信息?是我的骄傲自大左右了我的决策吗?为什么人们不再给我提供信息,为什么他们在我最需要他们的时候离开了我?"

尼尔开始感到了一丝绝望。他把这些问题告诉了几个亲密的朋友,希望求得他们的帮助。他不再否定一切,并开始反省自己所犯下的错误。同时,他也开始关注自己的健康,进行长跑锻炼。他的健康状况开始有所好转,渐渐地他还发现了长跑的另外一个好处:当他在跑步的时候,他发现自己有时间自我反思,并认真考虑发生在他身上的事情。

慢慢地,他发现了他之所以失去那些朋友是因为他们已经不再是他的朋友了,但这一切都是他的错。一直以来,他都没有好好经营或维系他们的友谊。他总是理所当然地认为人们想要接近他。而他自己是为了利益才和他们走在一起,并不珍惜这些本来可以建立互助关系的人。

第四章

虽然婚姻中的实际情况比他想象的更复杂,可是尼尔怀疑也是同样的缓慢过程破坏了他和妻子的关系:他从来没有认真地经营这份感情,他多年的疏忽造成夫妻关系越来越冷淡。此时,他们早已同床异梦,亲密关系荡然无存。

正如尼尔所说,他渐渐认识到自己的行为和原来的期望大相径庭。他开始回忆年轻时代的激情和价值观,发现不知道为什么这些东西早已消失殆尽——他已不再按照自己的价值观做事,即使在家中也不例外。他痛苦地意识到,工作中的很多事情都走偏了,而工作中的很多关系也受到了伤害。他发现,是工作角色上与家庭生活中的"应该做"的混合体在支配自己的行为。他发誓一定要改变这种现状。

一次失败的妥协——第三次唤醒呼叫

对于同样面临困境的家庭生活,尼尔尝试了一个又一个解决方法,可是一次比一次失败。终于他做出了一个最终的妥协:平时在外面住,只有周末才回家住。但是,这根本就不是一个解决问题的途径,这只是使他减轻自己的罪恶感,确保自己能够维持正常的假象的一个手段。正如他现在形容的那样,他非常专注,想把事情做好,却根本没有做对任何一件事情。他的情绪阴晴不定,这也严重地影响了亲人的情绪。生活就是这样充满了戏剧性。由于他自己工作生活得不遂意,他时而会对家庭状况背负负罪感,时而又会为自己的不开心而自怜。他开始意识到自己早已被破坏性的情绪所左右,既伤害了自己,也伤害了别人。[14]

尼尔越来越难以否认一个事实,就是他本人正在伤害周围所有他爱的人。具有讽刺意味的是,周围的人接受了他这一折中生活方式的事实,竟然是他听到的最后一次唤醒呼叫。他终于发现:由于自私而疯狂的自我掩饰,他已经伤害了所有的人。来回奔波的生活意味着他不管是与他的妻子,还是与他的孩子之间都缺乏一致性的关系,最终使得家中的每个人在大多数时候都感到困惑、恼火、伤心和愤怒。

随着丑陋的真相被揭开,尼尔扪心自问:"我到底在做什么?"这种觉醒被他形容为巨大的解脱,仿佛是从他的肩头卸下了一副沉重的担子。他终于认清了自己的行为、价值观和他对周围人的影响。他开始勇于面对现实:首先是自己的现状,包括他的情感,他对生活的真实想法,他的思想、身体、心情和精神为他目前状况所付出的代价。他开始发现自己在工作上、亲情上和友情上的决定带来的不仅是小问题,在某些方面甚至带来了灾难性的结果。随着他越来越清醒地意识到这一切,他就越发谨慎地支配自己的注意力,同时开始寻求真正的解决方法,而不仅仅是无奈的妥协或者权宜之计。他开始明白一些在这几年中被忽视的事实,这些都赋予了他更深刻的洞察力和更多的选择,让他开始变得睿智。

朋友的遗言——最后一次唤醒呼叫

后来,尼尔的一段非比寻常的经历,终于使他彻底觉醒了。他最好的朋友彼得,因为病重搬回了伦敦。尽管此时尼尔生活忙碌,仍旧处在巨大压力的煎熬中,但他还是非常关心并同情这位朋友,并抽出了尽可能多的时间来陪彼得。

在彼得病重的这几个月中,两个朋友在一起聊了很多。尼尔发现自己能向彼得倾诉他生活中所发生的一切、他所制造的麻烦,以及他感受到的痛苦。在这种特殊状况下,面对着这位特别的朋友,尼尔终于能够敞开心扉。在此之前,他还没有拿定主意,在两个选择之中徘徊,到底是试着弄清哪里出了问题,然后确定该怎么办,还是否认一切。在与彼得的交谈中,他敞开了自己的心扉,就仿佛是大坝决堤一样,所有痛苦、所有自我厌恶的情绪以及心灵深处他对生活和未来的希望,一下子都爆发出来了。

一天晚上两个朋友在聊天时,尼尔突然问:"彼得,你害怕死亡吗?

第四章

你害怕要发生的事情吗?"他们两人都无法预知未来,但是不幸的是,那竟是彼得活在世上的最后一个晚上。

彼得回答说,他确实什么都不怕,因为他已经有足够的时间来使自己实现心灵的宁静。突然他转向尼尔,激动地说:"我终于认识到他们所说的真理了:人生是没有排练的。眼前的就是人生,没有第二次机会。可惜我发现的时候已经太晚了,我不得不接受这个现实。而你不一样,对于你来说还不晚,你现在过的日子,无论是个人生活,还是工作状态都不是你想要的。如果现在的日子不是你想要的,你就必须去改变它。答应我,为了我你必须理解我现在所说的,并将其付诸行动。"

彼得的话击中了尼尔的要害,他说的对。在那一刻,尼尔决定无论如何也要重新找回自己。他发现在过去的岁月里,在他心里,个人的正直品格、真诚的人际关系以及家庭成员的亲密无间都远不如成功和实现别人的期望重要。他愿意开始一种新的生活,一种他所渴望并且也应该拥有的生活。他会再次找回自己的灵魂。尼尔觉得自己像只小鸟,被人放生,重获自由。他会认真地生活,做真正的自己,而不是别人的影子。他将不再生活在恐惧中。

彼得的友谊、他所表达的信息以及他的过世为尼尔打开了一扇门,让他开始寻求真相,并做出了最艰难的决定。一年多以后,尼尔终于完成了应有的改变,开始过上他自己想要的生活。

尼尔是怎样做到这一切的呢?首先要能对危险的征兆保持警醒,必须找到正确的方向并付出行动,成为一名在困境中依然保持和谐的领导者。根据我们的观察,这些领导者都经历了一个有意识的转变过程,在这个过程中他们努力持续地进行自我重塑。而这个过程正是之前一直被尼尔所忽视的,也导致了他没能处理好这个所有领导者都要面临的付出—自我重塑循环。尼尔一开始就是在这里跌倒的。但随着他的觉醒,他开始了自我重塑之路,最终实现了可持续的和谐。

通过警醒之心、希望之心和怜惜之心实现和谐与自我重塑

正如我们所看到的那样,就算是尼尔这样过去表现出色的领导者也会脱离正常的生活轨道,患上付出综合征。但是事情并没有就此结束。在我们和领导者的接触过程中,我们发现最优秀的领导者能够通过有意识的转变和持续的自我重塑来防止领导力的减退。他们能够有意识地朝和谐的正确方向努力,并且重新恢复原来的和谐,或者在当前情况下创造出新的和谐。正如理查德·伯亚斯的研究指出,个人的转变并不是一个简单的过程——不是偶然发生的。事实上,要实现真正的转变——比如,能够使我们控制好领导职位固有的压力——我们必须在一段相当长的时间内,把握自己的目标,并为此制订详细的计划。我们将在下一章中更加深入地探讨个人有意识的转变过程,但是现在,我们只能说,一旦我们像尼尔那样觉醒了,我们就必须清楚地了解自己对未来的梦想,而这个梦想必须是有个人意义和自我说服力的。为了实现梦想,我们必须现实地分析自己,发现自己必须做出转变或者必须加强的每一个方面。之后,当我们开始这个转变时,我们必须制定学习日程表,并且需要得到周围人的支持和帮助。

为了对抗付出综合征,实现自我和谐,我们必须重塑自己的生活方式。这要求有意识的行动,对大多数人而言,这必须采取主动,有意识地转变。我们发现——而且得到研究结果的证明——事实上是有一些具体的方法可以帮助我们创造和谐。有许多人用相同的方法从付出综合征中解脱出来,通过自我重塑,实现自我和谐以及自己与周围人的和谐。特别要指出的是,和谐与自我重塑包括了我们在第一章提到的三种体验——警醒之心、希望之心和怜惜之心——我们可以通过练习,培养新

第四章

的生活方式,如图4-2所示。

图4-2 通过付出—自我重塑循环来维持和谐与有效性

领导者的内部作用采用带有箭头的虚线标记。

领导者与其他人之间发生的社会与人际关系作用采用带有箭头的实线标记。

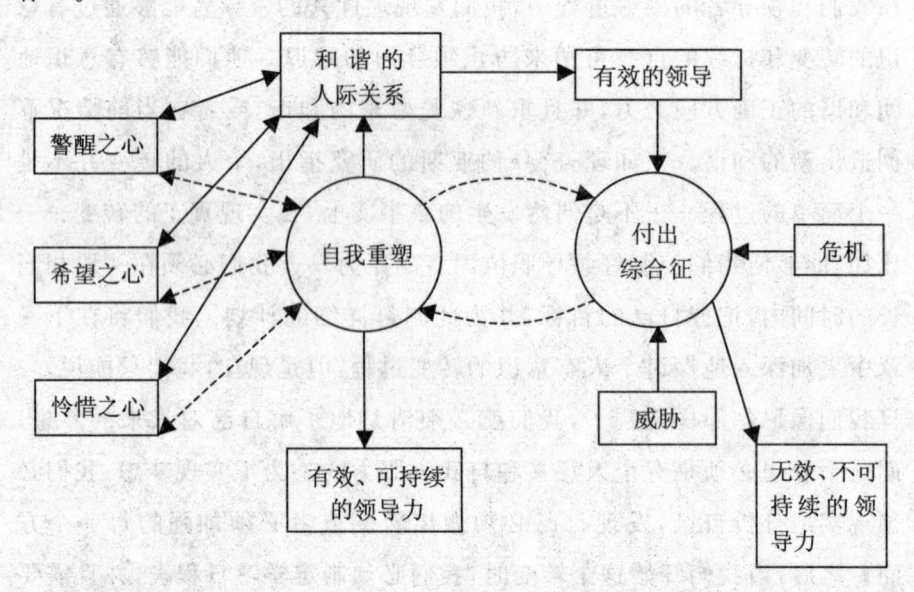

警醒之心、希望之心和怜惜之心点燃了我们内心积极的情感,创造并培养出良好的人际关系,使我们即使在挑战面前也能保持韧性和高效运转。[15]自我重塑是一个动态的过程,在这个过程中,警醒之心、希望之心和怜惜之心能使我们恢复元气,抵抗权力压力带来的破坏性影响,而自我重塑本身也能帮助你体验到警醒之心、希望之心和怜惜之心(如图4-2所示)。[16]因此,除了其他事情,为了重塑自我,即使在真正的困难面前我们也需要保持希望,真心地关怀我们的下属,替他们着想,全身心地关注别人与我们自己。

有些人似乎天生就善于自我重塑——自我重塑对他们而言几乎不费吹灰之力。有些人似乎能够承受住巨大的压力而不给自己和他人带来负面影响。从心理学角度来看,他们是强大的,或者说是有韧性的。最新的研究表明,这样的领导者并不一定有特别的特质和特征,但他们总是积极主动地做一些事情,包括留心观察,满怀希望之心和怜惜之心,持续地自我重塑。他们做这些事情的时候甚至可能是无意识的——他们经常性地进行自我重塑,把自我重塑当做是生活的一部分,所以根本不用费心刻意地做这些事情。[17]本书中的几个例子可以帮助你理解能够实现自我重塑并不只是某一项特征,它包含了多种体验和多个过程,任何人都可以学习、运用、反复练习它们,并最终把它们变成个人生活方式中无意识的、本能性的一部分。

在第六、第七、第八章中,我们将详细讨论警醒之心、希望之心和怜惜之心。但现在先让我们来看看自我重塑的这几项基本要素,以及它们是怎样帮助尼尔恢复工作和生活的和谐的。

自我重塑之源——警醒之心

我们所说的警醒之心,指的是生活在一个完全清醒的状态中,对自己的一切,他人和自己工作与生活的环境有着完整而又清醒的认识。这意味着开发自己的智商,照顾好自己的身体,运用情绪的力量,关注自己的精神世界。我们把警醒之心定义为:对自己和周围的世界保持清醒和持续关注的状态。警醒之心使我们关注自己身上正在发生的事情,并在付出综合征严重伤害我们之前,果断地制止它。细心观察自己、周围、人性和环境能唤醒重塑自我的能力。

但也许你会反驳说,这听起来像自我开发——我们会告诉你,完全正确!警醒地关注人性的每一个方面,能使我们在与周围的人、社会、环境越发紧密地联系在一起的同时,激发个人的全部潜能。[18]

第四章

领导者经常被建议要专注在理性的思考和其他程序化的公务上,例如计划、组织、控制资源(包括人力资源),而无须关注软环境。他们被告知可以忽视健康、心灵和精神,或者说是,把它们关在办公室门外。但只把我们的一部分带入工作造成的后果就是,我们感到失落和麻木,好像一直做的是重复单调乏味的工作。这就会把我们与同事、客户,甚至朋友、亲人分离开来,最终导致孤立与不和谐。

相反,人们需要培养警醒,寻求自身和他人的和谐。这就是在长期的压力下能够成为一个有效的领导者并保持这种高效的必要条件。那些注意培养警醒的人往往更具有认知适应性、创造力和解决问题的能力。[19]换句话说,对整个的自我——思想、身体、心情和精神——都十分关注的人,比那些目光短浅的、只看到眼前利益的人更敏锐、更聪明、更幸福、更有效率。

让我们暂时先回到尼尔的故事中,他原先的成功在一定程度上因为他具有敏锐的洞察力。但问题是,随着压力的与日俱增和权力的日益扩大,他对自己和他人的关注在一点点地消逝。他已经不再习惯性地关注自己内心世界的细微变化。同样,他也不再像以前那样努力地去理解周围的人和更宽广的环境里传递过来的信息。

因此对尼尔来说,问题在于:"我怎样才能重新找回我的警醒?"他开始反思自己,他花了很长时间来思考——主要集中在弄清楚自己正在想什么,自己正在做什么。在他思考的同时,他也在进行跑步锻炼,这种锻炼带来的生理上的影响能够帮助他更清楚地思考问题。另外,他还积极地和一两位同事沟通,让他们帮助检验自己的反思是否正确。他也冒着被最好的朋友责难的风险,向他们承认自己确实在工作和生活中犯了许多不可原谅的错误,需要改正,并征求他们的建议和帮助。

自我重塑之源——希望之心

虽然自我重塑的过程是从警醒开始的,但只有这种关注是远远不够的。只有积极进取的情绪才能激活自我重塑。特别要指出的是,满怀希望和怜惜的体验确实能够引发大脑和激素的变化,使我们能更新自己的思想、健康和心灵。当我们怀着希望和怜惜之心,积极乐观地面对人生时,我们就会变得更富有活力,而且更能创造出和谐的氛围。而这些情绪,准确地说,是对希望和同情的体验,是领导者与周围事物保持和谐的基础。

当我们满怀希望时,我们就会对可能实现的未来感到兴奋不已,并且坚信美好的愿景一定会实现。希望能激发我们的精神并调动各方面能量。希望能让我们马上行动起来,使我们整合个人的全部资源,为了实现目标而努力奋斗。不仅如此,希望与随之而来的愿景都具有极强的感染力。他们都是他人行为的强大推动力。希望还是一块情绪磁铁——即使面临挑战,也能使大家继续前行。领导者规划出来的充满希望的蓝图,能使大家穿越目前所面临挑战的迷雾而看到成功后的景象。并且能把大家紧密地团结在一起,朝着预期目标共同努力。

曾经有那么一段时间,尼尔失去了希望。在联合利华,洗涤用品部的状况看起来相当糟糕。尼尔和他的团队本来极易陷入绝望之中,但是有两件事阻止了这种情况的发生。首先,联合利华的领导者并没有对尼尔失去信心;其次,尼尔找回了引导团队迈向成功的能力。让我们看看这是怎么发生的。

即使是在产品推广彻底失败的那段艰难的日子里,联合利华的领导层仍然认为尼尔会成为下一任总裁。这让尼尔非常吃惊,也让他感到自己的价值仍然得到了认同,心里充满感激之情。这是他多年以来的梦

第四章

想。但是无论多美的梦想，如果连你自己都觉得无法实现，再美又有什么用呢？尼尔正被手头上的工作弄得焦头烂额。事实上，他当时正面临着巨大的失败，没有任何迹象表明他能东山再起。当时他自己并没有发现这些，但实际上他已经开始坦诚地面对自己，认为自己有责任实现自己的价值，他对未来的希望被真正地点燃了。他看到了自己的将来，原来他想要的不仅仅是财富，还包括总裁的位子。

所有这一切都使尼尔开始真正怀疑他在推广这款洗衣皂产品中所做的决策。他发现自己在推广这款注定失败的产品的过程中表现出的姿态伤害了很多人——客户、团队、同事——同时也给这个项目带来了巨大的损失。他从不同角度来审视目前的状况，并且考虑了各种可能的解决方案，继而摒弃了过去单纯想解决问题的行事风格。他勇敢地承担起责任，决定要把这个项目继续下去，渡过难关。其实他大可不必这么做，他本可以轻松地解脱出来，让别人来收拾这个烂摊子。可他还是向联合利华公司的董事会提出了申请，要求继续在这个部门工作下去，直到看到这个项目的推广情况有所好转。

尼尔对未来满怀希望以及他付出的实际行动，激发了团队成员的责任感，最终实现了团队的和谐。并且随着明确的愿景和坚信自己能扭转局势的信念逐渐发挥作用，尼尔开始感觉到重新找回了自己的生活，并且重新赢得了一些自尊。他感到在情绪上足以应对生活中其他棘手的问题。在工作中，当他开始忠于自己的价值观行事时，他告诉自己无论情况多么复杂，无论自己过去做出的错误决定造成了多么严重的后果，都要相信自己一定能够挽救自己的个人生活。

尼尔描绘的未来是很实际的，实现起来有困难但确实是可能的。这意味着他的希望是建立在乐观而又合理的愿景之上的，所以他认为自己完全有能力朝着目标努力并且达成这个可行的目标。[20]换句话说，他是在努力转变现实，而不是与幻想作战。而其目标的可行性有力地支撑着他内心的希望——从而开启了一个良性循环,为他完成生活和领导工作的转变提供了源源不绝的希望和能量。

当尼尔开始想象一个不同以往而又可实现的未来时,他心中的希望变得富有感染力,于是和谐出现了。在工作中,大家开始了解并且理解他的愿景,以及未来的现实可能性。同时他也把这种现实性和希望带入了自己的个人生活。虽然他的家庭关系曾经一度十分紧张,但是他最后还是能够及时纠正自己的错误,为自己描绘出一条不同的、充满希望的路。

自我重塑之源——怜惜之心

当我们体会到怜惜之心时,我们就能和周围的人融洽相处。我们能够理解他们的所想所需,而且也能激励我们自己按照这些感觉去行事。正如希望一样,怜惜之心使我们重塑自己的思想、身体和心灵。并且,和希望一样,怜惜之心也具有感染力。

如果问及这几年的挣扎和困惑,尼尔很可能会说,他仍然对那些被他工作和生活中的行为所伤害的人怀有深深的愧疚和怜惜。但怜惜并不只是理解别人的处境、感同身受,怜惜已经超越了理解的范畴。怜惜是深层次的理解、关怀,以及愿意为自己所关心的某个人和其他人的利益付出行动的一系列体验的结合。对尼尔来说,真正起作用并且帮助他步入自我重塑的是,他不再自怨自艾,也不再仅仅对周围的人表示同情。他开始按照自己的感觉去行事,开始转变过去的做法,以减轻大家所受到的伤害,并使大家的关系更加亲密无间。

为了开始自我重塑,我们需要尽可能多地向别人展现我们的怜惜之心,同时还要接受别人对我们的怜惜之心。当我们处在情绪混乱的状态中,特别是当我们发现自己的生活处在崩溃边缘的时候,如果我们需要改变这一局面,我们必须明白自己并不是孤单的。当我们开始培养自己

第四章

的警醒、开始点燃心中的希望时,我们也需要知道有很多人在关心我们,感受到他们给予我们的关怀、怜惜和爱。为了持续地理解事物和发现自我,我们需要别人的积极认可,甚至是尊敬。

也许尼尔是幸运的。尽管许多朋友都离他而去,但是仍然有一些人没有放弃他。他们似乎明白,尼尔虽然是一个把事情搞砸的人,但仍不失是一个真正的好人,一个好的生意人。他们不仅把他看做是一个在工作中做出了一些错误选择的人,而且也把他看做是一个愿意也能够纠正过去的错误并重新找回平衡与和谐的人。当尼尔知道还有一些人相信他、喜欢他时,他有了一些喘息的空间。

尼尔死去的朋友彼得就是这些人中的一个。尼尔对朋友的怜惜也为他最终了解自己打开了一扇门。那次意义深远的谈话,以及其他人给予他的爱和支持,使他感受到了越来越多的希望,促使他规划自己想要的未来。

个人重塑和职业卓越

尼尔·菲茨杰拉德不仅是一个杰出的领导者,而且在生活中,他更是给自己树立了很高的标准。他的工作表现我们都看在眼里——尽管过去他可能容易制造不和谐,但是现在他确实创造了和谐的氛围。商界人士都很尊敬他,他也具有很高的社会影响力,而这正是他所追求的生活。然而最重要的可能是,他目前的个人生活充满了激情和快乐。

终于,尼尔找到了一条适合自己的正确的道路,对此他十分珍惜。他认识到领导角色的压力和个人权力带来的危险都是工作中普遍存在的现象。他也知道忽视了一个人最重要的亲情会给家庭带来灾难性的后果。他给自己描绘了所期望的生活,那就是要永远真实、坦诚地面对自己。尼尔最后终于过上了他想要的生活,忠于自己的价值观和信仰。

虽然很遗憾,由于他多年来忽视了与妻子的和谐相处,他的第一次婚姻失败了,但是他从这次惨痛的失败中学到了很多东西,他知道必须用心经营与子女们的关系。他再婚了,这一次他再也不敢掉以轻心。他在经营家庭关系上花了很多时间和精力,努力使家人间的关系变得更有活力,更有意义,也更加亲密。

对尼尔·菲茨杰拉德来说,重新找回他的价值观——那些他确信、深信是最重要的价值观——是他能重塑自我的关键。当他极其怀疑自己并且对未来又十分迷茫的时候,他从自己的价值观出发,开始重新认识生活的意义。从中我们所学到的是:无论它是否能够帮助你发现危险的征兆,或者帮助你重新把你的核心价值观作为通过警醒之心、希望之心和怜惜之心实现自我重塑的基础,经常审视自己的价值观总是很有帮助的。

在本章的结尾和附录 B 中,我们提供了几个练习,可以帮助你发现你自己的价值观和人生哲学。还有一些练习能够帮助你揭示工作和生活的节奏,并且帮助你发现细微的危险的前兆。最起码,这些练习能够帮助你发现自己内心世界可能正在发生的变化。

对于尼尔·菲茨杰拉德来说,结束是另一个开端:维持和谐

像尼尔·菲茨杰拉德发生的这种转变不可能是一蹴而就的。事实上,要改变旧的习惯和旧的行为模式,培养新的行事风格,要花上好几年的时间。在开始改变之后,我们就要提高警惕,以免重蹈覆辙。尼尔也承认他有时一不小心就会回到旧的做法上。在担任联合利华总裁的几年里,以及目前在路透集团担任总裁期间,尼尔尽自己所能去做一个最好的领导者。他努力做到勇于尝试且愿意接受挑战,他带着近乎苛求的真诚、正直、诚实和怜惜之心,去与人交往,不断鼓励大家去发掘自身的激情和潜力,实现自己的梦想。他也有意识地开发自己的情商,更准确地

第四章

说是重振自己以往工作中已经被有力地、重复地证实了的能力。

在逐渐觉醒的过程中，尼尔养成了新的工作生活习惯，这使他能够持续地自我重塑。他坚持跑马拉松，并为慈善机构筹措捐款来关心世界上需要帮助的孩子们。他还对研究人的精神世界产生了浓厚的兴趣——他广泛地阅读了一系列心理、精神方面的著作，把书中的理论和实践运用到日常生活之中。他和妻子把友情和亲情作为生活中的核心部分。在绝大多数周末，你会发现，朋友们围坐在他们家的餐桌边上无话不谈，从世界局势到孩子们的健康问题，进行广泛深入的探讨。

正如我们在尼尔的故事中看到的那样，就算是曾经和谐的领导者也有可能偶尔偏离正确的轨道。这就是为什么我们要在付出综合征出现之前就该有所警醒、有所防范的原因。要学习怎样对抗付出综合征，进行自我重塑，我们每个人都必须付出努力。我们要找到自己的激情，认真地审视自己，问自己"我是谁"，了解自己所追求的生活，打破旧的工作模式，摆脱旧习惯的约束。尤其是在处于极端压力的情况下，我们更需要培养警醒之心，并且学会如何培养希望之心和怜惜之心。

在下一章中，我们将介绍如何实现有目的的转变，如何培养警醒之心、希望之心和怜惜之心，如何开始自我重塑之路。我们还将详细介绍像尼尔这样的领导者如何"破解密码"并学会掌控"付出—自我重塑循环"。

练习一：这是一次唤醒呼叫吗？

有些时候，唤醒呼叫是以生活中的重大事件的形式出现的，比如孩子的出生、家庭成员的去世或者突然的工作变动。而有些时候，唤醒呼叫会是生活与工作中逐渐发生的极其微弱的变化，或者是一些看起来很小的生活方式的转变的组合。密切注意生活、工作中的这些大大小小的变化是及时发现唤醒呼叫的最好办法,只有如此我们才能更好地掌控我们的现在和将来。参考下面列出的一些常见唤醒呼叫的例子。在最近一段日子里,你是否有过如下这些经历,或者你正在经历这些事情？有没有其他一些更细微,但是在这里没有列出来的事情使你感到它们可能是危险的征兆呢？

- 离婚或者分居
- 搬入新家
- 家庭成员或者是重要朋友的去世
- 升职
- 重大疾病
- 身体受伤
- 重要身体机能丧失
- 重要事件的纪念日
- 车祸
- 结婚
- 重大的工作变动
- 失业
- 孩子的出生
- 重大的经济收入或者损失
- 生活方式改变（比如孩子离开家庭）
- 项目的重大成功或是重大失败
- 所服用药物剂量（或品种）的改变
- 在家时间的明显减少（比如出差）
- 与朋友和家人深入沟通的时间明显减少

第四章

- 建立新的重要人际关系（爱情、友情和上下级关系）
- 体重的明显增加或者减轻
- 对工作或者生活有厌倦或者挫折感
- 对你个人有影响的世界大事（心理上或者其他方面）
- 对一个重要关系（爱人、子女、朋友、老板）的不满，或者重要关系的结束
- 完成一个重要项目
- 改变一个终生的习惯（比如锻炼身体、冥想、爱好）

练习二：你的道德核心

这项练习的目的在于帮助你了解自己的价值观和信念。因为我们的价值观和信念在经过反思或特定事件后经常会发生转变，所以很有必要去有规律地重新审视和考虑自己的价值观和信念。[21]洞察我们的价值观要求我们定期地反思自己的信念，看看它们在你现在的生活中到底有多重要。

下面我们列举了一些价值观、信念和个人特征供你参考，按照下面的步骤，帮助你发现在你的生活中，到底哪些是指导你行为的重要准则。如果你目前的生活状况或者状态发生了变化，如果你不能再依过去特定的价值观行事，你是会感到不适，还是会感到欣喜呢？思考一下这个问题，就可以帮助你发现这些价值观在你心里的重要程度。有时，你会发现每次比较其中的两项是一种比较好的方法，通过这种方法你可以确定这两项的相对重要程度。

1. 选择大约15项你认为对你最重要的价值观，用星号或者圆圈标注出来。

2. 从这15项选择中，再挑选出五项对你最重要的价值观。

3. 对这五项进行排序，相对最重要的标记为"1"，相对最不重要的标记为"5"。

价值观、信念与理想的个人特征

完成工作	控制	独立	认可
取得成就	合作	改善社会	可靠
冒险	勇敢	创新	虔诚
友爱	谦恭	正直	尊敬
慈爱	创造力	才智	责任
亲密关系	可信赖	投入	克制
进取心	遵规	想象力	救世
协助他人	经济安全	欢乐	自我控制
权威	效率	安逸	自力更生
自治	平等	逻辑性	自尊
美丽	令人兴奋的生活	爱好	真诚
归属感	名声	被爱慕	灵性
心胸开阔	家庭幸福	成熟的爱情	稳定性
关怀	家庭安全	国家安全	地位
挑战	宽容	自然	成功
愉悦	自由选择权	服从	象征意义
清洁	自由	秩序	承担风险
舒适的生活	友谊	和平	团队合作
同伴	开心	个人发展	整洁
胜任	真实	愉悦	亲切
竞争	幸福	礼貌	宁静
对他人有所贡献	健康	权力	财富
从众	乐于助人	自豪	胜利
满足	诚实	理性	智慧

这并不是一个简单的练习。很多人发现第一步很容易，但是到了最后一步就会很困难，甚至会让你觉得很不自在。那是因为这个思考练习旨在让我们去调解目前生活中可能存在的一些潜在的分歧。首先，当你

第四章

最终确定了五个价值观,并且对他们进行排序后,你肯定会不断地问自己,"这样的顺序是不是真正地反映了我的行为特点,或者反映了我所希望的行为特点?"换句话说,这个价值观的排序有没有体现出你目前的行为和决策风格?其次,如果没有体现出你目前的行为和决策风格,那么你的排序有没有反映出你所希望拥有的行为风格呢?你可能也会怀疑,这一排序能否反映你现在的一种偏好、态度、行为和决策?或者它是否更好地反映了自己几年前的行为方式——更早期的自我。

了解什么是自己真正重要的价值观是我们道德上的指导原则,能够帮助我们顺利地走出困境,帮助我们度过那些令人困惑的时刻,帮助我们在看似矛盾的决策中做出正确的取舍。

练习三:我的职业节奏

这个练习给出了一张工作表,用于记录你的职业生涯。*在这张图中的每一条水平线都代表你的职业生涯中的工作(角色),垂直线代表转变,比如晋升、换工作、组织变化、职业变化和职业准备期。从现在的工作开始,把每一次的职业变化的年份以及简短的描述记在垂直的线上,把职业、角色和工作活动记在水平的线上。以倒序进行记录,从你现在的职业到你第一份全职的工作,或者追溯到21岁,无论先记录哪一步都可以。记住要记录下所有你认为有意义的工作和角色,甚至是一份兼职的工作。

在填写完这个表格之后,看看你主要的工作变化之间间隔的年份。一个主要的工作变化不必是每一次工作变化或者是组织变化,但它必须意味着你以不同的方式开展工作。

这张表是否反映了你对工作的兴趣和厌倦循环圈的节奏?如果是的话,那么你现在正处于这个循环的哪一个阶段呢?你在什么时候可能

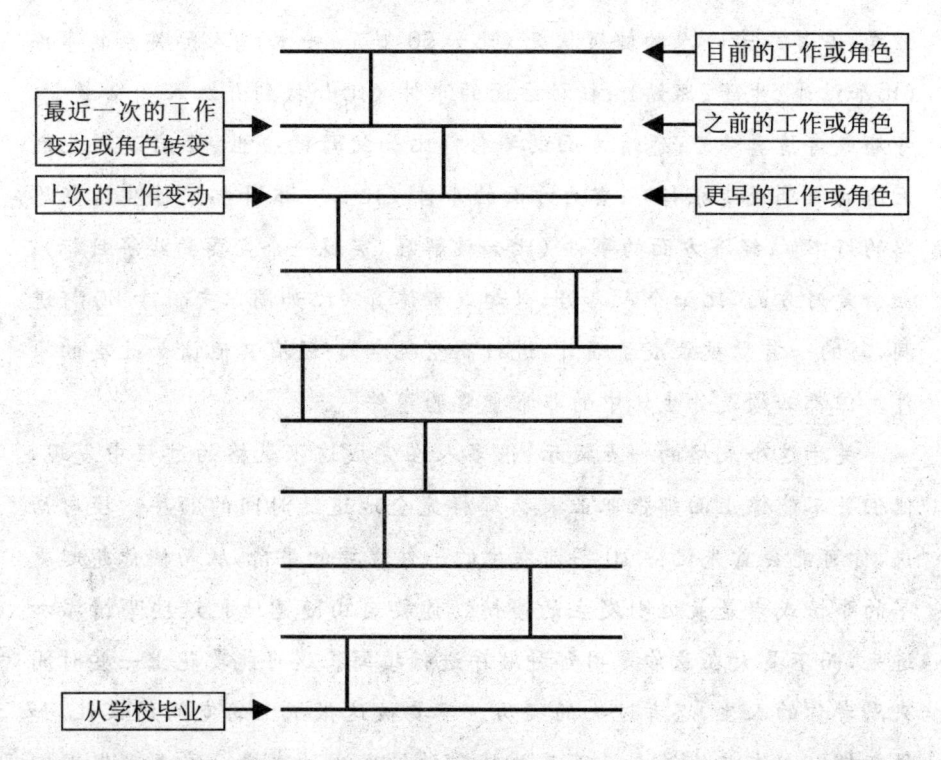

```
目前的工作或角色
最近一次的工作
变动或角色转变          之前的工作或角色
上次的工作变动          更早的工作或角色




从学校毕业
```

如果你需要更多的空间,你可以用另外一张纸来绘制你的职业历程。

接近下一个转变期以及什么时候可能听见下一次唤醒呼叫呢?

* ©Richard E. Boyatzis,1996.

练习四:我的生活节奏

拿一张白纸,在左上角写下今年的年份。然后从今年开始往回推,在其下面写下所有的年份,一直到你出生的那一年。

在每一年份的边上,记录下你当时或者现在觉得对你的生活很重要的任何事情或经历。左边的年份是用来帮助你回忆的,不需要每一年都写些什么。在填写这张表格的过程中,你可以采取以下几种可能的分类

第四章

方式：身体或者个人的健康状况（比如50岁了、手术）；人际关系的事件（比如结婚、生子、离婚）；精神方面的事件（比如找到并加入一个教堂、寺庙或者清真寺）；感情方面的事件（比如父母的去世、开启了人生新天地的假期或者旅行）；智力方面的事件（比如一本开拓了你生活新思路的好书）；经济方面的事件（比如被解雇，实现一个主要的经济目标）；业余爱好方面，比如个人喜好、兴趣或者体育（比如高尔夫低于80杆进洞，写的一首歌被录成了唱片，进行高空跳伞）；还有其他诸如此类的事件。但都必须是你生活中的非常重要的事件。

关于这个表格的一点提示：很多人在完成这张表格的过程中发现，他们并不能像上面那张职业表格那样完全地追随时间的顺序。换句话说，你可能会首先记得10年前发生的一件重要的事情，从而使你想起更早的事情或者是最近刚发生的事情。你要自由随意地把这些事情添加进来，而不要太在意你是用哪种顺序进行填写。这可能要花上一些时间来思考你的人生，思考过去的经历。不要被这张纸上的空间约束住，如果不够可以在其他纸上记下某些特定年份发生的事情。很多人发现回忆到自己20岁的时候就已经足够了，但是有的人则认为记录的时间越长越好——这一切都由你自己决定。

看看主要事件之间间隔的年份。是否存在一定的节奏可以使你在一定的时候感觉到需要一个转变或者变化可能发生？如果是的话，你现在处于这个节奏的哪个阶段，你什么时候可能听见下一次唤醒呼叫呢？

第五章　有意识的转变

重要的、有意义的转变是有可能在偶然的情况下发生的。如果缺乏很强的自我意识,我们在很长一段时间内都不会注意到这种转变,或者一直要到有人提醒我们为止。在这种情况下,所期望的转变通常是间断发生的。在复杂理论中,这种意外的转变被称为"突变"。然而,对于我们中绝大多数人而言,生活中的重要转变更像是"顿悟";它们是真正的发现。随着警醒之心的增强,转变的过程就会变得平稳流畅,甚至天衣无缝。创造和维持优秀领导力的一部分挑战就是认识、管理甚至引导自我学习和转变的过程。那些能有意识地控制自己的发展的人,像尼尔·菲茨杰拉德那样能最终实现转变并且一直保持到现在的领导者,都能权衡利弊,做出正确的选择,来决定什么能够使得他们的工作变得更有效,同时让生活更满意。根据理查德·伯亚斯几十年的研究结果,我们现在可以比较肯定地说,有意识转变模型(Intentional Change Model)能够帮助人们成功地完成自我转变。[1]

最近几年的跟踪研究表明,当我们关注以下五个主要发现时,就可以实现个人的持续转变。[2]

1. 理想的自我,即你希望生活是什么样的,你想成为什么样的人——由此得出你的个人愿景。

第五章

2. 真实的自我,即在其他人看来,你的实际表现如何;理想的自我和真实的自我之间的比较会使你发现自己的优势和劣势——由此得出你个人的"资产负债表"。
3. 学习日程,即通过有效发挥自己的优势,同时可能会转变一两项缺点,使自己更加接近理想的个人愿景(或者维持当前理想的生活与工作状况)。
4. 不断实践与练习新的习惯,或者加强和巩固你的优势。
5. 发展和维系相互信任的人际关系——和谐的关系,这能使你顺利地度过这些转变过程,实现自我重塑。

以上五点发现在图5-1中显示为一个循环的过程。你的自我重塑、和谐之路只有经过这个循环,才能使你成为自己想要成为的人,过你自己想要的生活。

但是,正如我们之前所说的,不和谐是必然存在的现象。如果不刻意努力创造和谐或是仍让自己处于不和谐状态,我们可能就会错过完成个人转变的机会,人际关系就会渐渐变得更为低效且无法实现互动和交流。在通向自我和谐及他人和谐的道路上,希望之心是驱动力,怜惜之心是有效手段,警醒之心则能使发展的过程更加顺利,更加容易理解。只有具备了这些要素,我们才能保持个人健康、维持工作效率并且维系人际关系的和谐。但这并不容易做到,因为这需要付出和勇气。

让我们来看看另一个十分典型的例子,这是一个高成就动机、行为导向的成功人士,他通过自己刻意的转变提高了自我重塑及和谐的能力,进而显著地提高了他原本已经十分优秀的领导力。

一个领导者的自我重塑之路

下面要出场的人物是意大利联合信贷银行(UniCredit Banca)的

图 5-1 伯亚斯的有意识转变理论*

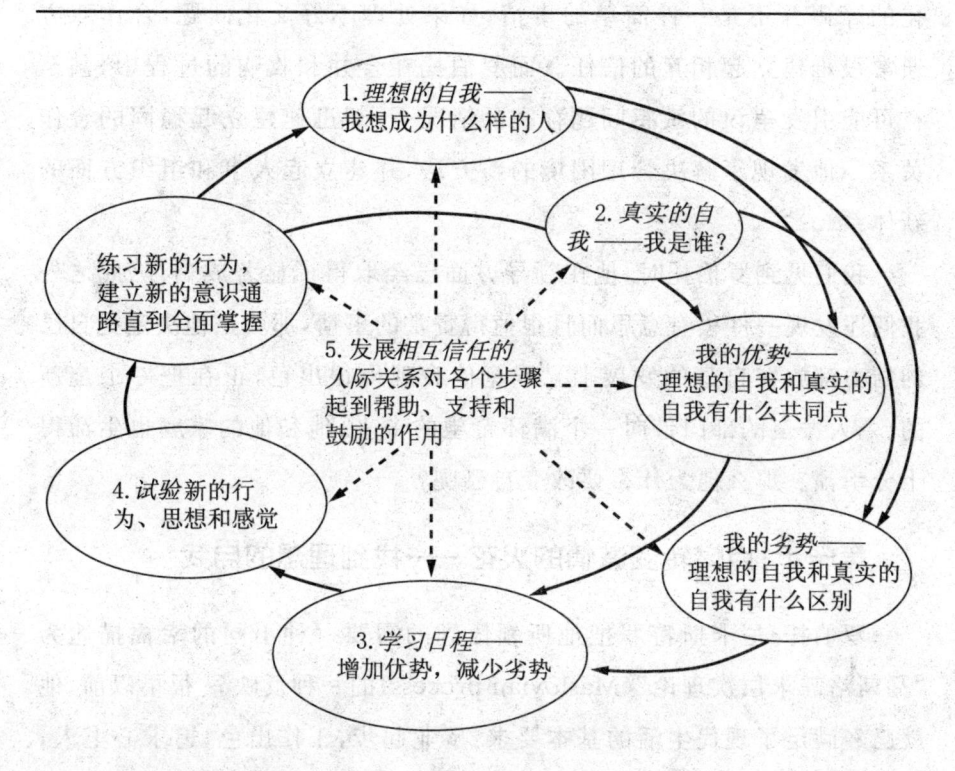

```
                    1. 理想的自我——
                    我想成为什么样的人

                         2. 真实的自
                         我——我是谁？

  练习新的行为，
  建立新的意识通                              我的优势——
  路直到全面掌握        5. 发展相互信任的       理想的自我和真实的
                      人际关系对各个步骤       自我有什么共同点
                      起到帮助、支持和
                      鼓励的作用

   4. 试验新的行
      为、思想和感                           我的劣势——
      觉                                   理想的自我和真实的
                                         自我有什么区别

                    3. 学习日程——
                    增加优势，减少劣势
```

* 原为自我引导学习理论。

CEO 罗伯托·尼卡斯特罗（Roberto Nicastro）。他坐上这个位置的时候很年轻——仅仅四十几岁。他微乱的头发、淡淡的微笑、时刻准备行动的个性使他显得好像永远不会停歇，好像总是有追求卓越的强烈欲望激励着他。罗伯托讨人喜欢、友好且自信，又是一个有敏锐头脑的领导者，他总能把他和他的公司带向成功。

比如，最近罗伯托正率领着联合信贷集团进行一项雄心勃勃的国际扩张计划。在短短的三年时间内，该集团采取了一项稳健又大胆的并购策略，使愿景成为现实。依靠从意大利境外以低息贷款吸引顾客起家，罗伯托敏锐的商业头脑、较高的情商和充沛的精力使该银行能够与中欧

第五章

和东欧几家著名的金融服务机构建立起合作伙伴关系。但应对跨文化的障碍并不是一件简单的事情,如果处理不好文化问题,合作双方通常很难建立起相互的信任。而罗伯托在合并和收购的过程中,甚至在可能引发争议的敏感问题存在的情况下,却迅速建立起稳固的合作关系。他发现了解决管理困境的新方法,并建立起人事和组织方面的新体系。

我们见到罗伯托时,他在领导方面已经取得了显著成功,除此之外我们还发现一件很有意思而且很值得赞赏的事情,那就是他决定把自己的精力都放在自身的发展上。毕竟他表现得很出色,正在把一个全新的、令人振奋的部门带向一个满怀希望的未来;他和他的家庭也生活得十分幸福。那么他为什么要改变自己呢?

第一步:点燃转变激情的火花——找到理想的自我

罗伯托·尼卡斯特罗把他所领悟到的需要一种不同的幸福描述为"马斯洛需求层次理论"(Maslovian process)的一种反映。[3] 很早以前,他就已经满足了现代生活的基本要求:事业起步,工作出色,追求心上人,结婚,组建家庭。这些他早就已经实现了。但当他安静下来,真诚地反思的时候,罗伯托很清楚自己的内心深处其实没有真正完全地平静。他发现在大多数的时候,自己的情绪就像在坐过山车一样,时起时落。但他知道自己并不是情绪失控,只是心情无法平静,而且这种情况似乎无处不在、愈演愈烈。尽管对于身边的每一个人来说,不管是上级、下属或是组织中的其他人,他似乎完全能够很好地自我控制,而且事业上已经很成功了,然而罗伯托很清楚地知道自己已经开始患上付出综合征。这就是我们之前所看到的,很多领导者在付出太多而没有定期进行自我重塑时,就会患上付出综合征。

值得肯定的是,在付出综合征影响罗伯托与他的领导力之前,他就预见到了将会发生的事情。而且有意思的是,他并不是因为感觉到恐惧或者面临失败而被迫进行转变的。事实上,原因正好相反:他的出发点不是为了弥补自身的缺点或不足,而是想增强自己的优势。使罗伯托下决心提升自己的动力,是他想要成为力所能及的最优秀的领导者的强烈愿望。[4] 当他意识到自己已经达到了职业和家庭方面的目标时,他觉得可以对自己的生活进行更自由、更开阔的思考。他开始设想他的未来,包括到晚年还拥有良好的健康状况,在工作和家庭中都拥有令人满意的亲情和友情,甚至给世界留下点什么。罗伯托开始憧憬着更美好的、充满希望的未来。

他所描绘的自己所期望的新形象,我们称之为理想的自我。这是点燃希望的愿景,是个人行为强劲的驱动力。他的愿景和希望的确激励了他的转变过程,构成了他人生道路上出现的第一个"顿悟"。

罗伯托的这种发现——意识到自己该成为什么样的人——只是他对个人转变过程警醒的第一步。这一过程首先要做的就是确定自己的梦想,包括对个人、工作、生活的梦想。

近 20 年来,有大量的研究考察了积极的想象和愿景所能带来的力量。运动心理、冥想、生物反馈等方面的研究结果显示,如果我们将热情发挥到极致并追求理想中的自我形象,就会产生很强的情感承诺和精神力量。[5] 而让人意外的是,尽管我们知道积极地看待我们自己和规划自身未来的重要性,我们却仍然经常忽略这一步。我们把"别人对我们的希望"当做"我们自己的希望",或者我们根本就已经麻木,忘记了自己所追求的梦想。因此,你的第一个挑战是:找到属于你自己的梦想——你自己对自我和人生的规划与愿景。[6] 你可能现在就想开始这个步骤。如果是的话,你可以先花点时间浏览并完成本章结尾和附录 B 中的练习。

第五章

第二步：面对真实的自我——找到你的优势和劣势

当罗伯托理清自己的愿景后，他非常兴奋、满怀希望，并且有为未来而奋斗的强烈愿望。他充满希望的前景除了给他带来兴奋外，还给他带来了力量，也让他决心要找出什么可能阻挡他的发展以及什么会阻止他实现自己的人生梦想。他开始全面地分析自己——从思想、身体、心情与精神方面——得出的结论是，事实上他最突出的一些优点现在反而成了一种负担。

逐渐清醒地意识到自己是谁，就是我们之前提出的真实的自我，这是实现个人有意识转变的第二步。要想从现在的状态转变为我们想成为的人，我们需要知道周围的人是怎么看待我们的，以及他人感觉到的形象与我们自己感觉到的形象在多大程度上是一致的。

这是警醒之心的一个重要方面，它要求我们有很强的自我意识，并且愿意正视自己的弱点。要想清楚地了解自己，以及弄清别人如何评价自己，并不是一件简单的事情，这需要很大的勇气。为什么这么说呢？因为随着时间的推移，我们通常已经为自己建立起了正面的印象，所以我们心理上会自动筛选，并过滤掉一些对我们的负面或者否定评价，以避免原来的正面印象受到破坏。这种防御机制虽然能起到自我保护的作用，但也会造成自我欺骗，使我们对自己的评价与真实情况不一致，使错误的印象长期存在下去，最终引发功能失调。[7] 因此，为了更清楚地了解自己，我们必须首先消除这种自我防御的心理。

罗伯托就是一个能做到这一点的典型的强有力的例子。所有人都一直称赞他的创造力、精力、干劲和雄心壮志。在他职业生涯的早期，这些优点都是他取得成功的原因，而且很明显他不会放弃这些优点。然而在这次愿景规划的时候，他发现自己变得更加开放，更愿意卸下防备，使自己更加客观地了解自身的情况。他开始关注自己的情感与自己的健康状况,并且开始去了解一些别人没有告诉他的事情。他开始认识到自己的优点,特别是他的创造力、行为导向和速度,也是他身上出现的某些问题的症结所在。罗伯托身上的肾上腺素不断地涌出——他的身体大部分时间都处在高度紧张的状况下。他的身体开始抗议:烦恼、压力造成的疾病随着时间的推移,出现得越来越频繁。他意识到高工作强度、高度集中的注意力和创造力虽然是他获得个人满足和事业成功的原因,但也是他内心习惯性地感到不安和压力的根源。他注意到了权力压力给自己带来的影响,也发现自己开始患上了付出综合征。

此外,他强势的风格已经使他工作中的人际关系出现了一些问题。在他的行事迅速、行为导向、有如飓风般的工作作风的全盛时期,罗伯托激起了大家对他的钦佩、敬畏,有时甚至是恐惧。他倾向于一直追求创新,永远都会产生很多新的想法、新的项目,这让周围的人有点难以承受。一些人跟不上他的步伐,开始感到疲惫、不胜任或缺乏创见。

大致与此同时,罗伯托出现了一些难以处理的个人情况,且这些情况并不能因为他强势的风格而得到解决。他发现这些问题产生的一部分原因是由于他工作的推进速度太快,缺乏耐心,从而忽略了周围的人。在他追求卓越、寻求下一个好点子的时候,他完全忽视了周围的人,并没有真正体会到别人的感受,经常无情地忽视了自己对别人造成的影响,或者忽视了自己给工作进展带来的影响。

随着职位的晋升,罗伯托发现他的行事风格反而可能成为了一种负担。[8] 尽管他有这么多的优点——比如工作主动性、自我激励、追求卓越,并且这些优点确实使他取得了极大的成功,然而如果不加注意,这些优点也会给周围的人以及领导者本身带来很多问题。事实上,成就动机很高的人经常会发现自己过于追求卓越,但实际上却破坏了自己和别人的努力,这在领导工作中并不那么有效。当与大型组织中强势的高层人

第五章

员交往的时候,人际关系很关键,此时这种行事风格就特别具有破坏作用。

当我们最后终于意识到自己已经开始陷入困境时,经常会感到很惊讶:为什么之前没有早点注意到这些问题。然而事实上,是否能够像别人一样客观地看待你自己,是否能够诚实地面对你的内心世界、信仰、感情等问题,这些都是提升个人时可能会遇到的最困难的挑战。这正如我们很多人都知道的"青蛙效应"。如果把青蛙投到一锅沸水中,青蛙肯定会马上跳出来。可是如果把青蛙放进一锅冷水中,逐渐升高水温直到沸腾,青蛙可能会没有意识到水温正在不断上升,仍然还待在水里,最后只能被烫死。

有很多因素都会使人们变成温水中的青蛙。你身边的人可能没有让你看清楚你自己,或者让你看清楚周围的世界;他们完全不会给你任何反馈,或者不会把对你的真实看法告诉你。当你手中的权力大过他们时,比如成为他们的家长或是领导者,这一点就尤为明显。或许,他们自己也是"青蛙效应"的受害者,因此并不能对你或是周围的情况有着非常清楚的认识。当然,有的人能够很客观地看待周围的人和事,可是他们总是故意不和别人分享真实的情况。他们可能是害怕说出真相会给自己带来不好的后果,想避免引起冲突,或者只是不想改变自己。

我们也会错过一些关于真实自我的线索,因为当我们尝试去改变或者提升自己的时候,通常,我们会仅仅关注自己的缺点和不足,而不关注自己的优势。组织的培训项目和管理者所进行的年度评估通常也会犯同样的错误。普遍的假设是,当我们的个人特点已经成为才能和优势时,我们就会将这些优势放任不管,而只在需要改进的方面下工夫。所以,人们最多只会关注对自己的负面评价,而不会或者很少关注自己的优点。然后,他们就会陷入消极状态中,而我们将在第七章中看到,这种消极状态有着巨大的破坏力。他们失去了变革的激

有意识的转变

情,心怀怨恨,甚至选择不那么投入地工作——即使不从生理上,也会从心理上不那么投入地工作。这就难怪很多领导力开发项目,本意是帮助大家提升,而最后却导致个人感到受到困扰、打击和伤害,而不是受到鼓励、引导和激励。

正如罗伯托的故事所展现的,如果你真的考虑要转变自己,你就必须要明确自己看重什么,并且想要保留哪些。起初,罗伯托认为,不管是在领导方面还是在家庭生活方面,他做得都很不错。但是后来,他开始全面地分析自己——分析他自己看重什么,以及他可能需要改变什么。他采取了平衡兼顾的办法,即同时关注自己的优点和差距。

真实的自我和理想的自我重合的部分就是你的优势,你可能希望能够继续保持下去。你也需要考虑自己的缺点——真实的自我和理想的自我不一致的部分,或者是你希望以某种方式转变的不足之处(这种不足在组织中经常被称为差距)。之后你必须花精力来制订一个可行的计划,即个人的愿景规划和学习日程安排。

要想改变原来运转正常的模式、放弃旧的行为和看法并且尝试新的习惯,是需要很大勇气的。而改变一个人的优点尤其困难——毕竟我们不想失去那些能够使我们成功的特点。正因为这种转变很困难,所以开始的时候一定要有一个具有强激励性的愿景,那就是理想的自我,并且借助它来产生强大的动力,推动个人的转变。

要发现真实的自我,需要内心的力量。这就是为什么需要先去发现理想的自我的原因。这会给你一种强大的、积极的和被激励的感觉,支撑你完成认识你真实的现状这一努力过程。当你清楚地了解真实的自我以后,就可以开始仔细分析你理想的自我。我们在本章结尾和附录B中安排了一些能帮助你发现理想的自我的练习,如果有兴趣,你可以完成这些练习。这些练习是私人活动,其结果也可能走偏,所以这个发现你理想的自我的工作最好是在一个能让你在心理上有安全感的地方进

第五章

行。这些练习和测验能够帮助你理清你对未来的梦想与渴望。如果彼此都能做到直率、真诚、互相支持并保密,那么与你的亲密朋友或者导师交流也会对你有帮助。最好能经常想想自己所期望的未来。而不要仅仅去预测自己最有可能实现的未来。虽然实现自己所期望的未来很难,但是如果你能坚持不懈地关注你真实的梦想并且留意各种可能性,还是相当有可能实现的。

当你已经发现了你理想的自我,开始领悟到真实的自我,即你的优点和弱点,你可能需要开始系统地搜集别人对你的评价,也许可以采用现在组织中比较流行的形式——360度反馈评价。也可以通过其他的各种方式,包括录像或录音反馈、评价中心或职业中心、人际关系训练等方式来为你提供行为的反馈,帮助你了解真实的自我。同样,如果大家都能严肃、认真地对待这一探索与对话,而且能互相关心、关怀,那么朋友与爱人也能帮助你。各种心理测验,比如衡量价值观、世界观、人格特征、成就动机的测验,都能帮助你发现真实的自我。事实上,反思自己的核心价值观和经营理念就是此流程很好的起点。你可以按照附录B的练习开始这项工作。

一旦我们了解了自己的优点和缺点,以及个人愿景所处的环境,那我们该如何实现自己的理想呢?制定一个学习日程可以使之成为可能。

在我们了解罗伯托的后续故事前,让我们先看看另一个经理人的案例,看看她是怎样重新成为一个和谐领导者的。

第三步:为全新的未来制定学习日程

埃伦(Ellen)是一家财富500强企业下属小公司的总经理,该企业专门生产轿车和卡车的配件。当她2000年刚被再次提升的时候,她根本不知道接下来的工作会让她的优势和劣势表现得更为明显。最近,她因为一系列出色的绩效而被任命为母公司一个大型部门的销售和市场负责人。在对她的评价中,她的老板,也就是总经理,认为她是他在20年公司管理工作中见过的最优秀的员工。

　　成功对于埃伦来说并不是件新鲜事,当她获得生物医学工程学士、金融和运筹学的硕士之后,她就踏上了快车道——几乎每一年半就换一次工作。她想要尽自己所能将每一项工作做到最好,并且享受平步青云的快感。她的工作责任具有很大的挑战性,包括安抚失业员工和机构重组。度过了一个特殊的、艰难的转型期之后,部门来了位新的人力资源经理。在一个星期五,他主动找到埃伦,并告诉她:"我们有麻烦了。"他查看过所有被辞退员工在离职时的谈话记录,并整理出一份他们对埃伦提出的意见清单。

　　这份清单对埃伦的打击很大。人们对她的意见有:"我不信任埃伦。""她不关心员工,她只关心最后的结果。""她总是用威胁的方法来让我们工作。""她总是想让员工做更多的事情,从没想过花时间对大家进行培训。"这件事让埃伦整个周末都处在震惊之中,她简直不敢相信这是事实。她一直在做着必须做的或是人们期望她做的事情,并且都取得了很好的成绩。她的表现一直是公司的典范,为她自己赢得了无数的赞誉。老板们也一再地表扬她。

　　埃伦在周一找到了她的老板,问他这件事意味着什么。老板对这位人力资源经理未通知他就擅自行动非常生气,并对他处理这件事情的方法感到愤怒。就像几个月前刚提拔她和最近对她做的年度评价那样,他再次对埃伦的优点表示认同。但是他也告诉埃伦:尽管你一直表现很出色,然而"你必须使你的下属像你一样富有激情,注重结果,这样你就会取得十倍于以往的成功"。他给了她一本关于情商的书,建议她仔细阅读此书,并且思考此书对她工作风格的启发。[9] 我们都知道,要想改变自己仅仅靠阅读一本书是远远不够的。但是在埃伦读这本书的同时,她也开始精心规划自己的理想自我,以及她对未来的愿景。她也发现了杰出

第五章

领导所应该具备的一些特征,包括同理心,都是她要实现梦想的关键因素。这就是她的唤醒呼叫,而她也听到了。

在接下来的几个星期里,埃伦意识到她的新使命就是通过下属来使部门工作取得成效。正如她现在所说的,"多年来,我在工作中很少表现出同理心。事实上,我努力工作,想在男人主导的管理世界里展示我的才能和勇气,我一直告诉自己同理心是弱者的表现,在工作中不能这么做。结果,我就成了一个不善于对他人表现出同理心的经理人"。她说:"这本书使我明白了情绪在工作中非常重要。"

埃伦的学习日程是从寻求帮助开始的。她的上司鼓励她这样做,并建议她找个教练来帮助她。在教练的指导与帮助下,她找到了理想的自我。特别是她的教练使她明白了除非她真正关注同事,改掉过去没能表现出同理心的缺点,否则就无法实现她的梦想。她和教练经常进行深入交谈,反复练习,帮助她在家里和工作中更好地表现出同理心。这些训练看起来很简单,但是对于一个从来没往这方面思考过,至少在工作中没有形成这种思维方式的人来说,实施起来并不是一件容易的事情。这些训练对埃伦的洞察力和理解他人感受、与他人情绪协调的才能产生了巨大的影响。比如,一次开会之前,教练让埃伦试着描述一下其他人在这次会议中可能产生的感受和想法。在接下来的几周时间内,她每次开会之前都会这么做。一开始,这么做似乎有点别扭,而且也没有足够的时间让她这么做,但是她不断地告诫自己,她必须这么做才能更好地理解员工、激励员工。

然后,埃伦又通过角色扮演的方法在脑海中想象客户的情绪和想法。很快她就有了足够的自信,并开始把新领悟到的技巧运用到内部客户身上。

然后,接下来的两次晋升她都申请了在职员序列中晋升。在这些角色中,她没有直接的下属,不得不通过人与人之间的人际敏感性和技巧来把事情做好。她反复练习使用自己刚发掘出来的才能。最后她发现自己不用再刻意地控制，也能够运用自如了。似乎只要看着对方或者只是待在同一个房间里，她就能感受到别人的感受与情绪。

大概两年以后，她获得了一个极具挑战性的工作——挽救一项传统业务。她跃跃欲试，但是又有些担心。这是一个部门总经理的位子，她过去的转变是否能使自己在新的岗位上发挥作用呢？

现在，管理着一百多名下属的埃伦说："我现在拥有比想象中更多的乐趣……我喜欢与我在一起工作的同事们……部分原因在于我们在取得好成绩的同时，还能保持良好的人际关系。"她的公司和部门在财务上已经有了好转。但是你也许会问，到底是什么与以往不同了？不同就在于埃伦——她是怎样领导大家工作的，而大家又是怎样接受她的领导的。

近来，当埃伦接受所有与她直接接触的人（包括下属和老板）通过匿名的方式对她进行的360度反馈评价时，我们有幸对她进行了深入的了解。调查结果证实了她自己的有意识的转变是卓有成效的。当她打开360度反馈报告的时候，她的脸上浮现出了微笑。她做到了。在所有六个与人际关系管理有关的情商能力方面（包括培养他人、感召力、团队合作等），她的直接下属和老板对她的评价都达到或者超过了杰出领导者的分数（参看第二章的情商能力列表）。在同理心方面，她的直接下属给了她一个接近完美的分数。[10] 在开放式评价中，大家都给予了她高度的赞扬，他们用"让人振奋"和"令人激动"这样的字眼来形容她的领导。她已经成为了一名和谐领导者！

在埃伦身上起作用的，在其他人身上也能起作用——但并不一定总这样。就算我们有决心、有勇气、有能力转变自己，我们的注意力也很容易被分散，而转到一些岔道上。很多时候，当我们意识到自己的工作风格已经给我们带来很多问题时，我们倾向于采用一些应对策略——锻炼

第五章

身体、更好的饮食、休假。在一些极端的案例中,我们看到有的人辞职,有的人离婚,或者试图采取一些偏激的方法来缓解压力。尽管这些做法有时候是必需的,尤其增强健康的应对方式可能是我们大家都应该做的,但实际上,如果我们都不去寻找自己压力、焦虑或缺点的真正根源,没有任何一种应对方式或极端的方法能够对我们真正有所帮助。如果是因为个人的内在动力使我们一直感到不满足、不断挣扎的话,那么即使一个好的运动计划也只是像在用一块邦迪创可贴那样来进行小修小补。离职可能可以暂时缓解压力,但是我们看到很多人尽管这么做了,却并没有真正解决存在的问题,最后还是会陷入和原来一样的压力之中。

埃伦面临的挑战是学会警醒地对待他人,并改善她的同理心;而罗伯托遇到的问题是学会警觉地对待自己,并提高自己的洞察力。让我们回到罗伯托的故事中,看看他是怎样通过个人转变来取得工作上的成功以及家庭上的成功的。

罗伯托取得的成就是,他发现如果想要获得内心的满足,想要生活和睦,想要实现人生的梦想,就必须从整体上关注自己、了解自己。他面临的挑战就是要密切关注自身——关注他的情绪,他的精神动力,他怎样理解事物,以及他的习惯行为模式。进行一项新的体育运动,或者花更多的时间享受家庭生活以及其他乐趣是远远不够的。他需要由内而外地彻底解决这个问题。

在他得到最初的自我诊断之后,罗伯托开始追求自己内在的完美,他放慢了工作的节奏,回头看看自己已经拥有的东西——他观察生活中哪些事情能够帮助他实现自己的愿景,哪些事情又会成为他成功的绊脚石。他悄悄地开始了一系列的行动,没有四处声张。他找了个教练……定期的会见和谈话为罗伯托提供了一个框架,在这个框架内,罗伯托可以开始为自己所希望的未来和他的生活现状而奋斗。总之,罗伯托花了几个月的时间来探讨这些问题,确定了自己需要平衡的优势,以及需要改进的地方。他制定了详细的学习日程,并开始实行。

这是个人有意识的转变的第三步:制定学习日程,全力向所期望的未来迈进。尽管工作绩效和生活幸福是我们努力追求的终极目标,然而学习日程更多地聚焦在开发过程本身。它让我们首先把精力聚集在学习的过程上,其次再去关注学习的结果。以学习为导向能够使我们对自身的能力与进步满怀信心与希望。[11]

提出和设定一个有效的目标所面临的最大困难在于我们已经很忙了,几乎没有时间再做别的事情了。我们只有下决心停止生活中已有的一些活动,为新的目标腾出时间,才有可能在这个转变的过程中获得成功。

另一个可能的挑战或者威胁是,学习日程的执行需要人们采取一些行动,而这些行动可能与他们所偏好的学习风格并不一致,以致这个计划最终可能很难被采用。当这种情况发生的时候,大家可能会觉得失去动力,通常就会放弃后续的工作,或者变得没有耐心,觉得不值得为这些目标付出努力。[12]

当我们决定要开始个人转变时,有一个好的建议,就是只选择从一些关键的地方着手。埃伦把重点放在理解他人的情绪、感受上。很明显,罗伯托的挑战就是,如果他想要继续给周围的人施加积极、正面的影响,那么他首先必须适当降低自己过分追求行动和创新的强烈欲望,同时要变得更加有耐性。他需要更有效、更合理地分配自己的精力。

第四步:试验——然后练习、练习、再练习

一旦你的学习日程、学习计划为你指明了一个正确的方向,你就必须付出大量的努力来适应、掌握这个新的习惯。这就是在埃伦和罗伯托

第五章

身上均起到作用的东西。这种新的生活态度和行为必须转化为下意识的反应。尝试阶段取得的每一个小的成功都能够点燃希望,从而产生继续坚持下去的力量和承诺。接下来,个人有意识的转变过程的第四步就是试验并反复练习我们预想中的转变。我们在执行计划、向目标进发的过程中要采取许多行动,并且要试验新的行为模式。要想学习和开发新的行为模式,你必须找到从目前经历中学到更多东西的途径。也就是说,试验和练习并不总是要求你参加某一课程或者马上开展一项新的活动。这一过程可能是让你在现有的条件下,尝试一些不同的行为,并对引发的结果进行反思,然后在这个基础之上再进一步试验。有时候,这个过程会要求你寻找并且利用机会来学习和实现转变。

有意思的是,人们不太重视试验这一过程,他们认为如果没有在工作中或者在其他真实场景中尝试过新的行为模式,自己就没有发生转变。[13]正是由于这个原因,我们经常会迫切地希望在工作中尝试新的行为。但是如果我们这么做了,就很容易感到失望和气馁,因为在工作中,需要不断对绩效进行衡量,这时尝试新的行为并不一定是明智的选择。事实上,当我们比较有安全感的时候,试验和练习才会最有效果。这种心理上的安全感能够创造出良好的氛围,使我们可以去尝试新的行为和想法,而不必太过担心会感到羞愧、尴尬,甚至要承担失败的严重后果。[14]这可能也是教练能起到积极作用的一个原因。一个好的教练能够帮助被训练者展望未来,提供反馈与指导,而这一切都是在安全而又可信任的环境中进行的。而且一个好的教练也会劝导或者刺激你,使你把练习坚持下去,就像健身教练让你每个动作"再来五下"那样。

令人欣慰的是,在安全的环境(比如在教练的指引下,或者是个人的活动)下经过了一段时间的试验,接下来,你就会想在真实的环境中,比如工作或者家中,练习并应用这些新的行为。在这一阶段,有意识的转变和学习开始看起来像一个持续提高的过程了。

对于埃伦和罗伯托来说,在工作中练习新的行为,然后使这些行为成为生活的一种方式,是他们个人发展的关键一步。虽然他们面临不同的问题,但是他们都只是简单地练习使自己更关注周围所发生的一切,最终两人就都变得能与他人协调一致了。我们已经看到了埃伦是怎样反复练习如何理解他人的情绪和反应的。在罗伯托的例子中,我们发现他更加细致地观察别人对他的反应。他把焦点集中在发现自己的行为和情绪如何影响他人上,他以此作为认识自己的途径,并帮助他了解如何才能更好地管理自己。这是他过去的做法,也是他过去之所以能取得成功很重要的一个原因。但是现在,他开始有意识地监控自己的习惯性反应和思维模式,他开始变得多观察、少猜测,不再想当然地对他人或组织进行先入为主的假设。他开始质疑自己的快速判断和本能性的反应。他努力避免陷入自己知觉的陷阱,并开始从别人而不是自己的观点或角度出发来理解他人的处境。他训练自己以实际看到的、想到的、感觉到的真实情况为基础来得出结论,而不是以他习惯性的"想当然"的模式为基础。从本质上看,罗伯托正在把他新建立起来的自我意识转变到一个新的层次——社会意识,从而使他能够更有效地控制自己的行为。因而,为了建立社会意识,他正致力开发情商中的自我管理能力。[15]

第五步:多管齐下

当你开始进行有意识的转变时,你需要别人的参与——联系很重要。对于埃伦和罗伯托来说,他们的老板、教练、爱人和一些亲密的朋友,都对他们的转变起到了至关重要的作用。有时候,找到一个良师益友或者跟你有共同追求的同事都是一个极好的开端。接下来的一步是:和这些人深入沟通,向他们验证你的真实状况,敞开胸怀接受他们的建议和意见。真诚的对话能够激发我们的创造力,找到理解自己和他人的

第五章

新途径,帮助我们坚持到底。这需要毅力和勇气。就像我们很难真正认清自己那样,我们也很难向别人寻求建议、专业指导和帮助。通过让别人加入到你有意识的转变过程中,你的转变就上了一个新的台阶。毕竟当有人愿意帮助我们转变时,想要停止开发自己这一过程就非常困难了。

我们的人际关系是我们所处的大环境的一个重要部分,也是维持个人转变的关键。而至关重要的人际关系往往是那些在组织中对我们特别重要的关系。这些人际关系和群体让我们有被认同感,告诉我们哪些行为是正确的、值得表扬的,并针对我们的行为提供反馈。[16]

基于社会认同理论,我们的社会背景、我们的文化、我们的参照群体以及我们的人际关系,都在调节和影响我们的判断——我们是谁,我们想要成为什么样的人。当我们在这些环境中发展和构建我们的理想自我的同时,我们也通过这些环境来描述与解释我们的真实自我。我们从中解释与评价自己的优势(我们认为是自己最核心的一部分的,并且希望保持下去的东西)和差距(我们认为是自己的不足,或者希望改进的东西)。

从这种意义上说,我们的人际关系就像中介物、调节器、反馈的来源和支持的来源,它们允许我们学习、转变。它们可能也是避免我们重蹈覆辙,或是回到原来的行为上去的最重要的力量。[17]

与自我和谐 = 与群体和谐

正如我们看到的那样,罗伯托通过自我发现,逐步改变了自己的领导力。他逐渐清醒地意识到,自己希望追求内心的平静,希望对周围人有更积极的影响,而这使他开始勾画自己的理想未来与理想自我。他回顾了自己过去的生活,分析了自己的习惯究竟是怎样形成的,并明确了

有意识的转变

哪些行为模式还适合他，哪些已经不再适合。他开始有意识地控制自己的思想、情绪和行为，更加小心可能会产生的"本能的反应"。

经过这一过程，罗伯托的内心世界更加健康了。他变得更加冷静，能更好地控制自己的欲望，也对自己的生活工作更加满意。现在，他越来越清楚地知道过去到底是哪些压力源折磨着他自己和周围的人。他学会了控制自己强势的作风，放慢创新的脚步，不再受自己过高成就动机的支配。现在，他开始运用自己创新的欲望把困难的事情变成富有创造性的挑战，而不是一成不变地仅仅为了寻求丰富多样的经历。他现在更倾向于放慢工作节奏，深吸一口气，留心观察周围的人。

现在，罗伯托在与周围同事交往的过程中已经能够更好地管理自己了。当他发现下属正在忙着眼下的工作时，为避免使他们感到太大压力，他限制自己，不再提出新的计划和项目。罗伯托学会了控制自己的冲动，控制自己的情绪和力量，等到自己的想法成熟了以后，再在最佳的时机呈现给大家。有的时候，当他不可避免地回到过去的老路上，并且比周围的人超前太多时，他会比以前更加及时地自我纠正过来。

同样，埃伦从一个作风强硬、结果导向的领导者转变为一个有魅力的团队领导者，也经历了与他人的和谐并最终实现自我和谐的过程。

罗伯托和埃伦的转变过程虽然相似却又不完全相同，但这一转变过程都使他们能够有意识地去管理他们的长处，以平衡自己的智慧和精力去唤起激情，并创造和谐。这是具有震撼力的一课。他们每个人都学会了如何有意识地应用自己丰富的才能，使自己的工作热情和激情不会变成一种负担，而成为激励他人的源泉。在这两个案例中，领导者的自我反省和有意识的转变都对他们所在的组织产生了积极的影响。事实上，罗伯托认为这个转变过程有着重大意义，于是他亲自发起了一个组织内的项目，帮助联合信贷公司零售部门的3 000名经理开发他们自身的领导力。

在接下来的三章中，我们将探讨领导者怎样通过培养警醒之心、希

第五章

望之心和怜惜之心来进行自我重塑和实现和谐,以及如何通过和谐的人际关系,把这些优秀的品质传播给周围的人。然而,在进入下章内容之前,你可以通过做本章结尾和附录 B 中的练习,来开始你自己的有意识的转变过程。

练习一:从事梦寐以求的工作

想象你现在正在从事自己梦寐以求的工作,这份工作是你曾经幻想的,或者是你一直想要的。"如果我从事了这一份工作,事情会怎么样?"假设以下三个事实已经发生了:

1. 你进入一个称为"神经心理再造"的新机器中。在这个机器中待上几分钟,经过基因再造和虚拟神经移植,你的身体、知识和能力足以从事任何工作,并且都能做得很好。

2. 基于获得的新能力,你还拥有了金钱方面的资源和其他资格(比如执照)。

3. 有整整一年的时间,你不用对现在的生活和你追求的生活负任何责任,包括个人责任、社会责任和经济责任。

列举 5—10 个你想要从事或者想要尝试的工作。考虑把工作的范围扩大,比如说体育、音乐、医药、政治、农业、宗教领域。你可以选择在任何国家工作,你甚至可以选择那些你只是在电影、电视中听到过或者看到过的职业。

1._____   3._____

2._____   4._____

5. _____   8. _____
6. _____   9. _____
7. _____   10. _____

  在上面列举的工作中,选择三项你最感兴趣的,或者看起来最激动人心、最值得你去做的工作。详细地描述这三个工作,包括每项工作最令你满意的地方是什么,或者你对每项工作有什么样的期望。

1. _____
_____
_____
_____

2. _____
_____
_____
_____

3. _____
_____
_____
_____

  有时候,人们所描述的工作就是他们真正希望、想要去做的事情。也有可能,这些工作代表一些有意思的、令人兴奋的活动或者环境。换句话说,有时候,人们梦寐以求的并不一定是某一份工作,而是工作的某些方面或者工作的条件。当你读完自己刚才对想要从事或者尝试的工作的描述之后,你是否注意到了这些工作的主题和模式?这些工作在哪些方面相似?是不是有一些活动(比如在户外工作)是每项工作的一部分?是不是工作的条件(比如团队工作)是每项工作的一部分?是不是最后的结果(比如成为名人)是每项工作的一部分?你可以列出这些主题和模式。

第五章

练习二：我的遗产

你想把你生活中的什么东西作为你的遗产呢？换句话说，在你工作和生活了这么多年以后，你希望留下点什么？

练习三：开发你的个人愿景

个人愿景是对我们在生活中希望得到的东西的最深刻表达。这是对我们所追求的未来的描述，而不是对未来的预言、推测。从这种意义上来说，你的个人愿景要明确你想从工作和生活中得到什么，你想成为什么样的人。你的个人愿景并不是对你未来会是什么样的一个预言，而是表明你想要把未来变成什么样。同时考虑这个练习的答案，以及第七章结尾三个练习的答案与你的反思，就可以帮助你找出自己个人愿景中最重要的组成部分。

你最好能花一段时间来完成这些练习和问卷，而不要认为，花一两次时间就可以完成。

每个练习都应该引发你不同的思考、不同的想法和不同的感受。你观察到自己的梦想、愿望的总的主题是什么了吗？现在是时候了，该把这些思考、想法和观点融合成一致而条理清晰的表述，塑造你想要的未来。

写下你的个人愿景：选出未来对你有象征意义的某一年（至少5年以后，在15年以内）。想象一下那时候的你自己和你的生活。用现在时把你生活中的每一个方面都生动地描绘出来。换句话说，写下你的愿景，就像他们在将来特定的某一天实现时一样。

如果你已有了生活的另一半，那么你的个人愿景也是你们两个人共有的愿景。如果可行而且合适，试着和你的情侣或者爱人一起重复刚才的过程，从而创造共同的家庭愿景。

第六章 警醒之心

黎明时分,大多数伦敦人还沉醉在甜美的睡梦中。如果此时你就起床去海德公园散步的话,你很有可能会看见杜绍基(John Studzinski)正带着他的三条大狗在跑步。他健步快跑,并且享受着清晨里新鲜的空气和沿途的风景。之后,当三只大狗在花草丛中嬉闹的时候,他就停下来,面带微笑地翻阅还带有犬齿印的报纸。[1]

到目前为止,每天早上杜绍基(很多人称他为斯塔兹)都会花一些时间来阅读、写作、冥想——精力充沛地开始充实的一天。八点以前,他会参加一个早餐会,接下来就是十多个小时的紧张的会谈、决策和活动。大多数的晚间,你会发现他和朋友、同事聚在一起,一边热切地交谈,一边就重要的社会问题寻求解决方法:人权、流浪者、贫困,甚至包括培养年轻的艺术家的问题。

杜绍基是一个热情的、富有激情的、成功的企业家。在他的带领下,摩根斯坦利欧洲分公司(Mongan Stanley Europe)以数十倍的速度快速成长。现在他是汇丰银行公司投资业务和市场部的 CEO,也是汇丰集团管理委员会的成员之一。他与他的联合 CEO——欧智华(Stuart Gulliver)一起使部门发生了翻天覆地的变化。一些人认为,这些变化在接下来的几年可能会重新界定这一行业。同时,他们的努力也使部门

第六章

取得了显著的进步,利润大幅提高。

杜绍基也是一个著名的艺术界领军人物。他是伦敦泰特(Tate)画廊和约翰·索恩(John Soane)爵士博物馆的理事。好像这还不够说明问题,约翰真正热衷的(也有人会说是他真正的工作)是做一个社会激进主义者。他是人权观察组织的副主席,支持伦敦的许多地方组织,并且由于为流浪者所做的努力,他被罗马教皇约翰·保罗二世(Pope John Paul II)授予大国瑞爵士勋章(Order of St. Gregory)。[2]

杜绍基一天完成的工作比很多人一个星期完成的还要多。他是怎么做到的呢?一个明显的事实就是他敏锐的自我意识,以及他对周围的人和世界敏锐的洞察力。他知道哪些事情对他来说是重要的,以及为什么重要。他也知道怎样坚持自己的信仰和价值观。他能非常清楚地分析周围的人与事。他也能密切关注自己内心的变化和身边正在发生的事情。杜绍基是清醒的、明智的,他积极地关注着自己、他人以及周围的环境。而且,他能用上他所关注与观察到的东西。

我们把这称为警醒之心。现在,让我们来看看警醒之心的准确含义、它的表现形式,以及有效的领导者是怎样通过培养警醒之心来控制不可避免的"付出—自我重塑循环"并保持和谐的。

留心内在体验

警醒之心是对所有一切都能完全清醒认识的能力,它不仅指能充分意识到自己的内在体验——思想、身体、心情、精神,还包括能密切关注我们周围正在发生的事——人、自然世界、周围情形以及社会事件。

在定义警醒之心时,我们吸收了两个方面的成果:认知心理学和佛教哲学。哈佛的教授埃伦·兰格(Ellen Langer),用警醒之心一词来描述认知上开明、好奇、警觉的一种健康状态。[3] 麻省大学的乔恩·卡巴金

(Jon Kabat-Zinn)对警醒之心的看法与前者略有不同。基于他在古代佛教传统和现代心理学、神经心理学以及医学方面的研究,他和他的同事把警醒之心定义为"……时刻警觉"。[4] 综合这两派学术观点,我们就能把这个有点抽象的概念运用到实际的领导实践中。

事实上,警醒之心使我们能够对抗付出综合征给我们造成的不良影响,是自我重塑的第一步,并且是关键的一步。对自身的清醒认识能够使我们注意到权力压力带来的不利后果(然后,我们可以在它变成一个严重问题之前,采取措施应对)。关注自我也能够使我们在挑战面前坚持到底,健康地生活,即使在压力面前也不放弃自己的价值观。

警醒地生活,意味着我们要不断地、有意识地与自己合拍,仔细地倾听我们的思想、身体、心情、精神。最优秀的领导者都能有意识地开发深层次的自我意识能力,记录并积累对自己内心体验的理解与感受。以这种方式来关注我们自身,能够让我们清楚地知道究竟什么对我们才是最重要的;这使我们能满怀激情,构建积极的情感状态。仔细的关注使我们在行将踏错时——纵容我们的价值观对现实进行妥协、做出错误的决策,或者忽略自己的健康状况时——能够及早悬崖勒马。能警醒地生活的人往往能够在事态发展到严重程度以前就发现问题,这是因为他们注意倾听自己内心的声音,包括直觉、智慧,以及对正在发生的事情的精细而又复杂的分析。警醒之心意味着要运用所有可得到的线索——我们的情感、思想、身体知觉、瞬间反应,以及对正确与否、公正与否的判断。微妙的、转瞬即逝的情感变化,以及看似不重要的细小的想法却通常是极其重要的,其作用就像倾听自己心声一样重要。

像杜绍基这样的领导者每天都会做这样的事情——先是通过保证每天都能留出一些宁静的时刻来让自己与自身内部和周围环境所发生的事情保持一致,然后再来关注那些感情、情绪和想法。

通过训练来使自己具有警醒之心需要下一番苦功。像杜绍基这样

第六章

的领导者,会仔细地、井然有序地安排自己的生活,来练习培养警醒、关注、反思的技巧。尽管进行这种练习的方式并不唯一,如冥想、听音乐、有氧健身以及置身于大自然中,所有这些方式却都能使我们变得心胸开阔,从而能够听到自己内心最真实的声音。然而正如杜绍基所说的,有一点是可以肯定的,就是想要开发与提高你的警醒之心,你就必须"在你自己的世界里感觉舒适"。你必须关注自身,必须花时间独处,也必须花时间向别人学习。如果你有兴趣现在就开始开发你的警醒之心,你可以参照本章结尾和附录 B 的练习。

警醒的生活方式是重要的,这并不是什么新闻——我们或许已忘记了一些古老的智慧。几乎世界上的每种文化都有一些行为规划,以帮助人们更加全面地关注自身,从而来寻求自身的平和、创造他们所在社区之间的和谐,以及维持他们所在的生态环境的平衡。在北美的一些土著部落,一种行为模式如同指南针,四个指针分别代表我们的四个基本元素:理性、聪明的大脑、健康的体魄、情绪(心情)和精神。[5]

接下来我们要谈到的,既是古老的智慧,也可以说是常识:对我们自身深入的了解能够使我们做起事情来,不仅对自己有意义,也能激励周围的人。与时下流行的观点不同,培养警醒之心并不仅仅是要有一个"舒心宜人的好习惯",也不是纯粹为了个人因素而去做的事情,警醒之心实际上是保持良好的领导力的重要因素。通过培养警醒之心来提高我们自身的谨慎行事领导效率,这可能是我们要做的最重要的事情之一。也许最重要的是,当我们通过开发自己的大脑、关心自己的健康、理解和运用自己情绪的力量、关注自己的精神世界等方式来了解自己、洞察自己的时候,我们就能开始充分发挥我们自身所有的人的潜能。

因此,警醒之心的培养要从全面地认识自己开始。想要养成留心观察的习惯,首先我们要清楚地认识到自己的内心体验,并且有意识地观察这些内心体验。但还不能仅仅停留于此,由于警醒之心还包括留心观察我们周围正在发生的事情，这就意味着，我们还要敏锐地感知并寻求对周围的人、环境、自然界和社会事件的深刻理解。[6] 然后，我们必须对我们的理解、感受、想法进行反思。杜绍基在争取人权以及帮助流浪者的行动中就是这么做的，而且他在汇丰银行工作时，也是以这种方式与员工保持密切联系的。

杜绍基敏锐地观察他所接触到的所有人——汇丰的同事、客户，以及他领导的艺术和社会公益事业的同事。实际上，我们相信他在事业上成功的一个重要原因是他善于发现并满足别人的需求。就拿客户来说，他至少有一半的时间都用在与主要客户的沟通接触上。他知道作为人来说，这些客户真正的商业需求是什么，而这也使他能更深刻地、更有远见地挖掘并满足客户的需求。当然，你可能会说，这只是常识。也许是这样，但这种行为在实际生活中并不常见。事实上，许多组织的文化（甚至是现在的社会）总是驱使员工不断地去行动，而不是鼓励大家反思，这就意味着实际上真正倾听客户需求的行为太少太少了。

所以对杜绍基和其他具有警醒之心的领导者来说，这不仅仅是与客户见面接触的问题，还需要与客户真诚地交流，更深入地了解他们的需求，理解并把握客户传递出的微妙信息，甚至是他们的潜在需求。与客户建立真诚、互信的关系，充分了解他们的需求是界定警醒之心的一个重要行为。对于领导者来说，这样做可以带来有效的、成功的结果。

当我们全面地认识自己，更细致地了解周围的人、社会和环境的时候，我们就更不可能做出错误的决策，更有可能把事情做好。为什么呢？因为我们专注于平衡——既包括内在的自我平衡，也包括我们周围环境的平衡（和谐）。

有些人能保持警醒。他们不需要通过巨大的或根本性的改变，来让自己重新关注生命中所坚持的信念和所追求的目标。他们时刻警醒，保持清醒的头脑，在坚持自己的核心信念，朝着自己的目标和愿景努力奋

第六章

斗的同时,也在逐渐调整自己的行为,以适应新的工作和生活环境。

清醒、留心与关注

让我们来看看杜绍基是怎样培养和维持他的警醒之心的。正如我们已经提到的,警醒意味着要清醒、留心和关注。因此,首先,杜绍基把"保持警醒"做到了极致,他花时间去观察、倾听、学习。他关注自己的内心世界,并以此作为一种途径来弄清到底什么对他来说是重要的。他每天都设法留出一点时间进行反省。他广泛地阅读,并与政治、社区、宗教和商界领导人沟通和交流。他利用一些周末为流浪者服务中心工作。这样做的结果就是,每天不管是在工作上还是在生活上,他都不用花太多时间来确定自己在做的事情哪些是对的,哪些是错的。他很清楚地知道自己是谁,什么对他是重要的,什么是他最关心的,以及他的信念是什么。

有时候,那些很清楚自己信念的人反而会显得很呆板,但杜绍基不会。正如他在最近一次跟我们的谈话中所说的,"永远不要认为现在的情况就一定是正确的,尤其是涉及人与尊严的时候"。换句话说,绝对不要把你束缚在自己或者别人设定的条条框框里。一旦出现那种情况就需要通过保持警醒来克服——这正是杜绍基在多数情境中运用的方法。他不仅密切注意自己所从事的行业的发展趋势,还不断地寻求和理解这个行业周围的新生事物。他寻找那些和自己不同的人以及与自己的想法不同的观点。他尽力和各个年龄层的人并肩工作,并和他们交朋友,这就让他能够通过与他们的交谈了解不同年龄层的人的不同观点。最重要的是,他不仅仅追求新鲜和多样性,他也会仔细思考,从中发现与自己有关的信息,来让自己适应外界不断变化的环境。

正如杜绍基自己提出的,"没有两种情况是完全一致的,无论它们看起来有多么地相似。人们总是根据表面的一点相似性就轻易地推断它们是完全一样的。你必须要清楚事情和人的变化是在什么时候发生的以及怎样发生的。如果我们用同样的手法导演一出戏,只是演员换了的话,我们呈现给观众的也将是两台不同的戏。在商界也是如此——要处理好新的情况,你就必须非常仔细地观察所有的人和全部的背景情况,寻找那些细微的信号,让你知道人们在此时的所想、所思,以及大的社会环境正在发生的变化。然后,你还要把你发现的情况放在新的社会大环境中进行整体解读"。

在商业社会中,"说"总比"做"要容易。比如说,在你丧失了一份合约或者是未能满足一位客户的需要时,仍然要保持冷静并倾听自己"内心的声音",观察周围的世界,就很困难了。而且就算是在日常的生活和工作中,也几乎没有什么事情是一目了然的。事情往往变化得太快从而难以完全预测。然而,杜绍基认为这正是最需要关注和开放的情境。换句话说,环境要求我们要真正地关注它们。当我们感到时间紧迫或者当我们感到受到伤害、愤怒或者困惑的时候,我们最需要做的是敞开心胸接纳各方的信息和建议,去发现到底发生了什么事情,谁对谁做了什么,或者没做什么,看看这些事情对大的社会环境都有什么微妙的影响。奇怪的是,通常我们需要最仔细倾听的是那些暗藏的、细微的,并使我们感到烦躁不安的情绪感受。而要做到这一点也很困难——当我们正在为该做点什么事情,该改变些什么,或者是换个角度来进行思考而烦恼时,尤其是当事情看起来毫不相干,或者是我们感知到的情况令我们感到不悦时,我们就会忽视直觉的作用。

以开放的态度来学习,尤其是从失败中学习,是需要很大的勇气的。而要在生活中保持警醒之心也需要我们有韧性与适应力。正如我们在第三章中看到的,自我封闭、戒备心强、出现不和谐都可能是领导者角色压力的"预置默认"反应。因而,警醒之心既是消除自我封闭的解药,也

第六章

是创造和谐的必要条件。

那么,领导者在实际工作中如何运用自己的警醒之心呢?警醒之心可以通过哪些途径来帮助我们重塑自我,抗衡不断自我付出的本来趋势呢?警醒之心又是怎样帮助我们维持和谐的呢?

让我们来看看领导者经常会遇到的两种情况,并观察一下警醒之心是如何在这两种情况中起到关键作用的。其中一个例子描述了我们在进入一个未知领域时,保持高度的警醒是多么地重要。另一个例子说明了,当我们需要准确理解我们特定的工作环境,了解与我们并肩作战的同事时,警醒之心至关重要。

航行于未知领域

在我们处理危机,或者是进入一个未知的领域时,我们几乎不可能预测将会发生什么事情。虽然我们要自信和乐观地把已有的一些想法付诸实践,但是我们也要以一种开放的心态虚心地接受新的信息和解决方案。这个敞开胸怀接纳的过程可能会使我们觉得受到伤害,甚至担心恐惧。许多领导者自我封闭仅仅是因为想避免这种不安心理。也有许多领导者自我封闭是为了向周围的人证明自己是决策果断的,知道该怎么做(甚至是在他们不知道怎么做的时候也是如此)。不敢开胸怀导致了领导者只把注意力局限在一个很小的范围内,并且最终会使其陷入失察。

我们大多数人可能经历过这样的情形:感到似乎很容易就放弃了自己的理想、信念,不再坚持自己的原则,并随波逐流。有时候以社会所能接受的方式行事比坚持我们自己的信念要容易得多。这就使得人们很容易只在有人监视或者方便的时候,才按照自己的价值观行事。有时候,我们觉得自己受到伤害似乎仅仅是因为没有人与我们以同样的方式看问题,或者似乎是因为没有人能坚持到底,做正确的事情。当我们有这种感受时,我们就很容易对自己失去信心,开始质疑到底我们是在做正确的事情,还是我们自己很顽固。但是,当你很清楚地知道自己的行为准则,也知道身边有人与你有同样的价值观,可以信任、可以与之沟通倾诉时,情况就大不一样了。

丹·桑塔格(Dan Sontag)是美林集团咨询业务部门的副总裁,他觉得当自己刚开始掌管美林个人客户部时,简直是"如履薄冰"。为什么这样说呢?冰块看起来似乎很坚固、很安全,但事实上不光表面很不安全,冰层下翻涌着的水也很危险。他要领导那些在昨天还是平级的同事们,而那时,这一行业和这家公司正面临生存发展最艰难的时期。当时,美林新组建的高管团队提出了与过去完全不同的发展战略。许多保守势力因为意见不合而离开了公司;人际关系网络曾经是影响公司决策的机制,现在分崩离析了。公司文化的几个核心方面也没能经受住时间的考验。新的企业文化还没有出现,因此,公司里那些指导大家行为的规则,也不像过去那样清晰了。

当面临这种混乱状态时,警醒之心显得尤为重要。你需要得到更多,而不是更少的信息,但实际上,在这种情况下,你更难获得有用的信息。你必须尽自己的最大努力,并寻找那些虽然处在逆境中,但还努力坚持的人。你必须保持冷静。

丹是如何反应的?他告诉我们,他非常清楚那些一直指导自己决策和行为的少数核心信念,这些信念甚至在混乱和变化交织在一起的情形中,也在指导着他。他还坚持以下几条原则:

➢ 通过清晰明确与始终如一来建立信任。
➢ 确保不要只在别人注意你的时候才表现出自己的价值观,而在面对压力的时候以不同的方式行事。
➢ 要知道当你处于真实的变化中时,你会感到失落,觉得受到伤

第六章

害,因为在这种情况下规则并不明朗,而你也很容易做出一些在政治上有利的行为。

在易碎的薄冰上行走是需要很大勇气的,每迈一步都需要谨慎地做出选择。当和丹一样处于巨大压力的情境中时,很多人都会把矛头对外:他们都会为遇到的困难找自身以外的原因,为自己开脱。他们会怨天尤人,寻找各种各样的借口。而优秀的领导者却正好相反,他们勇于担当:他们会为所发生的一切承担自己应有的责任,即使这一现状主要是由外界环境造成的也不例外。丹·桑塔格经常问自己:"我做了些什么?是由于我的什么原因造成了这种局面?下一步我该做什么?"

警醒之心始于自我意识:了解你自己可以让你更明智地选择如何应对他人与外界的情境。深入地了解你的内心世界能够使你始终如一,并展示你最真诚的一面。我们愿意信任并追随那些真实的人,那些忠于自我的人,那些言行与价值观、信念保持一致的人。我们信任那些不总是需要我们费心揣测的人。

锻炼对自己警醒的技能可以让我们做出更好的决策,因为我们能够认识并正确对待我们的内部状况——思想、身体感觉与情绪。进而,我们就能够更好地理解周围的人和事。我们的观察就会更清晰,而不会受到自己的"过滤器"、偏见和一些未知的或不愿承认的情绪的影响。[7] 通过有目的、有意识地引导我们的注意力,我们就会发现那些平常可能被我们忽视的细节,看到更深层次的问题,从而做出明智而正确的选择。

认识你周围的人和环境

作为一个领导者,每一次谈话和交流都为你提供了一个契机:在建立良好的人际关系、创造和谐氛围的同时,搜集有关人、群体、文化方面有重要价值的信息。洞悉周围的环境和人际关系，能让我们看清楚那些可能被我们忽视的细节，并且对即将要发生的事情有更准确的判断。这样，我们就能够注意到他人行为、群体动力、组织过程甚至世界事务中的微妙模式。当我们具有警醒之心时，我们就能够更好地控制我们自身以及周围的环境，因为我们能够清楚地看到事情的真实面目。

朱迪·约翰森（Judi Johansen）是太平洋集团的总裁兼CEO（该公司位于美国西部，是一个由投资者控股的公共事业公司）。她认为，作为一个领导者要想在复杂的商业环境中取得成功，警醒之心是其必须拥有的基本能力。[8] 几年前，当她还在从事法律工作的时候，在一个决定由谁来制定地区电价的案件中，她是一群小企业的代表。在案子最困难的时候，她的客户甚至都没有出现在谈判桌前，更不用说做出什么有影响力的决策了。朱迪是这样形容当时的状况的："我发现他们当时准备选择的道路，并不是把他们带到他们所希望去的地方。我清楚地看到了该群体内意见的严重分歧。"她注意到那一百多个小公司的代表并没有一个一致的行动计划，所以当然无法击倒那些强大的势力集团。

当然，也许她会很容易去关注她的客户群中那些最响亮、最具影响力的声音，或者是为自己选择一个明哲保身的位置（毕竟，她知道自己在做什么）。但是朱迪没有那么做，而是把注意力放在了那些个体和群体之间的相互影响、相互制约的关系上。通过在谈话中倾听他们的想法，观察他们的互动，在他们一对一的交谈中发现他们暗示的关于别人的东西，她发现了这个群体成员之间存在着微妙的竞争和不信任。她也注意到这个案子的对立方对这种状况的窃喜。

朱迪根据她所发现的情况开展了一系列行动。一个令人难忘的一天，她设法把这一百多名客户全部约到了一个宾馆的停车场。她手持麦克风，向他们讲述了她所看见的情况：大家的不团结已经妨碍了事情的进展，对手还在一旁等着看好戏呢。她号召大家跨越竞争造成的鸿沟，

第六章

团结起来,用一个声音说话。

她的行动起了作用。朱迪对她工作面临的环境和与她打交道的人的敏锐洞察——她对这种棘手的状况的感知和仔细观察——使该群体的成员暂时把竞争放在了一边,坐到了谈判桌前,最终实现了期望的目标。几年以后,朱迪发现自己处在另一个类似的情况中,她对人和环境的细致观察再次起了关键作用:她被任命为博那维尔(Bonneville)电力管理局历史上第一位女性行政长官,该联邦机构专门销售电力资源,其制定的能源政策影响着4个州、52个美国土著部落、投资者控股的公共事业公司、政府公共事业单位、无数的委员会及许多州和地方的政府。谈到复杂性,朱迪说她的工作就是要合理地安排有限的能源以满足多个选区的客户永不知足的需求。为此,她要制订详细的实施计划,并为之付出努力。

为了取得成功,朱迪必须细心审视她所处的环境。对于这样一个监控信息和处理意见的工作来说,仅仅依靠对制度的熟悉是远远不够的。她必须亲自完全地投入进去。她必须亲身去接触——与人们沟通,听听他们所说的,弄清楚那些他们没有表达出来的。朱迪不断地分析人们看问题的方法和角度,密切注意一切事情的发展动向。她关注个体以及人与人之间的互动关系。在谈话中她不仅倾听别人,还仔细观察别人的肢体语言,注意所有的细节,甚至是人们参加会议时表现出的一些令人讨厌的习惯。这些都为她提供了许多重要信息,使她了解到他们的焦虑程度、竞争程度、对意见是接受还是否定以及他们的倾向。她一直在训练自己,使自己能准确地领会谈话中的弦外之音。当她分析别人的时候,她总是会假想对方潜在的情绪、动机、关系等等。她巧妙地验证自己的假设,当她确定自己对事情的理解是正确的时候,她就会依据这些深刻的理解来采取行动。

最终,她取得了一次又一次的成功:总是能够想法支持实现资源的优化配置的众多计划,不仅满足了各方面人员的需求,而且使他们在关键时刻达成了必需的共识。

现在,朱迪对周围人和环境的警醒,使她完全能够正确地理解她所在的组织以及客户的需求。正如她自己所说的:"警醒是一种生活之道,而我就是这么做的。"

无言的对话

我们微妙的情绪和生理反应是重要的信息源,无论在任何时刻,我们都在向他人传递大量的与我们的感受有关的信息。[9] 先是通过肌肉组织,然后是脸部表情的细微变化,我们向他人传递有关自己真实情绪的信号,通过这些信号,他们就知道该怎样回应我们。

这种交流在推动社会交往方面起到了至关重要的作用。前加州大学旧金山分校的心理学教授保罗·埃克曼(Paul Ekman),研究了全世界不同人的情绪和面部表情。他得出这样的结论:通过细致观察(我们也可以称之为警醒),我们能最低限度地降低误解。与通过"过滤器"来理解他人的经历相比,采用这种方法能更清楚地了解到他们的感受,能更准确地解读他们的想法和观点。当我们这么去做的时候,我们就能与他人建立更好的关系,因为我们与他们的感受更加协调一致。

那些用这种方法来理解这个世界的领导者,能够很轻易地避免无知,很少会做出错误的决策,能获得更好的机会去成功地与他人互动,影响复杂的群体和组织动力。罗伯特·波莱特(Robert Polet)就深谙个中道理。当他刚接任古奇(Gucci)集团的总裁兼 CEO 的职位时,他就把培养警醒之心作为创造和谐的一个有力工具。在加入公司的一个月以后,在短短的不到四周时间里,他安排走访了旗下近一半的店面和办公室,以个人的身份接触了 2 500 多名员工。只是通过一些露面、倾听、共

第六章

同进餐和良性对话活动,他就很好地表达了自己是一个什么样的领导者,并轻松消除了员工因重要领导更替而自然产生的不安情绪。同样重要的是,他借此机会认真地观察了组织中的人和群体——观察了他们自信和真诚的程度,员工是"自然还是做作",他们"主人翁"的程度以及与之相应的工作激情。

这种观察的结果马上就显现出来,并且起到了微妙的作用。罗伯特的员工们清楚肯定地了解到,他是一位很"实际"的领导者,他对他们的经历和公司每天的实际运作情况都非常感兴趣。当然,人们也把他当做一个平常人看待。他不再是个面无表情的新 CEO,尽管他也许是令人敬畏的。他们一起吃饭,一起交谈,一起哈哈大笑,他们发现他是一个真正关心他们、愿意与他们讨论他们对公司的想法的人。

从一个更微妙的层次上来看,罗伯特迅速理解了公司中的情绪现实,以及不同地区不同品牌部门之间存在的差异。[10]他观察人们是怎样对领导行为作出反应的(他自己和当地的领导者的行为),这样他就可以知道当自己进行调整的时候怎样才能最有效地运用权力。通过这种方式来了解整个公司的环境,使他能迅速地,甚至以有些令人惊讶的方式做出人事方面的调整。事实上,他发现有些优秀的员工即使处在不合适的职位和工作中,也能够快速地适应自己的角色。公司的组织结构图从来就不能给他提供十分准确的信息,告诉他谁在哪个位置上,谁能完成什么样的工作。罗伯特也从他的深入观察中了解了公司的整体价值观和历史,这比从那些聘任他的人那里得到的信息要多得多。他从员工的行为中看出了公司的文化准则,因此能够更好地调整他自己的行为,更快地在公司内部建立起广泛而又良好的人际关系。他似乎更容易避开那些在任何组织中都存在的文化和人际关系"地雷",也更能够充分利用员工个人和团队的力量。另外,他还在公司内部一些意想不到的地方建立了联盟。

正如罗伯特自己也意识到的,洞察人与人之间的互动关系能够给你带来很大的优势。它能为你提供线索,让你了解正在处理的事情,知道怎样控制现在的局面。你能很容易地决定在什么时候,你要怎样来与下属打交道,并影响和指导他们。在面对群体和企业文化时,采用这一方式进行处理也可以得到同样的结果。虽然相比于个体而言,企业文化和群体更加抽象,更难被观察和理解,但是这类更广义的人类系统也存在互动:一个团队会在信息、决策与行动等方面依赖于其他的团队;组织内部的文化、跨地域的文化或者不同信仰的文化,有可能彼此融合,也有可能彼此冲突。

正如杜绍基、丹、朱迪和罗伯特等人发现的那样,警醒之心给予了我们很大的帮助。但是,它并不是我们生来就具有的天赋异禀;我们可以通过学习来掌握它,有时候也可能会失去它。只要我们愿意去洞察、去体会,就会很容易看清事情的真相。过去几年里,我们和无数的经理人交流过,他们都曾经经历过惨痛的失败,困惑过、迷失过。他们环顾四周,发现自己已经停滞不前,或者可能面临被辞退、被抛弃的危险。他们不明白,事情怎么会演变成这样。到底哪里做错了?为什么我之前没有发现任何苗头?

在第四章中我们讨论过了一些警示的信号。对于一些人来说,及早发现这些信号能够帮助他们提前有所准备,而对于另一些人来说,也许总是要等到问题发生了,或者是机会失去了才会发现这些重要的信号。还有的人虽然头脑清醒却并不警醒,可能永远也不会发现这些信号。经过一段时间以后,他们对工作和生活细节的疏忽成了一种行为习惯,可能只有他们经历了下一次危机之后,才能再次觉醒。一个人变得麻木、失察,通常是一个持续、缓慢的知觉衰退过程。那些告诉我们"情况可能不妙"的微妙信息可能仅仅是轻声细语,只有等到几年之后我们才认识到自己真的遇到麻烦了。接下来,让我们来看看这种慢慢滑向失察的过

第六章

程是如何发生的,以及为什么会发生。

滑向失察

史蒂夫(Steve)是一个聪明的、专注于工作的经理人。他在接近自己职业生涯的顶峰时,发现自己已被从公司的最高管理团队中除名了。在过去的几年里,他一直在做正确的事情,一心一意,毫无保留地为公司奉献着。他为自己取得的成就而感到骄傲。但是随着时间的推移,他渐渐地偏离了组织的真正目标。像其他高成就动机者一样,他的个人野心占了上风。慢慢地,他的行为模式发生了转变,激怒了同事和客户,连他自己都没有意识到他的行为动机在别人眼里是多么地明显。当他坐上高管位置时,这种行为模式就固定下来了:他常常采取自我保护的姿态,在很大程度上只关心他个人的成功。在这种模式下,他无法容忍任何质疑他的人,以及那些希望他能开明地接受新的做事方式的人。史蒂夫变得对新情况、新事物一无所知。他用自己越来越有限的视野看待周围的世界。他慢慢地切断了自己和他人的沟通和交流,也忽视了自己所在组织的本质正在发生的变化。他并没有意识到自己已陷入困境——但他的确已经陷入了自我付出综合征,并且在很长的一段时间里都没有培养自己的警醒之心和自我重塑能力。不管怎样,史蒂夫的失察是他没有被聘请加入公司高管团队的主要原因。

史蒂夫的经历既令人遗憾,又很常见。这是人才的浪费。显然,失察是工作中经常会出现的问题,但这个问题又不只会在工作中出现。我们曾经听过的一个最令人伤感的事情是,一个五十多岁的经理人跟自己年轻的同事谈话的时候,鼓励他多关注自己的子女。他说:"在我女儿小的时候,我几乎完全忽视了她。现在她已经12岁了,我却不知道她喜欢做什么,她在想什么。我一点也不知道她是怎样看待许多事情的,除了对我。我知道她对我的看法,她不太喜欢我,不爱跟我说话,也不想花时间跟我在一起,跟我没什么可聊的。我曾经问过她为什么,而她的回答是'你这些年都没有关心过我,现在又何必关心呢'。"

为什么会发生这种事情呢?为什么有些人有一天突然发现自己不在正常的工作轨道上,或者与家人相处得非常不愉快、越来越疏远了呢?在与领导者的交流中,我们试图搞清楚到底是什么原因使优秀的领导者失去警醒之心,患上自我付出综合征的。

以下几个原因可以让像史蒂夫那样的领导者轻易地失去他们的优势,走向失察。首先,工作压力如此之大,有时候很容易导致我们视野狭窄——本能的认知过程和工作的压力可能会使我们过分地关注一些事情,而忽视其他事情。其次,我们中间有很多人发现自己永远在做"应该做的事情",而没有时间真正了解自己内心最深处的信仰和渴望。最后,因为领导者的工作很容易招来各方的批评,每天还要面对巨大的商业挑战,所以很多领导者都选择自我封闭的应对方式来保护自己。

视野狭窄和一心多用:解药还是祸根?

那些能够同时做几件复杂工作(边看电子邮件,边接电话,边想着怎样召开团队会议,同时还在权衡新战略的优劣)的人通常都会受到组织的重视,并且他们都取得了卓越的成绩。尤其是在高管这个级别上能做到一心多用(同时完成多项任务)更是受到重视。领导者必须连续几个月甚至是好几年地保持对一些工作的关注和效率。他们的脑袋里必须同时考虑几项重大决策,同时容纳关于日益复杂的环境的海量的细节信息。

许多高管人员把一心多用的高强本领当做是一种个人荣誉的象征。他们认为思想不集中,甚至是脑子里瞬间闪过想休息一下的念头都是弱

第六章

者的表现。事实上,作为咨询人员,我们经常被问到,在经过了几个小时甚至是几个月不停歇的辛苦工作后,领导者该怎样保持警醒,避免注意力分散。这些高管们放弃了休假,甚至在周末都离不开电子邮件、手机、PDA。为了更出色地取得越来越多的成就,许多领导者过度开发了与效率有关的技能,却忽视了效果方面技能的培养。让我们看看为什么会出现这样的情况。

要想使我们自己对一件事情保持持续的关注是很困难的;事实上,这样做也是违反自然规律的。有研究表明,对一件事情高度集中的注意力是随着时间的推移而逐渐降低的。这就是为什么已经有很多学者在研究那些需要注意力绝对集中的岗位的工作轮换周期问题,比如机场的航班调度。[11]尽管集中注意力是很有用、很重要的,但是许多领导者却过分善于缩小他们关注的范围,并在很长一段时间内保持高度集中。但是,这么做的代价却是:我们实际上是在训练自己的大脑对周围发生的其他事情漠不关心。

当我们把注意力过分地限制在某一狭窄的范围内时,我们对其他无关想法的忍受度(或者是心理空间)就降低了。我们忽视了看似无关的信息,包括内心的想法、感受以及外来的信息。当然,这么做的结果就是我们遗漏了很多重要的情况。我们可能看不到潜在的规律,可能注意不到那些可以为我们指出新的方向或者警示我们出现问题的异常状况。事实上,是我们自己导致了自己的视野狭窄——只关注那些为了实现我们的目标而必须要关注的事情。当然,这也就意味着我们没能看到其他的一些信息——那些提示我们目标(或者指标和战略)可能需要有所改变的信息。我们也会错过一些新的机会,或者忽视一些微妙的征兆,它们告诉我们需要重新审视我们的选择,反省我们的工作方式以及个人的生活方式。

过于集中的注意力可能会引起严重的问题,并导致失察。但是我们想要组织、编排信息的优先次序的想法是很自然的,而且我们可以改进我们的做法,也就是说,我们可以做到既集中注意力而又不失去警醒之心。[12]我们的大脑在接收到信息的同时,也会对信息进行过滤和分类,它通过这种方式来应对这个纷繁复杂的世界。为了简化我们的经历、阅历,使事情更加具有可预测性,我们在自己的精神世界里对信息进行分类——我们对事情、感情、经历甚至是人都贴上了自己定义的标签。这个认知的过程使我们更加容易区别不同类型的事物,更准确地预测事情的结果,使我们的经验、阅历更加有意义,使我们能够适应这个复杂的世界。想想,如果我们每天都必须要把所有的信息分开处理,那么我们可能同时要处理数十亿看到的、听到的、闻到的、尝到的、知觉到的、触摸到的以及思考的信息,然后再把它们和数百万计的记忆和过去的经历、体验等联系起来。这样一来,我们就什么也做不了了。

我们已经知道大脑中第一层协调体系的一个,就是对我们感知到的信息做出情绪上的反应。这些反应会在一些"较老"的大脑体系(比如杏仁核)处理信息并且唤起情感记忆的同时产生。然后,这些信息被传送到大脑皮层各个不同的部位,以供进一步分析。在神经活动的每一步中,我们的大脑都会选择出哪些是我们经历过的。[13]

举个简单的例子:当你在马路上走的时候,看见一只大狗正向你走过来,你的杏仁核可能马上对这个大家伙做出反应:心底里升起一阵恐惧,呼吸频率加快,血液加速流动,肌肉紧张。就在一瞬间,经过你的神经系统对这个大家伙的外形和大小进行辨认之后,你确定了它是一只狗。如果你过去有被狗吓过的经历,那么你的血压可能会升高。但是如果你喜欢体型大的狗,你此时的情绪可能就完全不同了,你会对这家伙产生怜爱之情。不管在什么情况下,一接收到新的信息,信息的处理过程就会一直持续下去:结实的狗链把狗限制在一个安全的范围内,一个看起来很友善的人遛着狗,那个人是你的邻居,你对这只狗很熟悉,你知

第六章

道这只狗喜欢跟你家的狗玩耍。这一过程完全是在你的潜意识中进行的,在不到一个深呼吸的瞬间就完成了。[14]

信息的吸收和分类是一个本能的、无意识的过程。那么,会有什么问题呢?这种本能的认知过程可能会很容易导致与真实情况相反的结果。分析和解释的心理模式通常是习惯性的,往往可能与真实的信息无关。

一个有意思的例子:我们的小朋友卢卡斯,在他18个月大的时候,已经学会了一些常见或者不那么常见的动物的名字。"猫"和"狗"是他的最爱——他已经可以招呼这些可爱的家养宠物了。"熊"也是他喜欢的字,但是如果给他看照片的话就会让他感到一点恐惧。有一天他的阿姨阿比来看他,给他带来一只名叫"熊"的小狗。想想卢卡斯当时有多不安:他好不容易搞清楚了狗和熊是不同的类别,并认得这两个字,但是现在出现的这种状况却太令他困惑了。过了一会儿,他就不愿意叫这只狗的名字了。然而,卢卡斯是个聪明的孩子,通过这件莫名其妙的事情,他认识到了一个新的类别——名字!通过这个新的类别,他终于接受了这只叫"熊"的小狗。

即使是一个聪明、理性的成年人也有可能成为过时类别的牺牲品。事实上,令人震惊的是,我们脑海中的分类和实际的情况并不相符。通常我们是"看到了我们所想的",而不是"想着我们所看到的"。如果我们所想的和所看到的并不一致,我们就会感到困惑。一些人(不像卢卡斯)会把接收到的信息强行进行分类,使之与自己所想的保持一致。这个过程被称做同化,它在某种意义上说是人的一种很自然的行为,但是如果滥用的话,就会导致思维定势以及人与人之间盲目的互动。

让我们来看看,在工作中这种情况是怎样发生的。在团队中,我们经常会看见这种状况,尤其是那些已经在一起工作了一段时间的团队。通过一段比较长时间的相处,团队成员们开始简化对别人行为的理解,慢慢地，他们就会无意识地使用这种简化的手段。比如，团队成员会想，"斯科特当然会从这个角度看问题，因为他是个财务人员"；或者"苏珊永远都是支持斯科特的，我们知道她每次都会这么说，所以根本就别想让她站在我们这边"；或者"迈克永远都是说话不经大脑的"。尽管有时这些描述可能会是对的，但是它们却是定式——自动的、相当顽固的偏见——它限制了我们看清事实真相的能力。

而且，通常我们只会看见我们正在寻找的东西，别的一概不管。还是上面这个例子，其结果就是，斯科特关于财务数字方面的意见会被大家注意到，但他对这个议题的其他颇有见地的建议就可能被忽视了。当苏珊坐在斯科特边上的时候，大家都觉得她是在用行动支持斯科特——就算她坐的是会议室里最后一张空椅子。迈克对团队做出的贡献在大部分的时候都可能被低估，没有人会注意到他的发言是富有思想、经过充分准备和深思熟虑的。

另一方面，警醒地关注我们是如何分析周围事实的，能够使我们更好地判断什么是符合事实的，什么是我们感知的信息，以及什么是介于这两者之间的。但即使是那些对新思想、新想法秉持开放态度的领导者也经常会滥用某一来源的"数据"——那些能被理性地解释的数据。这就是过度关注那些经过我们智力加工后的数据，而根本不关注那些与我们的情绪或者身体有关的数据所导致的结果。由于工作分工日益细致，我们有许多教育机构和工作组织都鼓励这一倾向。但是在这个过程中，我们却忽视了许多其他重要的线索和真实的信息。

如果我们更多地关注工作或生活的某一个方面，那么我们对其他方面的关注就会减少。为了使我们自己更加有效率，我们必定会忽视那些跟我们所关注的目标不太相关的东西。我们经常完全忽视了那些创造性的解决方案，新的做事方式，甚至那些看起来显而易见但又十分新颖的反应方式。当我们过分关注某些事情时，这时我们可能就会忽略一些

第六章

微妙的细节。慢慢地，时间一长，关注范围过窄以及持续的多元任务就会使人筋疲力尽：我们的思维过程缩短了，我们的情绪也会变得不可捉摸。

帕特里克·塞斯考（Patrick Cescau）是联合利华的CEO，遇事总能高度聚焦。[15]但是因为他对学习有很高的热情，所以他总能很好地控制高度聚焦不利的方面。正如他自己所说的，"学习使你的世界更加开阔，使你能从一些不同的角度来看问题"。但是学习需要开放的态度、机遇和时间。帕特里克通过精心追寻新的体验和不断在生活中实验，来锻炼提高自己的学习技能。帕特里克对探索新事物非常有激情，他也把这种好奇心用到了研究人上面。他仔细地观察周围的人——他们的表情和肢体语言，他们说了什么和他们是如何说的。然后他试图去理解：他们的感受是什么，他们正在做的是什么，他们为什么要这么做。他努力地控制自己，不让自己急于对他人的需求、意图做出判断和假设。他精心地寻找对他人行为的多种可能的解释，根据他实际看到的，而不是他想要看到的情况来衡量到底哪种解释更具有说服力。换句话说，他有意识地控制自己如何接收信息，如何去理解信息以及如何做出反应。

正如帕特里克所证实的那样，这种做法使我们避免了失察的危险，并且使我们能够洞察到自己和周围正在发生的变化。如果我们能更加有意识地关注自己的习惯思维模式，再加上我们的好奇心和自我训练，我们就能从中学到怎样才能做得更好。但是，当我们这么去做的时候，还需要关注其他可能导致我们走向失察的因素。

让我们来看看另一种可能会让人走向失察的情况。

在"应该……"导致妥协时

贾斯廷（Justin）曾是一个明星。他在学校就是一个风云人物，在他职业生涯的早期也经受住了各种严峻的磨炼和考验,在四十多岁的时候,就当上了CFO。在他供职的公司,这个职位通常都是通往CEO的跳板。但是,令他感到无比惊讶的是,当原来的CEO退休以后,董事会从外面聘请了一位新的CEO。不仅他没有得到意想中的职位,而且新来的CEO也似乎不太想让他继续留在那个位子上。贾斯廷对此非常震惊,怎么会出现这种情况?他一直以为自己是CEO职位最佳的继任者。而董事会的回答是:"现在的情况变了,我们需要另一种类型的CEO。"这究竟是怎么回事呢?

在此之前,贾斯廷一直努力把自己塑造成一个理想的CEO的形象:完美的工作经历、理想的工作业绩、模范的家庭生活。而且他看起来也很符合要求:英俊潇洒,注重打扮,有点严肃。多年以后,贾斯廷意识到是"应该做"与"必须做"在驱动他努力向自己的职业生涯顶峰攀登。[16]他总是做正确的事情,在学校追到一个优秀的女朋友,工作后要求自己努力实现目标,结婚并成立了自己的家庭。他的出发点是好的,总是在做"正确"的事情,实现了自己以及别人对他的期望。当然,这些事情本身并没有错。但和其他有干劲儿的能人一样,贾斯廷把人生中几乎所有的重大决定都当做是"要做的事情清单"上的事情,一旦完成了就可以不再管它:

- 上大学
- 找对象
- 在工作中证明自己
- 生儿育女
- 谋求更高的职位

但问题是,从学校毕业后学习也没有(或者说,至少不应该)停止——事实上环境要求我们不断地调整自己以适应不断变化的新情况。并且,

第六章

当我们结婚生子之后,往往不太重视与家人的关系,没有投入时间和精力来维系健康和谐的家庭氛围,而这会让我们付出很大的代价。我们经常会看到这样的情况:经过几年的婚姻生活之后,夫妻间的关系不但没有亲近反而更加疏远了,沟通更像是一种工具——谁需要去哪里,家里有什么事情要做,诸如此类的事情。子女并不真正了解他们的父母,而父母亲总是太忙,没时间去了解自己的孩子。当我们为了职业上的提升,把事业上的成功作为自己的最高目标时,亲情却疏远了。

这种程序化的生活造成的最严重后果就是,我们开始不了解自己,开始不了解那些真正重要的事情。我们崇高的理想不见了,当一天清早我们醒来时,就会发现自己找不到心灵的归宿,也不知道未来该往哪个方向前行。[17]

当然,这并不意味着别人对我们的期望,以及我们对别人的责任并不重要。恰恰相反,这些都很重要。但如果这些期望和责任使我们失去了自己的信仰,不知道自己要什么,那我们就不能与自己协调一致,我们投入了自己全部的精力和时间只是为了满足别人的需要。如果这种情况真的发生在我们自己身上,我们就会开始封闭自己,并且出于需要,我们就会形成自我防御来保护自己。

我们可能会变成过去的自己的影子,扮演着人们或者自己期望的角色,而不是真实地活着。奇怪的是,当这一切发生的时候,人们通常会变得强烈依恋于一些关于角色、价值观、原则的理念,尽管他们实际做的与这些理念相差甚远。也许他们为了表明自己遵守习俗的要求而维持着一段失败的婚姻,但实际上他们却悄悄地寻觅另一段爱情或与他人保持着暧昧的关系。或者也许从表面上看起来,他们很诚实,公开地表明自己支持正义的立场,但他们在工作中却可能不择手段,并且给别人造成了伤害。或者也许他们只是虚有其表,外强中干。

贾斯廷的情况就是这样。经过多年的努力打拼以后,贾斯廷渐渐地觉得自己很难从工作中获得心灵的满足,家庭生活太过程序化,毫无激情可言。然而像很多能人一样,贾斯廷觉得自己能够应对所面临的情况,他拼命工作以回避现实——工作和生活中出现的问题。他不知道该从哪里着手,也许他被吓坏了。我们中间有很多人也是这样的,当我们意识自己出了大问题,必须要做出改变的时候,我们总是会抵制。大多数情况下,我们会采用防御机制:我们会变得愤怒,会为自己感到遗憾,会奋力争斗,或者会保持沉默。我们被自己的情绪搞得晕头转向。在这些情况下,我们可能就会像贾斯廷那样,滑向失察,被动地去完成"人生清单"上的事情,而实际上却并没有考虑得非常清楚。一旦自我封闭了,我们就会忽略工作或者生活中许多重要的机会,我们就不能发现那些提醒我们需要注意、需要改变的警示信号,就像贾斯廷之前忽视了同事和董事会很早就传递出来的关于他的行为模式与组织的发展方向并不一致的信息。

脆弱的自尊和"假冒综合征"

对于成功人士来说,最常见的防御就是拿最重要的优势——自信——当做挡箭牌。对某些人来说,这意味着变得脆弱,变得自我保护。对另一些人来说,这意味着生活在阴影之中,总觉得早晚有一天会被人们发现,自己实际上并没有那么优秀。这就是妮科尔(Nicole)遇到的情况。她是一个大型制药企业研发部门的高级副总裁。她的第一份工作是做一个医师,但很快她就转到了商业领域,以在一个更大的范围内寻求新的发展机会。在多年高管的工作生涯中,她经历了许多挑战——其中包括任职公司唯一的女性高管。妮科尔采用一种防御的姿态,在不断超越自己的目标、取得成功的同时,也靠着自己的能力、强硬的作风、过去优秀的业绩和有些脆弱的外表把各种威胁挡在门外。这种自我保护行为消耗了大量的精力,使人筋疲力尽。而

第六章

且,为了保护自己,她需要不断地证明自己的实力,这就导致她长期处于焦虑之中——我还能解决下一个棘手的问题吗?我在下一次争斗中还能取得胜利吗?

随着时间的流逝,妮科尔发现自己越来越难把事情做好。她总是随时都准备战斗。公司高层复杂的人际关系要求她对其他人保持持续的警惕和小心,但是又要和他们保持表面的亲密关系。在处理一些复杂的问题时,由于必须做出业务所必需的艰难取舍,这就需要团队成员之间能够坦诚对话,接受弱者,并且彼此吸收对方的观点。据她的同事描述,妮科尔的自信和强势似乎经常妨碍他们之间的正常沟通和交流。渐渐地,她和她的团队成员厌倦了这种争斗,开始避免与对方接触。于是,就出现了使她左右为难的恶性循环:她与团队成员之间接触得越少,她对团队的影响也越少。而这给她带来了更大的不安全感,她就更试图去保护自己,于是出现了更多的摩擦。

无论何时,当我们遇到那些似乎需要证明自己价值的人时,即使事实上他们的职位和所取得的成就已足以说明这一点,我们也会觉得自己所接触的人是非常没有安全感和不知所措的人。因此,妮科尔明显的自负和难以相处的人际交往风格都在暗示着:她在保护她自己。

事实上,通常的情况是,那些看起来很自信、自尊心很强的人,往往也是心里最脆弱的人。迈克尔·克尼斯(Michael Kernis)和他的同事们注意到,与时下流行的观点正好相反,"从不认输"的高自尊并不是最理想的自尊,事实上这往往是最脆弱的自尊的表现。[18]如果一个人必须持续地维护自己的形象,这就意味着事实上他们并没有很强的自我认同,他们很敏感,甚至缺乏安全感,并总是试图逃离这个充满危险的世界。

我们怀疑,对很多专业人员来说,脆弱的高自尊心有可能是成功的一项副产品。那些在学校表现出色,后来在工作中也表现卓越的人,经常会收到大量的正面反馈——也许比他们自己认为应该得到的还要多。领导者们可能会发现自己总担心下一步的状况会更糟,想象人们如果最终发现他们并没有那么优秀,那时自己就完了。

在我们与经理人的交谈中,他们经常提到这个"假冒综合征"——我们总是觉得自己没有别人想象得那么优秀。[19]更警醒的领导者能认识到假冒综合征是怎么回事,也就不会让自己被不安全感所左右,并做出不恰当的行为。但是也有一些领导者为了掩饰自己的恐惧心理,总是虚张声势,表现出过度的自信,甚至用自负来保护自我。他们有意忽略或者隐藏自己的弱点。他们不想把那些有能力的、可能会表现出众的人才招至麾下,总是试图要吸引所有人的注意力,让大家觉得他们自己是多么地了不起。另外一些人则是筑起一座心墙,绝不轻易地让别人进入他们的内心世界。

但警醒之心需要与他人建立联系。只有与他人多接触,你才能真正地了解他们。许多领导者都发现自己在工作中有意地避免与他人建立亲密的人际关系。他们害怕自己的缺点会被别人发现,或者认为那么做会使他们自己失去客观的立场。也许他们只是不想在这些事情上耗费时间,也许他们本来就不愿意和别人过分亲近。总之他们会找出很多理由,来证明与周围的人建立亲密的人际关系是错误的。对领导者来说,放弃与他人建立联系是很诱人的(也是很典型的)。

因此,我们就不难理解为什么会有这么多领导者陷入失察了。领导者的角色压力,自己内心觉得该做什么的信息,以及希望对抗压力、伤害和不安全感的心态,使我们封闭了自己。不幸的是,自我封闭的结果却与我们希望保持工作业绩、维持和谐的目标正好相反。我们需要的不是封闭,而是开放——持续深入地了解我们自己、别人和我们身处的环境。这使我们保持自信和冷静,即使面临着压力,也能清楚地看到自己应该怎么做才能真实地面对自己。关注身边的人和环境意味着我们能够掌

第六章

握更多更准确的信息，以供我们做出更好的决策。警醒之心能够使我们对抗自我付出综合征的影响，促使我们走向自我重塑。

改变你的行为：培育警醒之心

变得警醒且维持这一状态并不会偶然发生。经常有人问我们，在商业环境中培养发展自己的警醒之心是否有意义。我们会热情地回答："是的！"警醒之心是自我意识、自我管理和社会意识在实际中的应用。简而言之，培养警醒之心就意味着培养自己的情商。千百年来，这是早已被世界各大宗教和各种哲学体系认识到并付诸实践的理念，现在才刚刚被西方管理和领导力领域的研究所重视。自我意识确实很重要，有意识地控制自己的习惯性思维、情绪和反应也同样重要。

正如我们在本书和其他书中提到的，自我意识是情商的一个基本组成部分，它不仅对我们的个人发展和个人主观幸福感有积极的影响，而且对工作表现也有积极的作用，所以说，警醒之心不仅是个人应该拥有的好品质，而且对工作绩效表现也有很大的影响。

如果现在我们很想开发自己的警醒之心，我们究竟该怎么做呢？我们从自己和同事的实践经历中发现，有很多提高洞察力的方法，从纯粹的认知训练，到佛教提出的冥想练习，再到企业中的"导师制"。我们推荐把自我反思、实践练习与支持性关系结合起来。通常很有必要调整自己现有的思维模式，因为我们中的大多数人自发的、习惯性的认知过程并不能使我们很好地适应现有的环境。这就意味着大多数人必须进行有意识的自我转变。在本章结尾和附录 B 中，我们提供了一些思考和练习，能够帮助你有意识地锻炼提高自己的警醒之心。让我们再回到联合利华的帕特里克·塞斯考的例子中，看看这位成功的领导者是怎么培养警醒之心，并把它作为一种生活方式的。

反思

当帕特里克·塞斯考告诉我们他是怎么在每天的工作环境中保持警醒之心的时候,他说,对领导者而言,在内心找到一个安宁、清净的角落,一个宁静的地方是绝对重要的。这意味着需要寻找途径来进行系统的反思,不管是通过冥想、心灵修炼、在优美的自然环境中散步,还是在日记中记录下自己的个人思想、感情。

反思为什么这么重要?因为要控制不可避免的外在压力和领导职位内在的权力压力需要你具有较强的自我控制能力。如果你没有足够的时间来进行反思,追求宁静,你就很可能会迷失方向。而且如果你连留给自己的时间都没有,你也不可能对别人好。反思是重塑你的生活的重要途径。这个过程也可以让你寻找机会保持冷静和聚焦。当你自己和谐以后,才有可能创造与周围人的和谐。如果我们不能了解自己的思想、身体、心情和精神,我们就不可能具备警醒之心,也就很难去倾听这个嘈杂纷乱的世界里那些微弱但却重要的声音。

帕特里克也意识到,领导的压力(和孤独)使得保持开明与警醒以及全面地了解自己和他人成为一件很困难的事情。这就是为什么他用了好几年的时间同时进行几方面的练习,以帮助他培养自己的警醒之心的原因。他喜欢学习,而这对培育警醒之心非常有帮助。他经常阅读,读了很多书,而且涉猎的范围非常广泛——小说、诗歌、自传,任何形式的书。他还寻找那些与他有类似经历的人,与他们讨论一些新的想法。他抽空从事那些能使他内心平静的活动,通常是一些非常简单的事情,比如,下班之后回家陪家人,与朋友们开玩笑,或者是安静地独处。

帕特里克采用的另一方法就是,从忙碌的工作中暂时停下来,带着自己进入一个能令人心神宁静的心灵空间——内心中一个能让他找到

第六章

宁静,并进行反思的地方。对于帕特里克来说,一个真正能把他带入平静和幸福的地方就是"沙漠"。他经常会提到一个著名的古老的阿拉伯谚语:"真主安拉创造了沙漠来作为自己的花园,并赶走了那里所有的生命,这样他就能在那里安宁、平静地散步了。"正如沙漠中的商队司机所说,"真主安拉把撒哈拉沙漠里所有不必要的东西都赶走了,所以在那里,人们能够很容易把握住事情的本质"。[20]

只要时间允许,帕特里克就会走进那片沙漠——一个让他重塑自我、恢复活力的地方。但是和我们大多数人一样,他也不能随心所欲地停下工作,所以我们需要寻找其他的途径来感受这种我们只能在特定环境中才能感受到的宁静。这就让他学会了如何通过想象来求得心灵的宁静。

在进入反思以前,他会花半个小时,闭上眼睛,想象自己已经身在世界上他最喜欢的地方了。他会在脑海里看见沙漠,感觉到风,闻到炎热的大地散发出来的种种味道。运用这种心理意象确实是一个很强有力的工具。事实上,研究已经证明了仅仅是想象一个平静的场景就能改变我们的生理机能,使我们冷静下来。[21]

反思还能怎么帮助我们变得更具警醒之心呢?帕特里克不仅对内反思自己,而且他还经常反思他周围的人和他的同事。他是这样来描述这个过程的:"我认真地观察别人,然后把我自己所看到的描述出来,再想想我理解得是否正确?我自己的主观看法是不是妨碍了我的理解?我是不是了解事情的全部情况?"

几年前,帕特里克就通过一个非常有意思的途径发现了这一点。有一年,当他还是联合利华一个事业部的领导的时候,帕特里克认识到他和他的管理团队不能再像过去那样给每一个人加薪了。他们制定了一套根据绩效评估来升职加薪的制度,他们相信这个制度能够公平地决定哪些人应该获得提升或加薪。帕特里克对这套系统和这个解决方案非常满意。

当然,帕特里克知道他的团队会因此而受到挑战,但是对此他已经做好了应对的准备。他坚信这个评估系统很公平,应该很容易来为这一系统辩护。最终,还是有一个没有获得加薪的人找上门来。帕特里克显然是有准备的,他们一起回顾了这个人的绩效评估。结果当然还是和原来的一样。帕特里克问这个人是否认为两次评估的结果不一致,对方没有异议,事实上他同意这个评价。但是接下来,这个人对帕特里克说了一些令他意想不到的话:"但是你在这个评价系统中忽略了一些东西。我把自己的全部奉献给了公司,我已经尽了自己的全力。我尽我所能地努力工作,对组织尽职尽责,做所有我能做到的事情。我一直对组织忠心耿耿、一心一意,尽了我最大的努力,而且我还激励身边的人把工作做得更好。我把我的心都献给了公司。"

帕特里克意识到,事实上对方说的确实是实情,他把自己的想法告诉了对方。他说:"你是对的。事实上,我们的系统可能没有评估所有重要的东西。但你想想看,如果我为了你改变决定,那我们就会很丢脸(公司文化中很重要的一部分)。但是我告诉你,如果在明年年底,你还能告诉我,你已经奉献了你的全部,对组织忠诚,并且能告诉我你的努力是如何影响公司产出的话,我可以给你加薪。同时,作为管理团队,我们会检讨我们的评估体系,考虑怎样才能更好地评价绩效的一些更细节的方面,就像你所指出的那样。"

帕特里克在这一事例中所做的就是用真实的情境来培育自己的警醒之心,而不仅仅是在练习。他用自己过去的经验来拓宽自己的思考范围。这件事情过后,他重新回顾了他自己与他人在设计绩效评价系统时的一些潜在假设。通过这样做,他发现确实有些事情被忽略了。比如,怎样衡量对组织的奉献和忠诚,以及它们又是如何影响组织气氛和团队工作结果的。这样,他和他的团队就能适时地调整和改变他们的绩效评

第六章

价体系了。

我们的讨论也不能忽略一个问题,就是真诚的人际关系是如何唤醒警醒之心的。与我们所爱的人及朋友之间真诚的感情为我们提供了培育警醒之心时两项至关重要的东西:安全感,以及别人如何看我们,我们又是如何看别人的准确反馈。我们能够从别人对我们的印象中学到大量的东西。在我们最亲密的关系——与妻子、丈夫、合作伙伴、子女和好朋友的关系——中我们可以了解到自己是怎样的一个人,了解我们是否在按照自己所宣称的价值观行事。我们可以看到自己不是什么,并从中学到一些东西。接下来,我们就来看看如何运用我们的人际关系来维持警醒之心。

支持性关系

反思、观察、冥想、认知训练——无论你选择哪种方式来探索你的内心世界,这些对于培育你的警醒之心都很关键。但是,只做到这些是远远不够的。除了要关注你自己,你也需要关注方程式的另一边,也就是要有意识地关注你周围的人和世界。要凭个人的力量做到这一点,可以说是很困难的(甚至是不太可能的)。当你试图了解别人的想法、别人的心理时,如果你不与对方,或者与其他的人印证你的想法,你怎么能知道自己的理解是否准确呢?如果你没有与他人沟通,你怎么知道对于某个特定的情形,自己已经考虑了所有的可能性呢?甚至,你怎么就知道你对自己的看法和了解是准确的呢?

学习警醒之心既包括仔细观察别人在想什么,做什么,感受如何,也包括观察别人思考、感受和做事情的方式、方法。这不仅为你提供了关于你周围世界的信息,同时也给你提供了关于你自己的信息。这是达特茅斯学院的文体部主任乔伊斯·哈珀(Joise Harper)几年前学到的一课。那时候她处在不得不停止一个田径运动项目的艰难处境中。这是她的最后一步棋,虽然并不是一个受大家欢迎的决定。但是乔伊斯知道,如果削减另一项预算,会影响到其他的每一个项目,而这不是她希望的结果。过去的预算削减已经使许多项目的发展受到了很大影响,甚至有退步的危险。虽然在这样的情况下作出任何一个决策都十分困难,但是经过再三的考虑,她决定建议放弃一项运动——男女混合泳和跳水。她知道到这项决定很可能被视做冒险,甚至是激进的行为,并且不会被大家所接受。当然,最关注乔伊斯的人还是那些学生运动员。

果然,不出所料,学生运动员、家长和校友们对此很不高兴。她接到了无数个电话和电子邮件询问,甚至有人当街或者是在开会的时候声泪俱下地请求她收回这个决定。面临这样混乱的局面,很多人可能会在自己周围竖起一道高墙,或者至少在办公室门口挂块"请勿打扰"的牌子,但是乔伊斯依然与大家密切联系,对大家表现出极大的关心,并积极地与大家沟通。就算在最艰难的那几个星期,大家都恨透了她所做的决定,甚至可能也很恨她的时候,她还是继续和大家接触、保持联系和沟通。她努力确保自己所掌握的信息都是可靠的,重要的是,她要确保自己真正了解那些被她的决策影响的人的情绪和想法。她亲自与尽可能多的人见面、交谈——毫无时间限制地畅所欲言。她倾听、交谈,就算是在最艰难的沟通中都自信并有礼有节。在管理部门同事的帮助下,她的方法成功了:最后,经过学生、家长和校友的共同努力,这个项目被成功地挽救了。

乔伊斯告诉我们,这个"地狱中的50天"是她一生中几个最重要的学习经历之一。"在困难的时候,别人的观察以及他们对我的评论都在帮助我,使我发现了在他们眼中的我是什么样的人,他们在我身上看到了什么。他们也让我清楚地看到我自己的行为对他们有着怎样的影响。"[22]除了学习之外,乔伊斯在这个过程中也收获了更好的人际关系,

第六章

尽管她之前不得不做出的决定严重地伤害了每一个人。

除非你与大家交流联系,除非你能保持开放的心态,愿意与他人接触、有来有往,否则你不会得到这种结果。保罗·麦克德莫特(Paul McDermott)是美国政府综合服务管理局的地区长官助理,他将这种真实的沟通交流贯彻到他所在的组织,作为持续培育警醒之心、增强团队"凝聚力"的一个重要方法。[23] 他从一个前提开始:高情商的行为是在工作中建立健康人际关系的基础。他自己是这么做的,并且让他的团队成员也必须这么去做。而且,他还认真地界定自己与他人的关系。由于公务员之间的人际网络由来已久——他们中间的很多人在一个部门里一待就是十几年甚至几十年——因此在很多政府部门工作都是很困难的。长期的小团体、过去的小摩擦,甚至是为了争取资源而持续已久的竞争,都恰恰与建立组织透明和信任——组织中健康的人际关系的基础要素——相对立。保罗表现出了需要不断挑战自我的姿态,以培育警醒之心——去不断地了解他人,真正了解他们想要告诉他的内容。

对于保罗和他的团队来说,关注他们彼此如何合作得到了相应的回报。结果一直都很理想,他们被认为是政府中最不官僚、工作效果最佳的部门。事实上,就像保罗自己说的那样,"经过了一段时间的高强度挑战,警醒、同情心和韧性使我们在逆境中超越了自己。警醒和情商给我们创造了一个可以真诚合作干一番大事业的良好氛围,使得我们在共创卓越的同时,成为了互相关心的好朋友"。大量出色的工作成果有力地支持了他的这番豪言壮语。在这一时期,有效的措施使客户满意度和员工敬业度大大提高。因此,我们相信,他们的收入也同时有了大幅度的提高,这一点也不意外。[24]

作为多年为一些全球最具实力的公司领导者服务的顾问,我们越发相信:对我们自己、他人和环境的警觉、清醒以及关注,是有效领导(更不用说是更充实的人生)的关键。花大量的时间和精力来培养警醒的生活习惯明显是值得的。这些年来我们自己一直在进行警醒练习,从我们自身的经验以及与其他优秀领导者的接触中了解到:事实上,通过不断让自己更警醒,我们所有的经历让我们生活得更充实,当然也使我们在事业上取得更大的成功。然而,需要注意的是:我们也发现有些人把警醒之心作为最终的目标。这是我们必须要当心的一种特殊的陷阱。有的人总是不断重复讲述自己的个人经历,告诉别人他是怎样自我发展的,其中的过程有多么曲折艰难,结果又是如何如何,没有什么事情比这种事情更让人讨厌了。我们发现,那些徘徊于这个陷阱的领导者之所以这么做,是因为他们的目标似乎太崇高了,超越了他们的能力,超越了他们的要求和需求,所以他们的警醒之心最后并不能转化为真正的自信。

如果一个人具备了警醒之心,他会如何运用自己的这种才能呢?我们认为优秀的领导者会转向培育希望之心和怜惜之心,正如我们在后面章节所探讨的那样。

观察、倾听和询问

这里有一系列的练习,它们能够让你锻炼自己的警醒之心。第一个练习是关注你自己,你与自己的协调一致程度。第二、第三个练习关注于你与他人协调一致的能力,理解他人,准确地揭示他们的感受,以及他们为什么会这样行动的能力。用一两周的时间完成这些以及附录B的能力培养练习。看看通过这些练习,你与自己及周围人之间的关系发生了什么样的变化。

练习一:给不同的感觉命名

持续一周,每天三次,停下你手中的工作,闭上眼睛,把注意力集中

第六章

在你现在的感觉上。把你现在的感觉用一个词来形容。不要进行分析，只是给这种感觉命名。刚开始的时候，你花的时间可能要长达五分钟，而且你会觉得这些为命名而选择的词太简单了，一点区别也没有。比如，你可能会用类似"有压力"、"紧迫的"、"高兴"等词来描述你的感受。但是经过几次练习以后，你就会发现自己能够更快、更准确地描述出你个人的感受了。比如"压力"变成"挫折感并有一点焦虑"，"高兴"变成"高兴并且自豪"或者"感谢我的团队"。

练习二：关注、观察以及倾听

在这个练习中，你要试图将自己潜意识里对别人的想法和感觉清晰化。这个过程比较有难度，需要一定的训练，因为我们对他人或者事情的感觉通常都是自动的、无意识的。

首先，选择两三个你经常会面对面接触的人，花20分钟左右的时间，把你认为他们对你的典型反应写下来。记住他们的话、他们的动作、他们的面部表情、声调以及肢体语言。不要分析，只记下你认为他们对你产生的情绪反应，记下你猜想他们在想什么。你可以通过回忆你们共同经历的一两件事情来简化这一过程。

然后，用大约一个星期的时间，训练你自己在与这些人接触的过程中认真地观察他们。不要表现得太过明显，否则你可能会把他们吓跑。看着他们的眼睛、他们的脸，记下他们的姿势、手势以及身体的动作。在这种注意力高度集中的情况下，注意那些表达了他们的想法、情绪的"看不见的线索"。

最后，至少每天一两次，对于你所研究的每个对象，花五分钟写下你所看见的情况。起初，你可能只会简单地写下你所观察到的情况：他们做什么事情，你看到了什么。不久以后，当你更善于观察一些细微的线索之后,试着把你认为你看到的他们的情绪写下来。不要过分夸张地描述你所看到的情况,同时注意不要混淆你自己的情绪与他们的情绪。

练习三:检验

　　经过一个多星期对他人情绪和相关想法的观察和了解,你可以开始检验你的假设是否正确。根据你和你的研究对象的关系远近,你可以有所选择,或者全部公开,把你在做的事情,以及原因(为了你自己的学习,也为了促进与他们的关系)都完完全全地告诉他;如果这样做太直接的话,可以通过很自然的方式进入话题,把对话的重点集中在对方的实际感受和想法上。不要去给他们的这些感受命名,那样会引起对方的戒心。你应该做的是,试着把你的观察与你自己情绪上的反应以及一些你自己的理解结合起来。比如,"我注意到我们刚才没有眼神的接触,这让我有点不自在,似乎你也是,到底发生了什么事情";或者"这次谈话太棒了!看来,对于我们计划中的事情,你和我一样兴奋"。在你寻求理解和培养自己解释他人反应的能力时,你也可以直截了当地问:"你现在对这件事有什么想法?"再把他们的回答和你的理解进行比较。

　　如果你想把这一学习过程提升一个层次,你可以仔细地观察在一个群体中人们之间所发生的事情。注意人与人之间的互动以及情感的微妙变化,而不仅仅是在某一既定时刻某个人身上发生的事情。注意团队的情绪和其中每一个人的情绪的不同。理解群体行为的技巧是极其复杂的,掌握这个技巧会使你能非常有效地调动大家,实现组织的目标或愿景。

第七章　希望之心

漫步在南非夸祖卢-纳塔尔（KwaZulu-Natal）省恩科莫小学（Nkomo Primary School）的操场中，你会看见孩子们在温暖的阳光下快乐地奔跑、打闹和开心地做游戏。在操场的其他地方，男孩和女孩们坐在一排排的板凳上，认真又渴望地听老师讲解着写在黑板上的课文，黑板就放在一大片树荫下。从其他教室——用树枝和芦苇搭成的简易小屋——里，你能听见孩子们整齐的令人愉快的唱歌声和背诵课文的声音。

很明显，这是一个真正的学习场所——然而原来的情况并不是这样的。就在几年前，这个学校还不存在。这个省里没几所学校，尤其是边远乡村，很多孩子没有接受教育的机会。当地的一个妇女希望改变这一状况。这不仅仅是因为她看到了需要，更是因为她看到了这个省的孩子们脸上显示的生机勃勃的潜力正在被浪费。

则克哈里夫人（Mrs. Zikhali）是恩科莫小学的现任女校长，她怀抱希望并且有着一个梦想。在那些根本没有学校的地方，她梦想有个充满活力的学习社区，有老师、孩子们、明亮的课堂以及各种资源。她想象年少、渴望知识的孩子都来学习他们自己的祖鲁文化，探索南非以外的世界。她希望这些孩子都长成强壮的、有能力的新民主社会公民。她对孩

第七章

子和祖国的未来怀着深切的希望。

她心中的希望驱使她怀有梦想,去描绘未来的蓝图。在与领导者的合作中,我们发现怀有希望和梦想事实上是把起初看起来遥不可及的事情变成现实的第一步,正如则克哈里夫人的梦想的实现一样。她是从很小的规模起步的:1998年,她只有很少的一些土地,一间芦苇搭的小屋,树下的临时课堂,以及其他任何她能找到的资源。60名心怀希望、渴望上学的孩子来到这个学校。对于一些人来说,这可能已经足够了——肯定比什么事情也没有做要强得多。但则克哈里夫人知道这个社区里还有更多的孩子没有上学,她还需要找到更多的老师。她也知道只有拥有真正的教室,南非政府才会派老师来这里。所以她必须建更多的教室。在刚开始的时候,做任何事情都那么困难。记得当时,有一个游客为了躲避正午阳光而把车停在一棵树下,一个小男孩赶快跑过去告诉他:"先生,请别把你的车停在我们的教室里。"

那么后来则克哈里夫人是如何一步步实现自己的梦想的呢?是她对美好未来的愿景鼓励着她不断地努力行动。她决定在社区内筹集资金,以快速地建好教室。她积极地寻求政府的支持,同时也积极寻求常规资助途径之外的资助。首先,她给南非几个大公司的头头写信,把她的梦想和她现在面临的状况都告诉了他们。他们认真地听了她的描述,并有所回应。当然她不是唯一向他们寻求类似帮助的人,但是她表达信息的方式吸引了他们的注意。

接着她认真分析了整个社区。她问自己,在这个贫苦的社区,能够支持她的学校发展的资源在哪里?谁对教育这个地区的人们感兴趣?答案就在眼前:这个地区的一个主要特色就是它的野生动物保护区。因为保护区是为了迎合了富人的需求,它们以与南非的典型商业社会完全不同的经济规模运行。保护区当然有兴趣培养当地居民的能力,因为这些人是它们的邻居,是它们的员工,是环境保护者,还有可能是它们的管理人员。在非洲基金会的地区官员艾萨克·坦布（Isaac Tembe）和芬达（Phinda）野生动物保护区当时的总经理贾森·金（Jason King）的帮助下，则克哈里夫人制订了一份详尽的发展规划，把她的梦想与保护区的员工和游客联系在一起，进而创造性地把学校与所需要的资源联系在一起。现在她定期邀请来保护区的游客参观学校。他们很喜欢这里，许多人甚至坚持捐钱捐物，或为学校贡献他们的时间。

现在，有超过 760 名孩子在这个学校上学，学校也有了 11 间教室和两个教师办公室。有的孩子毕业后继续到高中学习，有些甚至已经上了职业技术学校，考上了大学。所有的孩子们都怀有希望和梦想，因为他们在恩科莫学校接受了扎实的基础教育，他们都将有机会实现自己的梦想。

这间几年之前曾经是整个学校的小房间，现在已经作为教师的办公室、图书馆和资源中心。则克哈里夫人的办公桌在房间里一堆书的中间，但是她很少坐在那里。在离她桌子最近的那面墙上，贴着学校的愿景。最具震撼力的是那些文字，虽然不是独一无二的，但是却是鲜活的。"恩科莫小学的愿景是……提供高品质的教育，以开发每一个学生的全部潜能……为了打造坚实的基础，我们致力于不断改进教育质量。同时，我们也将保证我们学校为学生和学校的股东提供相关的高品质的学习经历。"

这些文字之所以是鲜活的，是因为它被那些对学校的成功来说至关重要的人，包括则克哈里夫人，还有那些老师、孩子、家长与社区成员所贯彻执行。则克哈里夫人的希望和激情超越了墙上这些文字，感染了每一个人。当老师们每天踏进办公室，看到墙上的愿景规划——在一堆书、孩子们画的画和教学器材中间——就能提醒他们关注他们的目的。他们就会想到自己正在如何在孩子们、他们的家庭以及整个社区中播下希望的种子。

第七章

我们能想象则克哈里夫人在创立这一学校,以及把它发展到现在的规模的过程中,所付出的心血和代价。她是一个和谐领导者——无论是在学校里,还是在学校与股东之间,都创造了一种积极的情感氛围。[1]

正如我们已经提到的,和谐领导者精心创造的积极的情感氛围有一个主要特征,那就是充满希望。这就是为什么你在和谐领导者身边,或者是和他在同一个组织工作,你会感到兴奋,觉得开心。在这种情况下,人们并不一定总是觉得高兴或满足,但是他们会觉得工作具有挑战性,并对未来充满了希望。他们的思想更加开明,更加具有创造力,对工作更感兴趣,被激励并愿意去完成任何为了实现个人和组织目标而需要做的事情。[2]

尽管领导一个像恩科莫小学这样的机构难免会面临极大的挑战,但是整个组织气氛是积极的,充满了活力、激情和对未来的希望。这就是所有高效领导者都会创造出的组织氛围。他们之所以能做到这一点,一个原因便在于他们能通过激励组织中的其他成员去思考各种可能性和向前看。高效的领导者和他周围的人们都被未来激励着前进。我们坚信,这种希望不仅是创造和谐的关键因素,也是使领导者能保持良好的状态,重塑他们的思想、身体、心情、精神的关键因素。

但是,在我们开始探讨领导者是怎样培养希望之心之前,让我们先看看这个词的含义。

什么是希望之心?

目前,希望是一个热门话题。美国近期的畅销书排行榜上有三本书是关于希望或相关话题的。在其中一本书《解析希望:人们如何战胜疾病》(*The Onatomy of Hope: How People Prevail in the Face of Illness*)中,哈佛大学的杰尔姆·古柏曼(Jerome Groopman)教授向我们展示了希望之心是如何帮助病人战胜癌症的，或者即使是无法治愈，也能使他们在生命中最后的日子里依然保持尊严和爱心。[3] 希望的各个方面，尤其是幸福和快乐的感觉以及能够控制自己命运的感觉，能激发重塑，就像我们在第四章中解释的那样。当我们心怀希望时，无论是情绪还是生理上都有更强的韧性，使我们在精神上和生理上都能应对挑战。[4]

希望之心是这样激活我们的自我重塑的：当则克哈里夫人，也许是在跟一位学生家长的电话交谈或者是在安慰一个灰心的教师时，她瞥了一眼贴在墙上的愿景，这就让她回想起了自己的梦想。这一回想瞬间所产生的感觉会激活大脑的另外一部分，这一部分与她正在讨论的问题所激活的部分完全不同。而这就会激活自我重塑。首先，她的身体开始复位。脸上露出了微笑，对未来的信心也浮上心头。身体开始变得有活力，驱使她工作的激情也会被重新点燃。与此同时，与她打交道的另一方也能感觉到她的情绪变化，也开始变得更加冷静，更加开明，更愿意与她一起来解决问题。[5]

的确，研究已经表明，希望之心能够激发人的其他积极情绪，使其产生更积极的想法，具备更优秀的应对能力，以及出现更少的抑郁情绪——即使是那些患有严重生理疾病（比如脊髓病的人）也不例外。来看看另外一个例子：火灾中幸存的青少年，如果满怀希望，就会对自己与他人表现出更少的伤害行为，会与护理人员及朋友有更积极的互动。[6] 希望之心同样也被证明可以帮助大学生取得更高的分数，也能解释大学生运动员 56% 的实际比赛成绩。[7]

越来越多的文献开始关注积极情绪对行为的影响，包括我们如何有效地思考和推理，我们如何与他人打交道，以及我们能够做什么，以上的例子只是其中的很小一部分。[8] 特别要指出的是，积极的情绪会影响我们的开明程度和认知灵活性、问题解决能力、同理心、寻求多样化的意愿以及坚持不懈的程度。[9]

第七章

但是准确地说,究竟什么是希望之心呢?[10] 社会科学给"希望"下了一个定义,而且这一定义超越了哲学对人类本质和美德的理解。C. R. 斯奈德(C. R. Snyder)和他的同事,提出了一个非常清晰的理论,他们认为充满希望的想法是清楚阐述的目标,相信能达到目标,制定了行动过程或者路径,在达到目标的同时还能体验到幸福感等一系列因素的组合。[11]

当我们体验到希望,我们就会因为可实现的未来而感到兴高采烈。[12] 希望之心是对未来会是什么样以及如何实现有清晰的思考时伴随出现的一种情绪状态。[13] 所以,则克哈里夫人不仅仅会经常感到兴奋,感到幸福,她还知道这个祖鲁社区的孩子们可以在学校中学习,受教育与不受教育会给他们带来完全不同的未来。她对未来非常乐观,坚信她和这个社区一定能够实现这个梦想,而且她自己也一直在不断努力把种种构想变为现实。这就是为什么,像则克哈里夫人这样心怀希望的领导者能够创造和谐的关系,也能营造一个令人振奋的组织氛围的原因。

但是到底该如何培养能够激发自我重塑,并最终维持和谐的希望之心呢?在与那些每天都强调希望的力量的领导者共事的过程中,我们发现了三条重要经验:

> 领导者必须要有梦想和志向,但也必须与周围的人保持联系。这能帮助他们形成所期盼的未来的蓝图。
> 领导者必须要乐观,相信自己有能力领导变革。
> 领导者必须把所期盼的未来看做是现实的、可行的。

拥有梦想

奥利·埃纳·比昂达伦(Ole Einar Bjoerndalen)是挪威的越野滑雪射

击两项运动的运动员,他在2002年的冬奥会中,获得了个人职业生涯中的第四枚金牌。滑雪射击是极限运动:运动员先要完成7.5公里的滑雪,然后停下来用步枪射击55米以外的一个小目标,再重新背上步枪,继续滑7.5公里,到达下一个目标。而且这一切都要求在一定海拔的高山上进行,那里空气稀薄,连呼吸都很困难,要进行高强度运动就更是难上加难。然而,奥利却成了第一个获得这个赛事大满贯的运动员——而且是在滑降过程中摔倒,并且有三枪脱靶的情况下赢得这个比赛的。

在他取得这一系列的胜利之前,如果以奥运标准来衡量,奥利只能算是个优秀的运动员,但并不是一位卓越的运动员。那么是什么使他从优秀走向了卓越呢?是积极的思考。他的教练曾经是一名吸尘器销售员,他开发了一些激励自己和其他销售人员的方法和技巧。他们积极地想象自己与潜在的客户谈话。即使这个方法一开始并不奏效,但是他们依然坚持,并且相信下一次的沟通将会促成销售。正是同样的技巧帮助奥利准确地预见了自己的胜利,并且坚信胜利是属于他的,即使是在摔倒的时候。[14]

的确,许多世界级的运动员都曾运用过想象和积极思考。他们花大量的时间在头脑中想象他们的动作细节,并且用希望之心激发自己去取得胜利。[15]

我们在生活中也可以运用这种想象来培育希望之心。[16]除了可以触发警醒之心和自我重塑之感外,这样的锻炼还可以引导我们的决策和未来的行动。关键是这种想象要在你的内心形成一个对未来的具体、清晰的构想——一个能鼓舞你,并且你坚信能实现的构想。这些构想很自然地就会让你认识到工作的意义与使命感。在你想着所期盼的未来时产生的积极情绪实际上是你行为的强大驱动力。让我们来看看这个过程是怎么起作用的。

第七章

拥有梦想的效应:积极和消极的感情诱因

在2000年3月举行的亚当·恩格尔(Adam Engle)思想和生命协会的年会上,我们的朋友兼同事丹尼尔·戈尔曼(Daniel Golemon)有幸成为佛教徒与西方学者及哲学家之间对话的主持人。[17]这次会议的一项成果就是《破坏性情绪》(Destractive Emotions)一书,我们认为这本书是到目前为止对于科学、哲学以及精神情感方面最好的概括总结之一。[18]西方哲学同佛教的思想尽管很明显存在很大的分歧,然而它们在对情绪的力量及其对个人行为、组织和社会的影响的评价却是出奇地相似。具体来讲,它们都认为,破坏性情绪(比如仇恨、贪婪、嫉妒等)不仅对怀有这些情绪的人会产生消极的心理和生理影响,还会破坏他们的人际关系,导致不和谐。[19]

另一方面,积极的情绪,比如同情、自信以及慷慨,对于神经机能、幸福感、生理健康和个人的人际关系有着毋庸置疑的建设性影响。希望之心——许多积极情绪的综合体——对我们自身以及我们的人际关系大有帮助。另外,正如我们在第五章中探讨过的,希望之心是实现个人有意识转变的关键因素——在形成理想自我和个人愿景过程中的一个核心要素。因此,希望之心是我们个人发展的一个必要基础。[20]

希望之心就像一块磁铁——在复杂理论中有一个专门的术语叫"诱因"。[21]正如兴奋、欢乐、自豪和幸福等积极情绪一样,希望之心对我们的大脑和荷尔蒙都有着积极影响。它影响着我们对周围世界的感知和看法,使我们能够更积极地看事情。通过这种方式,这一诱因能够引发一系列的自我更新,或者自我管理机制。作为积极的情绪诱因,希望之心能够让你评估自己的优势,构思你的梦想和你所期盼的未来愿景。这类深入的思考能够让你放慢呼吸,降低血压,增强免疫力,激活你的自主神经系统。你也就会感觉到冷静、自豪、幸福、高兴和乐观。你会精神抖擞地应对今后要面临的挑战,充分发挥你的优势,把你的梦想变为现实。

相反,如果你激起的是消极的情绪诱因,比如嫉妒、憎恨,你就会把注意力放在自己的缺点上,心里只有恐惧和对现实的曲解(悲观的认识),或者沉湎于过去的事情,尤其是失败的经历。那样的话,你会感觉紧张、焦虑、沮丧、愤世嫉俗,心里充满了绝望。你的交感神经系统开始活跃——血压随之升高,同时呼吸加快。你的面部肌肉也开始紧绷。你的身体已经为即将发生的威胁或者伤害做好了准备,而你这样做的结果就是会感受到压力。换句话说,你已经做好了保护自己的准备,准备抵抗或者逃避,这时大量的血液会流向大肌肉群并且关闭那些无关紧要的神经循环,正如第三章和附录 A 中所说的那样。

在工作中,压力反应通常表现出的是粗暴无礼地对待别人,很少为别人着想,"迅速解决问题"的决策方式,以及玩世不恭。玩世不恭是消极情绪和不和谐最具破坏性的表现之一。它使人们仅仅关注个人、团队或者组织最严重的问题,而很少或者根本没有意识到个人应该承担推动积极转变的责任。玩世不恭能够自我延续,产生沮丧、失望,甚至绝望,而这些又会引发更强的玩世不恭感。在这种状况下,一个人几乎很难向建设性的未来愿景迈进。

憎恨之类的消极的情绪诱因会使你把所有的精力都集中在已经出现问题的事情上。你曾经想过为什么减肥这么难吗?我们相信这是因为"减肥"这一概念被大家认为是一个消极目标,这就会引起我们的防御、压力以及交感神经活动。因此,消极的情绪诱因使你为了错误的原因付出了太多的努力,可能实际上会使你偏离了你所期盼的未来。然而,如果你被激励去让自己显示充满活力的感觉,并且样子很好看——减肥成为这一目标的一部分——那么你的自主神经系统就开始启动,为你的行动提供能量。

第七章

但是,在人们努力改变自己或者帮助他人时,许多人会把焦点放在缺点上。他们想要诊断并解决问题。这是一个常见的错误。一旦人们固执地关注自己的缺点,他们就会被消极的情绪诱因所牵绊,很难再去想象积极的结果,而且更难实现这种结果。

在组织中,关注消极因素是很常见的,许多领导者总是在制造并延续着消极的情绪诱因。他们担心自己的差距和不足:没有实现季度目标、资源稀缺、人事问题以及无数其他的问题。他们坚持认为自己需要把注意力放在这些事情上。他们拒绝把自己的注意力转向环境中更有希望的方面,因为他们觉得那不太现实。

你对待他人的方式也能反映出你被哪种情绪诱因所驱使。如果是消极的情绪诱因,你可能会陷入期望的消极旋涡,IMD的琼·弗朗索瓦·曼佐尼(Jean Francois Manzoni)把它称为"制造失败"综合征。你认为一个人失败了,就会重点对他进行监控。在这个严密监督的过程中,你会使他感到威胁和压力。他可能会犯错,也可能会表现得还不错,但是你却只会看到他表现不佳的一面。到这个时候,谁也无法扭转这种期望和绩效螺旋式下降的趋势。[22]

另一方面,诸如希望之心之类的积极的情绪诱因能够使你朝着自己的志向前进,同时也能使你自己、周围的人以及你所在的组织以开明的方式对待新的可能性。在则克哈里夫人和比昂达伦的案例中,你可以看到领导者是如何通过关注周围人的长处而不是他们的短处,来激发大家的变革热情的。

事实上,为了持续改变自己的习惯和行为,我们需要从积极的情绪诱因开始。正是由于积极的情绪产生的能量,我们才能稳步前进,不会陷入消极的情绪诱因。一个传递着希望和积极情绪的领导者能够激发员工的活力和创造力,进而帮助员工解决在绩效方面遇到的问题。这是因为当一个人体验到希望和兴奋的强大驱动力时——当然也是在合理的怀疑和顾虑有了坚实的基础之后——能量就会被释放到一个积极的方向上,而不会转变为自我保护。在积极的情绪诱因与消极的情绪诱因之间的来回变动为我们获得持续不断的能量、对方向与计划进行合理的调整提供了保障。但是,要实现有意识的个人转变,我们需要将更多的时间花在积极的情绪诱因上。

也许一个对创造积极、充满希望、和谐的氛围最普遍的反对意见就是,领导者每天必须要处理很多不愉快的状况,所以不会在任何一种状况下能够让每一个人都感觉很好。每一件事情都会让人感觉很好,这样去想是不现实的;因此,许多领导者都不愿意处理在这些不愉快情形中出现的复杂的情绪问题,而直接把这些"软性环境"抛在一边。正如第六章中提到的,他们只关注结果,于是就很容易滑向失察的状态。当他们不得不处理一些常见的棘手的问题(比如裁员或者因为某个人的工作绩效太差而开除他)时,他们就会深吸一口气,然后尽可能地忽略在情绪领域产生的困扰。换句话说,他们自动地选择了消极的情绪诱因。我们的观点是:神经生理学、心理学、社会学和管理学方面的研究都清楚而确定地显示,恰恰只有去处理这些"软性环境"——而不是维持消极的导向和关注点——才能导致积极的期望、积极的情感和希望之心,才会富有想象力并达到目标。[23]

比如,让我们来看一个医生和他的家庭的例子,他们的生活曾经发生过意外的急剧变化,让我们看看他们是如何借助希望之心的力量尤其是未来生动清晰的梦想来取得相当积极的结果的。

格侬博士和他的梦想

当马哈茂德·格侬(Mahmoud Ghannoum)博士带着全家人从科威特到英国度假时,他根本就没有意识到自己的生活将会发生戏剧性的转

第七章

变。在一个清晨,他的大儿子叫醒了马哈茂德和他的妻子。"你们绝对不会相信刚刚发生的事情!"他说。打开电视,马哈茂德发现萨达姆·侯赛因的军队刚刚占领了科威特。当播音员反复播报着这条新闻时,他心中的怀疑和震惊逐渐散去,他接受了这一事实:"我的天啊!"他想,"我的工作、大学……我全部的生活都完了。"

马哈茂德最近刚刚荣升为科威特大学的微生物生理学教授。他的妻子是公共建设工程总设计师的助理。他们有三个孩子——最小的只有四个月大。马哈茂德告诉我们当时的他心乱如麻,不知所措。显然他们全家度假结束后将无法回家了。他的孩子们需要上学:未来会怎么样?他们大部分的财产都没有了:他们将怎么生活?他们的工作也丢了:他们去哪里赚钱?他们能住在哪里?

在接下来的两天里,随着疑虑的消散和对现实的接受,马哈茂德和他的妻子作出了一个明智的决定:与其怀念过去,哀悼他们的损失,还不如直面现实,关注未来。他们还有希望。至少他们在英国是安全的。他们都是优秀的专业人才,他们发誓要重建自己的美好生活。

马哈茂德有另外一个想法。他想起了他和妻子很久以来的一个梦想:在美国生活、工作。他告诉妻子,也许现在是时候让这个梦想成真了。毕竟,他们真的已经失去了所有的东西。马哈茂德和妻子开始讨论他们曾经的梦想,回忆过去憧憬的关于未来的细节,他们慢慢地对自己未来的生活形成了新的愿景规划。

他们的梦想帮助他们度过了战事开始最艰难的前两个月。为了给自己充分的时间决定今后做什么,他们想尽各种办法先把自己和孩子们安顿好。在两个星期之内,他们让两个孩子进了一所英国学校。马哈茂德也在一个当地的学校找到了一份兼职的教学工作,以便有灵活的时间来考虑未来该怎么办。他到图书馆尽可能多地搜集自己过去发表的文章。这是他第一次在新的、不同文化背景下写简历找工作。他与圈内的学者们联系,他的妻子也在做临时工的同时,积极与亲戚朋友们联系。他们的联系很快就有了结果:马哈茂德被邀请到华盛顿特区的一次会议上做演讲。他和妻子开始感觉到有实现心中梦想的可能了,尽管是那场灾难迫使他们这么做的。马哈茂德的情商让他能够了解妻子的感受,使他们能够一起讨论、共同规划家庭的未来。应该说,是他们俩彼此给了对方以希望。

在华盛顿期间,马哈茂德拜会了传染病研究学会的下一任主席,当时,他还是美国国立卫生研究院一个重大项目的负责人。在听取了马哈茂德的故事和他对未来的希望后,这位主席给了他一间办公室和他的Rolodex(英文商用名片卡)。他告诉马哈茂德下周在华盛顿有另一个重要会议,建议他抓住这样一个认识其他学者的好机会。马哈茂德没有足够的钱待在美国,他只好冒险向朋友们打电话求助。他们马上给了他回复,邀请他住在他们家里,甚至帮助他投递简历。

马哈茂德亲切的笑容和随和的态度与这个领域大多数学者的严肃木讷截然不同。认识他的人都很愿意跟他在一起,遇见他的人也都很愿意帮助他。在第二次会议结束时,有两个机构愿意为马哈茂德提供从事全职教学与研究的工作机会。在跟妻子商量之后,他选择了在加州大学洛杉矶分校工作。

马哈茂德和妻子的激情、投入和希望之心,为他们带来了激动人心的新生活。他们的唤醒呼叫是很明显的,也是不可避免的。但即使是这样,他们原本也可以简单地选择一个不那么积极的未来,或者沉浸在过去的悲痛中,并设法返回科威特,而不是振奋精神去实现一个长久以来的梦想。然而,他们有意识地控制好生活巨变带来的压力,着眼于未来、孩子和家庭和谐。在这整个过程中,他们相互坦诚以待,相互关心,细心地呵护珍贵的亲情。他们经常深入地交流,以便了解对方的想法。他们之间的亲密关系帮助他们度过了这段情绪困惑时期,战胜了这个转变过

第七章

程中面临的实际挑战。由始至终,他们的希望之心和怜惜之心都具有强烈的感染力,无论什么时候他们需要帮助,都能得到朋友和同事们的热情回应。

自从马哈茂德来到美国以后,他的事业开始蓬勃发展。现在,他已经在克里夫兰医科大学的医疗真菌学研究中心担任主任,也是凯斯西储大学(Case Western Reserve University)的教授。他的愿景是把该中心发展成为他的专业——真菌学领域最前沿的研究中心。他的同事们也感受、分享着他对未来的热情和激情。他与实验室的同事、该领域的学者以及赞助商都建立了和谐关系,这种能力也使他对自己的工作充满了激情,对研究中心的发展充满了信心。他已经发表了数百篇文章,出版了五本书,并在2004年被百时美施贵宝公司授予杰出成就奖。

从他在专业领域方面的影响来说,马哈茂德的成就甚至已经超越了他自己原来的规划,他也相信如果他仍留在科威特就不会取得现在的成就。他和妻子的和谐关系也将继续成为他们俩幸福生活的源泉,他们的孩子们也逐渐成长为优秀的年轻人。

即使是坏消息也能激发梦想

很明显,对于马哈茂德来说,得知自己的祖国被侵略是个典型的坏消息。让我们再看看另一个例子,另一个不同类型的坏消息——公司的不良业绩——是怎样考验人们的希望之心的。

当公司的业绩很差的时候,你怎样激励组织中的希望之心呢?或者,更准确地说,当组织中的问题已经累积到一定程度,短期之内也不会有结果时,你会不会用自己宝贵的时间和精力来创造一个和谐的环境?在和许多经理人的谈话中,当我们提出要在困难时期刺激大家的积极情绪的时候,我们听到的是长篇大论的反对意见。在这种情况下,许多经理人主张优先考虑公司的业务发展,稍后有时间再考虑这些软环境(比如创建和谐)。这时,他们往往会想起"链锯阿尔"(Chainsaw Al)邓拉普与其他类似的"专家"所经常采用的手段,包括裁员、削减成本以及为组织制定新的规章制度等。这些没有激活和谐的领导者们可能会说,当我们有很多艰难的工作要做时,就算只是对创建和谐表示敬意都是分心与误导。

然而正如我们所看到的,如果工作环境不和谐(这种情况在公司面临困境时经常出现),员工就很难有卓越的表现。因此,当处境最困难的时候,优秀的领导者会想尽办法解决各种问题,设法提高员工的绩效,但是同时也须激活和谐。

索纳伊(Sonae)公司——葡萄牙一个颇具影响力的公司——的创始人贝尔米罗·阿泽维多(Belmiro Azevedo)有一个独特的、鼓舞人心的方法,能够让业绩不佳的关键管理人员离开现任岗位。贝尔米罗是一个富有同情心的人,也是公司的推动者。1984年,他买下了一家小型的、家庭经营的家具公司,而到2001年,这个公司已经成为了葡萄牙最大的非银行业私人雇主。除了原有的家具经营,索纳伊公司的业务已经延伸到大型建筑业和IT咨询业,同时还有旅游业,包括景区、宾馆和水疗等服务。

无论公司的业务是处在高潮还是低谷,员工都为能成为索纳伊公司的一分子而感到兴奋。贝尔米罗对公司发展的激情得到了所有人的理解和认同,而且他们觉得自己就是其中的一部分。我们问他是如何处理公司发展过程中出现的一些不可避免的问题的,比如,一个部门的经理可能在其年营业收入为五百万欧元的时候表现很出色,但是当其年营业收入超过亿元时就开始无法掌控局面,失误连连。

贝尔米罗的回答是什么呢?在员工表现不佳时,他会试图帮助他们的个人发展。"我提供培训、咨询以及教练。"他说。当这些都不管用时

第七章

呢？"如果我发现这些努力都没法帮助这些经理进步或者看不到任何希望时，我会改变策略。"他告诉我们，"在我们每月一次的午餐会上，在讨论过他的部门业务之后，我会问这个经理，'如果你有无限的资金，你会投资当今市场的哪些业务？需要哪些支持？'然后，我会认真地倾听他们的回答。几乎每个人都会提出一到两条对公司发展有益的建议。如果我认为其中的任何一条业务建议确实有道理，在午餐结束的时候，我会向他们提议：如果你能提出一个可行的计划，我愿意批准这一新业务，并提供项目需要的49%的资金作为风险投资。"他笑了笑并补充说："这个方法并不是每次都会奏效，但是你会很惊讶地发现他们经常会提出一些很出色的业务发展计划，然后我们会一起开发这些新项目。同时，我可以很轻松地让另一个经理来接管他的部门。"

贝尔米罗所做的，实际上就是让他的员工有机会去梦想，去期盼，即使他们的绩效不理想也不例外。事实上，他把这当做一种帮助大家走出绩效不佳的境况的方法。这就是贝尔米罗用希望和对未来的激情来重塑他的业务，重塑那些在工作中遇到困难的经理人，也重塑他自己的方式。当然，大多数的领导者不可能在一个新的业务中启用绩效差的经理，但是那些能遵循"用希望来进行重塑"原则的人，往往都会有好的结果。这些领导者能运用他们的创造力——以及情商——激发大家的希望之心，即使在最困难的时候也不例外。

接下来我们来谈通过描绘愿景和梦想来激励希望之心的最后一点。个人愿景——个人对未来的希望和梦想——是个人转变的强大驱动力，但这还不足以激发集体的转变。和谐领导者超越了个人层面——他们能在更大的、整个组织的集体层面上描绘积极的愿景，激发希望之心。

集体层面的梦想：当"愿景"不在时

　　你的个人愿景与你对未来的梦想在很大程度上是一致的。你内心的信念、价值观和哲学观都是你个人愿景的一部分。这一愿景对你来说很有意义，能够激活你的希望之心：它鞭策着你前进。同样，组织中的希望也是要通过愿景和价值观来实现的。

　　我们这里所说的并不是海报上或者宣传品中所赞美的"愿景"。对大多数人来说，它们所鼓吹的事情没有什么现实意义，因为它们并没有得到组织成员的普遍认同，都是一些陈词滥调、毫无激励性可言的目标，或者是诸如"做到最好"之类的模糊的期望。这类愿景并不能让大家想起组织的集体梦想是什么。一个得到大家广泛认同的愿景应该能够发挥巨大的激励作用，使组织充满希望，并能取得成功。正是这样的愿景才能结束个人忙碌混乱的工作状态，使你重新找回自己的目标，使你的身体得到自我重塑。还记得则克哈里夫人吗？她的学校的愿景，像其他真实的集体愿景一样，是一个被大家认同与共享的价值观、梦想、期盼和希望。开始的时候，这个愿景还只是则克哈里夫人个人的愿景，但很快就发展成了老师们和整个社区所有人的共同愿景。一个大家认同的愿景会为我们阐释每天辛苦工作的意义。

　　然而，常见的是，组织愿景陈述听起来就像是销售部门或者公关部门拼凑起来的一个东西。下面这个故事就是这种情况，让我们看看这一问题是怎样解决的。沙隆·牛顿（Schalon Newton）曾经是企业高管人员，现在是一位战略咨询顾问，他曾试图帮助一个著名跨国公司的高层领导把愿景传递到整个公司的每一个角落。但是这一计划却显得苍白无力，缺乏激情与活力。沙隆想，为什么会这样呢？为什么没有人对公司的愿景表现出一点点兴致？为什么很难把公司的愿景传递到各个角

第七章

落呢？后来，他从与公司经理及其他员工的交谈中了解到，他们认为这个愿景的陈述太单调、枯燥。尽管与他谈论的高管人员认可这一愿景，但是整个公司却没有人觉得这个愿景生动、活灵活现。到底是哪里出了问题呢？

沙隆决定向员工了解更多的实际情况。他问高管人员，这样认为是否是合理的：他们的下属希望他们理解这一愿景，为之而努力奋斗，并将其反映在他们的行动上？他们回答"是的"。沙隆决定试试，看看他们实际上有多了解这个愿景所包含的内容。

他从这个愿景陈述中提取了三十多个词语，再加上一些从更长的使命陈述中挑选出来的词，以及从其他公司的使命陈述中挑选出的常见的字眼。然后，他把每个词语都写在一张单独的卡片上。他把这些卡片分发给九位经理，给他们15分钟时间来把这些词语组合成他们实际的愿景陈述。

10分钟过去了，他们对于应该包括哪些词语或者正确的顺序还没有达成一个一致的意见，于是他给了他们一些提示——他帮助他们把其中几个词语放在正确的位置上，剩下的交给他们来完成。又过了10分钟，还是只有十个词放对了地方，这些经理都沮丧地坐着，感到有点惭愧，于是他们准备重新讨论怎样才能创造一个生动的、鼓舞人心的愿景。

沙隆的观点很简单，但是却很关键：如果你自己都不能很清楚地表达出你的愿景，怎么可能用这一愿景去激励其他人呢？要想感受到愿景所激发的激情和希望，你必须清楚地知道，愿景应该是不需要反复阅读就能记住的东西，而不应该仅仅是贴在墙上的海报。只有这样，领导者才能用一个大家都认同的梦想来激活组织全体成员的希望之心。只有这样，集体愿景才能更好地为重塑领导者服务，并使他们身边的每一个人都再次振奋起来。

相信梦想：乐观和效能

本章到目前为止，我们已经讨论了培育希望之心，并最终实现自我重塑和可持续和谐的第一步——形成愿景和梦想。那么下一步是什么呢？你必须相信你的梦想。我们认为，希望之心的形成部分是因为我们相信我们的梦想，以及我们所描绘的未来蓝图是可以实现的。而我们的乐观精神对这个信念有很大的影响。马丁·塞利格曼（Martin Seligman）是宾夕法尼亚大学的教授，他一生致力于乐观的研究。他认为乐观一部分是先天的特质，另一部分则是后天习得的。因为乐观和悲观都有部分是先天特质——我们生来就带有乐观或者悲观的倾向——所以它们被认为是人格的一部分，体现在日常生活中的所有状况之中。从这个方面看，它们和情绪不一样，因为情绪是易逝的，不是人格的组成部分。

特质也是长期稳定的——它们是我们在任何特定情况下情绪或者体验的基础。比如，我们称之为乐观的特质是我们内心的一种根本性状态，它使我们更有可能把我们遇到的问题理解成是暂时的，可以解决的。相反，悲观使我们把同样的问题理解成是长期存在的，是不可能解决的。但是乐观和悲观不仅仅是由遗传决定的相对稳定的特质，它们也是我们的经历和学习的结果。[25]

乐观是我们看待生活的一种方式。我们都认识一些在大多数情况下都会看到"半满的水杯"的人。也许你就是这样一个人。这种乐观的态度影响着我们的感受以及我们对发生在自己和周围人身上的一些事情的看法。乐观的人往往相信会有好事情发生，而当出现了不好的状况，他们也认为这种状况很快就会得到改善。[26]

有趣的是，有些特殊的领导行为与乐观联系在一起。比如，寻求机会，努力克服困难实现目标，或者公开表明期望他人有最好的表现。[27]这

第七章

些行为对情商至关重要,而且乐观的人会生活得更快乐,更有活力,工作效率更高;他们的寿命更长,即使得病也能更快地恢复健康;他们更有可能创造和谐,领导效果更卓越。[28]此外,乐观能够使人产生幸福感,进而对自我重塑做出贡献,能帮助领导者应对挑战,战胜工作带来的挫败感。

但是,如果乐观在很大程度上是你个性中的稳定的一部分和你过去所有经历的结果,那么那些不乐观的人该怎么办呢?他们有机会通过培育希望之心来重塑自己和身边的人,进而成为和谐的、高情商的领导者吗?也许对于期望(它可以被有意识地改变)的研究能够帮助我们找到一些答案。

医学和社会学领域的许多研究已经表明,如果人们相信某些事情会发生,无论这些事情在现实中是否应该发生,这些事情通常都会发生。比如,在一个名声不怎么样的研究中,在开学前,老师就拿到了对新生的介绍,包括对他们的智商、求知欲和其他特征的评估。这些老师被告知其中的一些学生的潜力很大。果然在学期结束的时候他们的表现正如所预测的那样,超过了其他同学。为什么这个结果这么令人诧异?因为"学生是否有潜力"是随机决定的,而与他们的实际能力毫不相关。[29]在2004年美国有线新闻网的一个关于美国教育的特别电视节目中也提到:黑人学生和白人学生在学术方面所表现出来的差异也是由同样的原因造成的。[30]当然,两组学生的智商和能力是没有区别的,但是黑人学生在标准化考试和其他学术成就测试上的得分相对来说都较低。[31]虽然这种差异的一部分是由诸如学校资源分配之类的因素造成的,但是自我实现预言的教训也是很明显的:期望真的可以影响结果。[32]

我认为我行

但是到底是什么把希望和实现预期目标的能力联系在一起的呢?几个世纪以来,决心和人的意志这些话题吸引了众多哲学家和宗教学者的关注,包括亚里士多德、托马斯·阿奎奈、穆罕默德、斯宾诺莎、威廉·詹姆斯等。[33]今天,社会学家研究"自我效能":对自己能做什么,能影响什么,能控制什么的一种感觉。[34]许多心理学家都认为自我效能是对人实际上将做什么,以及他们在完成目标时会有多成功最重要的预测因素之一。

如同乐观和悲观,自我效能也被认为是遗传因素、习得行为及生活方式共同作用的结果。[35]这些关于个人基本能力的观念集合是可以通过个人的努力、他人的行为和想法,以及个人生活中遇到的成功或失败来改变的。[36]相信你能控制自己的命运对决定你的态度,决定你对未来的期望——充满希望或是绝望——和你的行为,都是一个重要的因素。

所以,自我效能是希望之心的一个重要补充——相信一个可能的结果加上相信个人有影响结果的能力确实能影响客观现实和最后的结果。把信念、自我效能和希望之心联系起来并不是只靠个人努力就能实现的。由于光靠个人的能力能做到的事情十分有限,特别是在当今日益复杂的环境中,我们可以认为,不管一个人有多优秀,多强大,多有才能,可以说没有一件事情是仅靠他个人的力量就能完成的。

因此,除了自我效能,我们还需要培育集体效能——认为团体(家庭、团队、组织、国家)成员能够联合起来,共同影响与控制事情的信念。[37]2005年初,发生在南亚的事件就印证了这一结论。在发生了灾难性的地震和海啸之后,数以万计的人失去了所有的东西。但是所有的国家和社会团体都怀着希望之心走到一起来了,他们有共同的信念,坚信他们有能力重建家园。同样,保护能源,减少使用燃煤,保护热带雨林,以及保护野生动物的自然栖息地等方面的全球运动,都在很大程度上受到了集体信念的驱使。我们坚信通过自己的努力,可以创造更健康的地球,将来可以把良好的自然环境传给我们的子子孙孙。

当谈到效能及其与希望的联系的时候,我们不能不提到宗教信仰或精神寄托。全世界的人都把希望、自我效能和集体效能与神明联系在一

第七章

起，认为存在超强的能力、宇宙的力量或者上帝的指引。[38]人类已经证实灵性与宗教是社会发展的主要驱动力。[39]虽然会有可能导致许多冲突，但是很多人通过灵修练习找到了希望。科学家们正在研究祈祷对人的大脑、感情和健康的影响。[40]总的来说，那些经常进行宗教和精神活动的人往往血压更低，免疫系统功能更好，压力更小，并拥有不同的神经系统模式以及其他积极的生理反应。[41]我们猜想有些人通过祈祷或者诸如冥想之类的练习来进行自我重塑，这点我们已经在第六章中讨论过了。

希望会不会带来伤害？

我们在这里讨论的大部分问题都在强调我们的一个观点，那就是乐观和效能——相信梦想，自信梦想和愿景会实现，自信你可以做一些事情使梦想实现——是培养希望之心的关键。那么运用不当的希望会不会变成幻想呢？也有人针对激励个人和组织的乐观和希望之心提出了一些反对意见。[42]这些意见认为，只着眼于积极的结果，对任何事情都持乐观态度，我们就会忽略现实生活的另一面——那些需要我们关注的威胁、问题及其他情况。一些人认为，当这种情况发生的时候，人们可能会高估他们自己或者他们组织的能力，以"可能发生的情况"而不是"实际情况"作为决策的基础，并可能因为考虑不周而给自己带来风险。

有趣的是，研究结果并不支持这个假设。目前针对个人和团队的研究表明：由于我们的确希望尽可能准确地预测将来，所以我们会制止一些妄想。[43]由于我们想要了解现在正在发生的事情，并尽我们最大的能力去预测将会发生什么事情，所以我们会搜集各方面的信息、反馈和知识来帮助了解真实的情况。

我们认为，积极的情绪和希望并不会成为幻想——他们只会增强我们处理目前实际问题的能力，同时激发我们的才能为未来而奋斗。

希望之心

但是,不可否认,一些领导者和一些社区滥用希望,通常是出于私心。从整个人类历史来看,我们发现很多社区和领导者用希望来蒙蔽那些被他们压迫的人,使自己能够继续压制或者利用他们。希望被当做是止痛剂和麻醉剂,使他们对于现实状况变得麻木。诺贝尔奖获得者伊利·威塞尔(Elie Wiesel)——一个集中营的幸存者——是这样总结滥用希望的,"我的希望不应该成为他人的梦魇。"[44]

然而很清楚的是,作为领导者,我们也需要问问我们自己为什么想要激活希望之心:为了更好的产品,还是更多的个人利益?这种区别也是和谐领导者和煽动家的典型区别,关于这一点我们在《原发领导力》一书中进行过详细讨论。[45]

许多喜欢玩弄手段的领导者,甚至是有魅力的领导者,可能会创造妄想的希望。这是因为他们在激起希望时是以消极的情绪而不是积极的情绪为基础的。这些领导者通常会操纵其他人,让他们觉得自己在做正确的事情,实际上他们却在毁坏着其他人的生活——这正是威塞尔博士所说的其他人的梦魇。要成为一个和谐领导者,我们自己感受到的希望与在他人身上所激发的希望应该能彼此增强,而不应该破坏别人的希望。这是一个优秀领导者更大责任的一部分。

把梦想视为可行的

正如我们已经看到的,如果我们坚信某件事情可能发生,那么事情的发展结果往往也就会如此,无论你期望的是好的结果还是坏的结果,都将如此。但是除了最基本的乐观,我们还要相信自己的能力能够改变结果,我们的愿景必须是现实的而不是幻想,而且我们必须知道怎样去实现自己的梦想。培养能够实现自我重塑的希望之心的最后一步是要把希望视为可行的。也就是说,一个人觉得有希望的梦想或蓝图必须是

第七章

有可能实现的。如果我们的梦想遥不可及，我们就不会感觉到希望，因此也就不可能体验到重塑过程所带来的好处。

当领导者在处理组织所面临的危机（比如，召回一款主要产品，或者产品、服务的需求陡降）时，认识到可行的希望这一概念就显得更为重要。在这种情况下，领导者仍采用和过去一样的行为是不够的。危机会带来威胁和恐惧，从而让人产生压力。极度的危机会导致极度的压力。而极度的威胁与权力压力的结合又经常会导致出现长期压力的很多生理和心理症状，最终导致那些受到危机困扰的人患上付出综合征。在这类令人难以忍受的时期，人们往往会向他人寻求帮助或者找人倾诉自己的苦衷。[46]

在危机中，一个积极冷静的领导者的出现能让人觉得特别放心、踏实。同样，在面对危机或压力时所展现出来的勇气也可以为他人树立榜样，并激发他人的勇气。这就是运用积极情绪的感染力的内涵；这恰好也是美国运通（American Express）的总裁兼 CEO 肯尼思·谢诺尔特（Kenneth Chenault）在世贸中心被炸后、整个行业处于困难时期时的做法。[47]

在 2001 年 9 月 11 日这个灾难性的早晨，肯尼思·谢诺尔特恰好在盐湖城的子公司访问。他正在和纽约总部的一位同事通电话，突然，电话中断了。一架飞机撞上了世贸双塔中的一座，与美国运通的公司总部只有一街之隔。谢诺尔特要求大家转移到安全的地方，他命令 4 000 多名员工立即疏散。[48]

虽然肯尼思·谢诺尔特接任总裁的位置才几个月，但是他已经因为他的领导才能受到极大的赞誉了。[49]道格·莱尼克（Doug Lennick），当时是一个创意公司的高级副总裁，目前为高管人员著书立说。他告诉我们，谢诺尔特一回到纽约就马上投入到紧张的工作之中，没有浪费一点时间。他把员工分散到六个地方办公，并在每个地方都为自己配备了办公室。他在每个办公区域都会停留几天，巡视工作状况，亲自了解员工的情况。在 9 月 20 号，他在纽约的派拉蒙大剧院（Paramount Theatre）组织了美国运通 5 000 多名员工的全体大会。虽然很多人都担心会议的时间和选址是否合适,他却觉得必须这么做。在会上,肯尼思·谢诺尔特表达了他的失望、伤心和愤怒并拥抱那些感到害怕的员工。他说:"我代表着世界上最优秀的公司和最优秀的人。你们是我力量的源泉,我爱你们!"[50]

通过沟通,他在这样一个充满不确定性的时期唤醒了大家的希望之心。然而在这种悲剧性时期,仅仅给大家无凭的承诺或者是听起来很虚伪的陈词滥调是远远不够的,他还向大家保证他让大家看到的希望是可行的、现实的。所以除了表现自己的真实想法、了解员工的感受外,他还做了很多实事:他认识到仅靠自己个人的能力已经不能满足员工的需求了。这就是为什么他安排公司提供一系列的咨询服务,以保证员工的情感需求与心理需求能够得到满足的原因。而且,在世贸双塔倒塌后的混乱时期里,他还确保美国运通能够快速地对客户的要求做出反应。公司免除了一些客户数百万美元的拖欠款,提高了那些真正有需要的人的信用额度,帮助五十多万名持卡人联系包机和包车,或用其他各种各样的创造性方法帮助大家回家。

不幸的是,并不是所有的领导者在极端危机所导致的敏感脆弱期都能唤醒大家的希望之心。事实上,我们听到了一些故事,有的公司领导者在9·11事件之后,把原来的不和谐状态推向了极致,即使这一结局并非他们所愿。尤其是在危机时刻,人们很容易产生极端的情绪,领导者就更容易屈服于权力压力。他们很快就患上了付出综合征,触发了他们的消极情绪,甚至加剧或扩散。

但是肯尼思·谢诺尔特和大家建立了联系,努力把悲伤和震惊转化为行动的动力。他创造了希望。创造并维持整体的积极的情感氛围需要领导者自己处于真实的积极情绪状态。要想激励他人,不管情况有多么艰难,领导者首先必须掌控好自己的情绪,自己必须心存希望。领导者还需要有意或无意地,以语言或者非语言的方式向大家表达和传播自

第七章

己充满希望的状态。在危机时刻,领导者不得不传递大量让人焦虑的信息,承认目前令人难过的情绪现实,同时要让人们相信事情正在朝着积极的方向发展——培育希望,而不是恐惧;培养韧性和克服困难的决心,而不是迷惘困惑或停滞不前。

有一点要注意:一旦短暂的危机结束了,想要再唤醒人们的希望之心将面临惊人的挑战。很奇怪的是,一旦某个组织度过了危机,人们通常会觉得失落,并变得委靡不振。由于缺乏威胁和对未来充满希望的憧憬,能量水平很快下降,大家反而会怀念起过去境况艰难、所有人都团结在一起迎接挑战实现梦想的"好日子"。当然,他们渴望的是友情,以及清晰、明确的简单目标:生存!一些高管人员发现有一种情况下组织很容易走下坡路:当组织没有面临一个激励性的危机状况时,他们很难让员工有高昂的斗志,形成共同的愿景,并为组织的未来找到有说服力的理由。在这种情况下,发展和培育一个共同的愿景和希望就变得至关重要。这是一个比制造紧迫感更加积极有效的选择。把愿景和希望,而不是把真实或者人为的危机作为组织的推动力,能起到更强有力的激励效果,而不会出现由压力和防御对学习、创新、适应造成的诸多负面效应。

同警醒之心一样,希望之心也是个人自我重塑的源泉和实现和谐领导的途径。在建立和保持和谐(以及个人重塑)中第三个重要的因素就是感受怜惜之心。在下一章,我们就将分析怜惜之心是如何起作用的。

但首先,我们在这里(以及附录 B)中提供一些练习,这些练习可以激活你的梦想,帮助你体会到自己的希望之心。[51]

练习一:我的希望和梦想

想象 10 年或者 15 年之后,如果你过上了你自己理想中的生活,那么你会坐在哪里看这本书呢？你的周围将会有什么样的人？你周围的环境将会是什么样的？你每天或者每周都会做哪些事情？不要担心你实现理想生活的可行性。在你的心里自由想象这幅画面，记住，要把你自己置身其中。

尝试把你的愿景写下来，或者对着录音机录下来，或者告诉一位可信赖的朋友。当在做这项练习的时候，许多人反映说他们觉得自己的能量被释放出来了，也变得比以前更加乐观。这样构思理想的未来是一种强有力的手段，它可以帮助我们实现生活中的真实的改变。

练习二：在未来的某一时刻我想做什么

在一张纸上画出27行，把所有你这一生想做的，或者想体验的事情都写下来。不要考虑先后顺序，也不要担心能不能实现——只是写下你所想到的任何事情。越具体越好。如果你的想法很多，你可以自由地增加行数。

练习三：如果……我会做什么？

有人告诉你，你已经获得了一笔意想不到的巨额遗产。数量如此巨大以至于你马上意识到你已经有了完全的财务自由。事实上，这笔钱可以使你有机会去做任何事情，拥有你以前认为不可能拥有的东西。那么你的工作和生活将会发生什么样的变化呢？

练习四：寻找主题

回顾以上三个练习的答案。在这些练习中出现了哪些类型的主题模式？你觉得哪些因素是你对未来的梦想中最重要的部分？

第八章　怜惜之心

莱希萨·泰罗尼（Lechesa Tsenoli）是南非一位受人尊敬的议员，他帮助领导南非走出了种族隔离。如今他帮助引领国家向前发展。他杰出的领导能力和对人民的忠诚使他挺过了最艰难的斗争，包括多年来一直努力为所有南非人民争取完全的平等，消灭贫困，抵制艾滋病和艾滋病病毒的扩散。他是一个令人钦佩的领导者（有人说他是个英雄），以犀利的洞察力和自嘲式的幽默而闻名，他的幽默感也使他很容易在短时间内就和群众打成一片。[1]

莱希萨的经历很多而且非常艰难——而他之所以能够成功的一个关键原因就是他的怜惜之心。在早年反抗种族隔离的斗争中，他在最困难也最激动人心的地区工作，要遍访各个镇区，组织青年人关注住房、贫困和社会公平等问题。他和他的助手们深入研究了贫困等一些本来他们不会理解的问题，从与群众的交谈中他们增长了很多智慧。虽然这些群众中的很多人没有接受过正规的教育，每天都在为生存而努力挣扎，莱希萨却发现他们真正地了解当今社会的政治问题，而且在许多情况下他们都很清楚可以采取什么措施来解决这些问题。与群众的接触深深地触动了莱希萨。他在最近的一次谈话中说："任何因为自己的身份等级而产生的一丁点儿的骄傲都因这些经历和体验而荡然无存。"

第八章

在那些非常危险的岁月里,他面临的挑战是去解决一些更大的分歧。他一次又一次地发现,当自己能够看到并体会到他人的感受时,他就能与他们有更深层次的交流,同时也能对当时的情形有更进一步的理解。他发现自己的同理心和怜惜之心在应对极度危机时就显得更为重要,甚至在与敌人打交道时也是如此。

和很多人一样,莱希萨曾因为参与反种族隔离活动于20世纪80年代被拘捕。他告诉我们:"1985年,我结了婚并有了第一个孩子,也是第一次被捕。当我的妻子带着第一个孩子来监狱探望我的时候,有玻璃挡着我们,我的儿子不理解为什么他不能摸摸我。那是我一生中最糟糕的一个夜晚。"在监狱被关押的漫长岁月里,他和那些同样为了自由而战的战友们不知道外面的世界到底在发生着什么样的变化。没有信息,没有交谈,只有被严密监视的家人探视。

在这种情况下,许多人会陷入绝望。但是莱希萨没有。正如他过去从事反种族隔离工作时所做的那样,在押期间,他用自己的怜惜之心和其他人建立了深厚的感情,使他能够忍受牢狱生活——甚至还为他的事业获得了支持。这是怎么实现的呢?通过和看守他的人接触。莱希萨认识到如果说有机会改善他和他的同伴的状况的话,那么唯一的办法就是他必须去了解这些看守。他并不认为所有的看守都是坏人,都丧失了良心和公正。他猜想他们和他都想要同样的东西:美好的生活、安全和幸福的家庭、爱和自由。他对他们很好奇。他和看守们一次又一次地聊起他们的生活、他们的家庭、他们关心的事情。正如他说的,"这使我真正地学到,你绝对不能因为自己有什么样的感觉与假设,就误认为别人也有同样的体会与信仰。你必须去倾听。首先,认真地倾听并真正了解别人的感受,然后再去解释这些感受——这是你必须做的事情"。

莱希萨选择去关注这些狱卒,把他们也当做有感情、有信仰,也会对未来产生不确定感觉,也会有恐惧的人。他选择去理解他们,这样他就能因为了解了别人而体会到积极的情绪感受。虽然有时面对有些看守他会觉得非常愤怒，但是他还是把他们每个人都当做与他人完全不一样的个体来观察。他回忆说："我对这些看守很感兴趣，而且我还有个目标——我们需要信息，而看守们掌握着这些信息。狱中的时间很难熬，尤其对他们这些看守来说就更是如此，所以他们也愿意通过与我们聊天来打发时间。我发现其中的一个看守有个姐姐在黑绶带（Black Sash）组织——一个支持反种族隔离运动的白人妇女组织。他不认同她的做法，但是我可以感觉到在他心底深处是理解我们的立场的。直到那时候，我才真正了解了这个人。我和他像两个平等的人一样接触、交往、谈心。我关心他，他也关心我。"

莱希萨相信是这个看守鼓励其他看守"放松"了对犯人们的监视，这使得这个无情的地方看起来更人性化了。最后，这个看守甘愿违反法律，每天让莱希萨看几个小时报纸。在这段读报的时间内，他和他的同伴会每人拿一部分报纸，阅读并记录摘要。这样到了晚上他们就可以读到当天所有的新闻了。正如莱希萨所说的，"知道外界正在发生什么事情给了我们希望。它拯救了我们"。莱希萨告诉我们，了解外界的情况给了他很大的力量，使他隔着监狱的玻璃窗也能平静地面对妻儿，而不至于彻底崩溃。了解外界的情况也减轻了牢狱之苦给他带来的负面影响。因为他和其他的政治犯都能够通过报纸了解反种族隔离运动的最新动向，分享取得的小胜利所带来的喜悦，所以他们才能够坚持自己心中的理想。

最终，莱希萨得知至少有一个看守把他当做一个平等的人来看了——他也看到这名看守经历了内心痛苦的挣扎——这使得他在漫长的每一天里有了一些积极的情绪体验。是的，这给了他希望，并激发了一些希望之外的东西：那就是他对看守的怜惜之心。

坦白地说，要对一个与自己大不相同的人产生怜惜之心，表达友善

第八章

之意是非常困难的事情。但是正是这种对其他人（在这个例子中是敌人）的关心和关怀使莱希萨和他的战友们经受住了艰苦的牢狱生活。他通过了解看守以及他们的处境来引导他们改变做法，使他们能了解他的经历、他的感受。结果如何呢？莱希萨在最艰难的环境中创造了和谐。

在本书中我们已经花了大量的篇幅来展示，有效的领导者是如何创造出和谐的人际关系的。换句话说，他们非常了解身边的人，往往能够与他们打成一片。和谐领导要求大家彼此之间非常了解。要想和大家保持和谐，你首先要能和他们协调一致，这是比了解他人的心理模式或者对他人有理性的洞察更深一层次的东西。与他人协调一致还包括关心他们——正是关心激发了怜悯之心。你要有好奇心，尊敬他人并有真正的同理心。了解别人，感受怜悯之心还有其他的好处：它能够激发自我重塑。因此怜悯之心是自我重塑的关键，也是中断付出综合征连锁反应的关键。

在本章中，我们将列举更多关于怜悯之心的例子，我们也将探讨在我们的工作与生活中培养怜悯之心的方法。

定义怜悯之心：行动中的同理心

怜悯之心是行动中的同理心和同情心。与周围的人坦诚相待能够使你在遇到困难的时候仍然保持创造力和韧性。同理心让我们能够与他人建立联系。帮助我们把事情做好，应对权力压力和领导职位与生俱来的付出。

为了变得有同理心，我们必须首先对他人及他们的经历和感受感兴趣。很多人天生就具有好奇心——我们只要看看一个健康的四岁小孩儿明亮眼睛中的纯朴状态就知道了。在那个年纪的小孩儿看来，世界是一个令人惊奇的地方,有很多神秘的事情等待我们去探索。不幸的是,随着年龄的增长,我们渐渐失去了用那么清澈的眼睛来看事情和人的能力。在看世界的时候,我们用自己的想法过滤掉了很多东西。沟通双方从对方那里获取信息的能力受到双方"预先判断"的影响而大大降低,所以在沟通过程经常会出现错误的信息传递。更极端的是,人际关系有可能被偏见和思维定式所控制,使得人与人之间传递的信息只有很少一部分是真实的,更不用说真正的联系和了解了。

要想消除所有的"预先判断"是不可能的——我们不可能不带任何假设地生活在这个世界上。然而,有效领导者能够暂时放弃自动的判断,不戴有色眼镜地去了解别人。有效领导者对别人很关心,所以他们希望去了解别人,感受对方的感受,从对方的视角去看周围世界。然后,根据他们所了解到的真实情况采取行动。

我们认为怜惜之心包括三个方面的内容:

> 能够站在对方的角度去理解他人的感受和体会
> 关怀他人
> 愿意根据对他人的感受与体会的了解来采取行动[2]

当一个人拥有了怜惜之心,他并不会设想或者期待对方的回报,或者从对方那里得到同等的对待。怜惜之心意味着无私的奉献。这已经超出了西方哲学或者佛教对于怜惜之心的一般定义;根据它们的观点,怜惜之心往往是指关心并且能够去理解那些处在苦难中的人。我们认为怜惜之心还包括结交他人和帮助他人的欲望,而不管他们是不是身处困难或者病痛之中。其实,我们对于怜惜之心的定义更接近儒家哲学思想:怜惜之心实际上是仁爱、善心等美德的情感表现。[3]

人们经常把同情,也就是为别人感到遗憾和难过,与关心别人、感受

第八章

怜惜之心混淆在一起。出现这种混淆的一个原因在于心理学的一个缺陷：对"亲和需求"的片面认识。几十年来，想要与别人建立亲密关系被认为是试图满足一种需要。对人际关系的这一认识是基于"缺陷模型"——认为人之所以有亲和的需求，是因为目前的生活与理想的生活之间存在差距。弗洛伊德（Freud）和其他学者都是这一观点的支持者。在更深的层次上，这个模型假设：渴望拥有亲密关系是因为害怕或担心被拒绝。即使在今天，一些被广泛用来衡量这种渴望的工具的着眼点仍然是人们如何用它来避免被拒绝，而不是他们所体会或表达的对"非焦虑"的渴望，以及从亲密关系中获得的喜悦。[4]

所以那些"亲和需求"被唤醒的人总是在寻找证据，来证明他们的爱人和朋友是真的关心他们。他们重视一些证据，包括经常性地表达爱情或者友情、常通电话、互访、见面、花时间一起聚会，甚至在一定程度上排外。比如，某个人很少拒绝你就是你是他最好的朋友的一个证据。

与之对立的，我们认为是一种更积极的、非焦虑性的亲密关系或与别人亲近的愿望。它并不是基于互利互惠，不需要任何形式的告白，或者任何证据的证明。更确切地说，我们是积极地寻求与他人建立亲密的关系：我们是很自然地与他人联系，并建立亲密关系，我们从对他人的怜惜之中获得了很大的满足感和愉悦感。从这个角度来说，我们仅仅是喜欢与他人待在一起。当我们相聚在一起的时候，即使多年没有见面，还是好像从来没有分开过一样。我们能够很自然地重温旧情，仍像过去那么亲密，而不会觉得往日不再。这种形式的亲和需求才是感受怜惜之心的基础。

因此，怜惜之心是行动中的同理心。它是基于一种希望与他人联系，并满足他人需求的健康的欲望。然而，理解怜惜之心的最好方法就是，看看在实践中，它到底是如何引导领导者及其周围的人进行自我重塑，最终实现持续性的和谐与结果的。

行动中的怜惜之心

　　汤姆·沙鲍（Tom Sharbaugh）是美国最大的法律机构摩根·刘易斯律师事务所（Morgan Lewis Bockius）的管理合伙人和COO,他的职责是维持公司的正常运转,包括人力资源、信息技术和财务。[5] 让我们想象一下要管理运营这么大、这么成功的法律机构,汤姆可能会面临多大的挑战。首先,一个基本事实就是最成功的人士（比如跟汤姆共事的律师们）也是最难管理的。他们独立性强,以成就为导向,只关注外部客户而不太关注公司内部事务。换句话说,大多数的律师很少关心公司的商业运作,他们只关心自己的案子。

　　问题是,律师事实上担负着最重要的运营问题,比如赚取服务费用。但是,这一工作却经常被忽视。汤姆面临的挑战是什么呢？管理律师们,让他们关注这个问题,把它作为一项非常重要的工作来处理。

　　汤姆本身也是一名律师,所以他了解律师们怎么想,他们关心什么。他完全能体会这份工作每天要面对的竞争、压力、动力以及情绪的起伏波动。他不仅能体会到同事们工作中的激情,更能感受到他们的挫败感。他能了解大家的想法和大家的感受；他知道什么能激励他们,他知道什么会使他们疯狂,以及该怎样关心他们。因此,他知道他不能简单地命令律师配合公司的工作；这个办法不能够激励那些追求卓越和个人成就的人。

　　这是一个典型案例,展示了汤姆如何在行动中运用同理心——他对公司律师的怜惜之心——来激励他们为公司的利益着想,同时激发律师们和他自己去进行自我重塑。他借助一个很多管理成功人士的领导者都必须采用的方法：通过模糊权威[6] 来影响大家。也就是说,通过把想要他人做的事情转变为他人自己想做的事情的方式,来让他人去做事。

第八章

汤姆的解决办法简单而有效。他把所有的律师分成几个组,并且很仔细地把那些经常在一起的人分在同一小组。然后他给每一组都设定了一个收入目标,在公司内部公开,并组织不同的小组之间进行公开的竞赛。他开展竞赛,也设立了奖品:雨伞、高尔夫球衫、餐馆餐券或者电影优惠券,甚至是百元大钞。令他非常惊讶的是,这些律师——事实上他们根本不需要这些小奖品(肯定也不在乎这点钱)——竟然完全被竞赛吸引住了,奇迹般地一轮又一轮地提高了公司的营业收入。

为什么这个办法会见效呢?简单来说,是因为汤姆·沙鲍对公司的律师怀有怜惜之心,他理解他们、关心他们。在设置竞赛时,他考虑了他们的感受——他设定的规则完全符合律师的高成就动机和高自主性。他把整个竞赛的过程公开化,所以获胜者可以获得所有人的称赞(这也是律师希望获得的)。另一方面,失败者并不会受到惩罚。汤姆知道他需要激活的是这些小组的和谐,而不是不和谐。他必须避免打击大家的积极性。他知道如果比赛的失败会给个人带来财务损失的话,大家就会很不满——这并不是他想要的结果。

汤姆在组织层面运用了他的怜惜之心,激励了整个公司的所有人。如果汤姆没有充分地考虑到大家的感受和成就动机的话,这个方法就不会取得这么好的效果。他告诉我们,很久以前,他从一个教练的行为中学到了,惩罚一个人所犯的错误并不能创造出和谐、忠诚和奉献。相反,当大家互相关心,为了公司目标共同努力的时候,往往才能取得长期的成功。

汤姆鼓励大家。他用自己的情商和怜惜之心满足了大家的欲望。他主要通过让自己与大家需要的、想要的、将要做的事情协调一致,来指引大家的行为。这还有一个好处:除了能够营造出和谐的气氛之外,汤姆的姿态——情商和怜惜之心——使他自己也能不断地进行自我重塑。他能警醒地与大家交往,他满怀希望的愿景也影响了大家。他的行为和大家所取得的结果都是令人满意的,这使他在遇到困难时也能保持良好的状态,避免了患上付出综合征。

　　接下来,我们再看看另一个关于怜惜之心的故事,这是一个雨夜里我们在克利夫兰的机场亲眼目睹的。这个故事向我们展示了怜惜之心天生就具有感染力,几乎可以瞬间激发人们的自我重塑,化逆境为顺境。飞往波士顿的航班本来是要在晚上 7:30 分起飞的,但是现在已经晚点了一个小时。接着又宣布了一个通知:这班航班还要推迟 45 分钟起飞。候机室已经挤满了人。一些客人是转机过来的,已经又累又饿了。另外一些人非常恼火,因为他们觉得飞机延误的时间可能会更长,甚至可能因为雨天而根本就走不了。所有人都很生气,很明显,疲惫和高温让大家产生了很强的挫折感。

　　我们很多人也许都有过这样的经历。乘客开始质问航空公司的工作人员,愤怒的语气中也夹杂着无礼的辱骂。而且太多的人挤在候机室也导致乘客之间开始产生摩擦。大家因为别人不小心把自己的纸杯或者报纸碰掉在地上而较劲,紧张情绪逐渐升温。

　　突然,有一名乘客从行李里拿出几个气球,吹了起来。她把气球捏成兔子的形状,递给了身边的一位男士。她注意到周围有的人在对她微笑,问她喜欢什么动物。"狗。"她说。她拿出了更多的气球,吹大,捏成了猎獾狗的形状。这使她周围更多人的脸上绽放出笑容。在短短的十分钟之内,人们的注意力全转向她,并开始彼此笑脸相对。半个小时以后,乘客们彼此之间开始有说有笑了。甚至航空公司的一名前台服务员也走了过来说:"我知道现在,也许你都不想跟我说话。但是你能给我一只兔子吗?"看来,大家的欢乐也感染了她。

　　这位女乘客还用气球捏了一架直升飞机,把它送给了一位机组人员,他也坐在这里很久了,同样沮丧。当我们登机的时候,事实上已经晚点了 2 小时 15 分钟,但大家却像是参加大家庭聚会一样。大家都拿着气

第八章

球有说有笑。这个吹气球的女士几乎改变了飞机上所有人的情绪。她的社会意识和怜惜之心点燃了大家的好奇心，进而使其转化成了欢声笑语。她把一个潜在的敌对状态变成了愉快的社交活动。她满怀怜惜之心的行为感染了大家，从而创造了一个新的规范。（顺便提一句，后来我们才知道她是一位职业的小丑演员，当时正要去参加一个小丑演员大会。）

怜惜之心的商业案例

正如我们在本书中经常提到的，感受压力已经成为领导者日常生活的一部分。因为他们肩负的责任，他们还必须去面对权力压力。但是想要有效地发挥作用，领导者需要有机会从长期的压力中解脱出来，并从思想上、身体上、心灵上、精神上重塑自己。

幸运的是，怜惜之心——无论是对自己还是对别人——都能在这一过程中有所帮助，并最终对公司产生积极的作用。为什么呢？首先，因为怜惜之心——像警醒之心和希望之心一样——都是领导者进行重塑自我的重要手段，能够在一定程度上减轻他们的压力，提高他们的整体工作效果。前几章中我们谈到，积极情绪能引发生理上的重塑，怜惜之心也有同样的效果（细节见附录A）。

其次，在一个组织中，不是建立在理解和关心基础上的文化通常会产生反效果。试图用消极的办法或策略来取得令人满意的绩效结果，例如，制造危机来激发大家的紧迫感，或者强调不理想的预算数字让大家感觉事情很糟糕，这样做很难让领导者或他们周围的人为公司卖命。而像汤姆·沙鲍那样积极、充满怜惜的心态往往能产生更好的结果。[7]

运用怜惜之心进行领导能够对事情的最终结果产生令人满意的影响，同时使领导者更长时间地保持高效。这是关于怜惜之心的一种新观点。这不仅仅是因为怜惜之心是一种美德——它确实也是一种美德；也不仅仅是因为运用怜惜之心进行领导能产生更重要的组织结果,比如培养更多的人成为领导、更强的组织承诺、对客户更快的响应速度、共同的社区和社会责任感等等。怜惜之心最有说服力的论据可能是:如果要维持一个领导者、管理者或是专业人员的工作效率,怜惜之心会对他们的心理、感情和生理的恢复过程大有益处。而且所有的这一切又会在组织中创造更积极的环境。正如我们在第四章中讨论过的,研究已经表明良好的组织环境会对组织的实际绩效产生积极影响。让我们看看在下一个例子中,领导者的怜惜之心是如何给他自己、他周围的人以及整个组织带来诸多好处的。

如果你去参观马克·斯科特(Mark Scott)的办公室,他会自豪地向你展示他和马克·里克特(Mark Richt)的合影。里克特是佐治亚大学著名的橄榄球队佐治亚牛头犬队(Georgia Bulldogs)的教练。虽然在校学习期间斯科特没有玩过橄榄球,但是他和里克特教练却因为怜惜之心相识并结下了深厚的感情。

作为 HomeBanc ——一家上市的抵押贷款银行——亚特兰大区的公共关系副总裁,马克曾经为亚特兰大社区开发项目服务过。亚特兰大社区开发项目是一家非营利机构,旨在改造当地的旧城区。马克亲自帮助人们获得了较好的住房条件,而这是他们以前做梦都不敢想的事情。他感受到了群众希望拥有更多这样的住房,也感受到了在帮助他人实现拥有房子的美国梦之后所产生的连锁反应。社区改善之后,犯罪率降低了,并吸引了更多的投资,从而产生了更多的工作岗位,使这片社区及整个城市的收入都增加了。而那些创造这些住房福利的人也从中获得了好处:他们觉得自己与比他们更伟大的一些东西联系在了一起,体会到了怜惜之心,并在深层次上实现了自我重塑。

所有这一切都使马克开始思考应该如何吸引更多的人来为亚特兰大市的低收入群体创造更多更好的住房条件。2001 年,他和一家抵押贷款公司的贷款负责人共同提出了一个计划——那个人过去是牛头犬队的队

第八章

员。这个计划旨在帮助那些有需要的人,同时也能给橄榄球队的队员提供一个机会,来学习谦逊的态度和为他人服务的精神。马克·斯科特和里克特教练合作的方法很简单:通过让队员们为低收入群体盖房子,来帮助他们培养一些社会技能和乐于助人的价值观,同时为球队树立积极的社会形象。

这就像一个奇迹。自从2002年起,牛头犬队每年都会盖一栋房子。美国和当地的报纸和电视台都报道了这一事件。[8] 随着这件令人感动的事情的广泛传播,佐治亚科技大学(Georgia Tech)和佛罗里达大西洋大学(Florida Atlantic University)也邀请马克为他们的橄榄球队开发同样的项目。每个队每年都至少为一户有需要的家庭盖房子。

在媒体上,这些队伍的橄榄球队员和教练都表示他们非常感谢马克·斯科特和HomeBanc银行让他们能有机会参与社区工作。佐治亚科技大学的四分卫鲁本·休斯顿(Reuben Houston)说:"当你到了那里,你会认识到自己在帮助一些本来根本无法拥有房子的人实现他们的梦想,那种感觉真的非常好。"[9] 此外,这些项目也使HomeBanc银行在佐治亚州和佛罗里达州的居住慈善项目中的参与度大大提高。

有趣的是,2001年,马克·里克特还是一个新教练,他的第一个赛季成绩平平——8胜4负。但是在2003年和2004年,这一数字就变成了13胜1负和11胜3负。对美国橄榄球比赛有所了解的读者肯定知道,像这样的赛季结果会影响校友对学校的捐款决策——这对学校是一个很重要的方面。[10]

怜惜之心的运用对马克·斯科特和HomeBanc银行又有怎样的影响呢?在2003年11月,马克被美国的《公共关系周刊》(*PR Week*)杂志评为20名最优秀的公共关系高管之一。[11] 他说他很高兴公司为社会做出的贡献远远超出了金钱的范围。而且,这个项目大大地提高了HomeBanc银行的知名度——的确为这家房屋抵押贷款公司做了一次绝妙的宣传。在怜惜之心指导下的行动获得了很好的回报——让很多人感觉为社区做出了贡献，我们也相信，所有参与者都获得了自我重塑。

培养怜惜之心：从倾听开始

在本章中，我们已经看到了一些例子，这些例子生动地展示了当领导者感受和表现出怜惜之心时所发生的事情。但是他们实际是如何做到这一点的？我们应该如何在每天的领导工作中培养怜惜之心呢？

在本章开篇莱希萨·泰罗尼的例子中，我们可以发现在他刚开始对看守表现出怜惜之心时，倾听在其中发挥了关键的作用。在他一次又一次与看守的交谈中，莱希萨认真地倾听，以了解就他们的日常生活与所关心的问题，他们究竟想告诉他什么。正是倾听使他理解了他们，也激起了他的怜惜之心。

同样，当佩德罗·里韦罗斯（Pedro Riveros）接任一家财富500强企业的化学部门的巴西国内经理时，他的成功也取决于他有多善于倾听——虽然那时候他自己并不知道这一点。年仅33岁的他要负责整个南美地区的销售运营。南美文化把年龄和社会地位看得非常重要，可是他两样都不具备。

因为佩德罗刚由公司资助参加了一个关于领导力的培训项目，他从360度反馈评价过程中受益匪浅。他得知他的上级、同事以及他以前在北美分部工作时的下属都认为他学习速度很快，执行力很强，而且在建立新的人际关系方面也很出色。但是他们也认为他在领导他人的过程中表现出来的怜惜之心不够。

由于自小在圣保罗长大，佩德罗知道在北美区工作时存在的问题，到了南美区可能会导致灾难性的后果，因为南美的文化更公开地重视一些无形的东西，比如对他人表现出理解与怜惜之心。佩德罗非常清楚他的很多新下属比他年长，有些甚至与他父亲的年龄接近，情况确实非常

第八章

棘手。他认为要赢得他们的尊敬和合作,唯一的方法就是让大家清楚地知道他很重视他们的意见和观点。

但是该怎么做呢?部分是来自于反馈结果,部分是来自于反省过去所犯的错误;佩德罗意识到仅仅是更好地去倾听就应该能极大地改善他的管理水平甚至领导水平。当其他方法都行不通时,倾听往往能够使人们真正地相互理解。因此在他刚上任与大家开座谈会的时候,他提了很多问题,并认真地倾听。他对每一个下属都表现出极大的兴趣,亲自了解他们每一个人,从而建立了相互的理解,并表现出了对他们的怜惜之心。每当他提出新的计划时,他总是恳求得到大家的反馈。在他之前展示出来的才能的基础之上,佩德罗还形成了新的风格,认真倾听,广泛吸取大家的建议。他还运用了他的很多情商能力,以帮助他知道在什么时候应该怎么去做事。

结果是:通过倾听,他表现出了对同事们的怜惜之心,这也让他成为了一名更出色的领导者。而且很快他的工作就见效了:在他两年的任期内,他领导的地区的业绩增长速度是公司全球化学部门中最高的,他也受到了公司全球副总裁的表扬。

佩德罗和莱希萨·泰罗尼都发现,深入的倾听能让双方互相理解,并表现出你的怜惜之心。双方的互相理解能够使领导者走上一条完全不同的路。例如,理解能够激励人们甚至整个组织,使之服务于各种各样的人,激发更进一步的怜惜之心,为自我重塑创造机会。怜惜之心可以渗透整个组织,增强每个人自我重塑与和谐的能力。

培养怜惜之心的文化

要让怜惜之心弥漫整个组织,首先需要把怜惜之心作为一种规范。如果领导者在组织中强调怜惜之心,仅靠情绪的感染力就有可能使其广泛传播,最终成为整个组织的规范,同时增强大家对组织的奉献精神。[12]而且,身处这样的组织文化中的员工,在个人和职业发展方面会感受到更多的支持。[13]

领导者可以通过很多方法培养怜惜之心的文化,其中一个是通过以身作则来促进整个组织的怜惜之心。还有一种途径就是形成一个以怜惜之心为核心信念的愿景。

这就是托马斯·施特劳斯(Thomas Strauss)采取的方法,他是俄亥俄州阿克伦城胜马(Summa)健康保健中心的总裁兼CEO。毕竟,如果一家医院希望成功的话,没有什么比怜惜之心更重要了。因此,为了帮助他的健康保健中心提高怜惜之心,托马斯通过采用焦点团队、访谈以及一系列的员工座谈等方式来了解他们希望在保健中心令人信服的愿景与强有力的宣言中包含哪些他们对自己、对组织的信念与看法。他们真的找着了这样一个能反映他们的价值观、信念和希望的愿景。他们把这一愿景印在了一张钱包大小的卡片上,并且让胜马的每一个员工都随身携带。[14]愿景的内容如下:

> 你是胜马人。你是别人来到这里所见到的工作人员。当他们感到害怕和孤独的时候,他们望着你的眼睛寻求帮助。当他们在升降台上,当他们睡不着,当他们试图忘记病痛的时候,他们听到的是你安慰的声音。在他们去见医生的路上或者见完医生后,他们听到的是你所说的话,而你的一句话就有可能改变他们的命运。也许你认为他们不会听到,事实上他们听到的是你的建议。你的智慧和体贴正是他们希望在这里能找到的。
>
> 如果你在吵闹,那么医院就会很吵。如果你很粗鲁无礼,那么医院也如此。而如果你表现出色,医院也会很出色。没有访客、病人、医生或者同事能够真正地了解真实的你,除非你让他们了解你。他们能知道的就是他们所看到的、听到的和感受到的。
>
> 所以你的态度和所有员工的整体态度对于我们医院来说

第八章

都非常重要。人们会根据你的表现来评价我们。你对他们的关心与关注,你的谦恭有礼代表着我们医院。

谢谢你所做的一切。

采用这种方式来创建充满怜惜之心的规范结果如何?根据对现有医生、护士以及已离职工作人员的访谈,我们发现他们对组织的奉献精神以及胜马在医护界和在当地的声誉都有了极大的提高。[15]

以生动、有力的宣言来阐述胜马的愿景带来的一个好处就是,使员工们更加关注于关心他人、帮助他人与指导他人。这些行为很快就变成了人们对彼此的期望,并且让每个员工都愿意去提高自己的情商。这个方法也时刻提醒大家,在胜马到底什么是重要的,什么是有价值的,同时帮助新老员工适应并保持这一行为习惯,这些都显著地改善了服务质量,也为组织营造了和谐的气氛。

领导者在整个组织中培养怜惜之心的能力将直接影响组织在困难时期的整体绩效。[16]除了正式的、书面的愿景陈述,领导者还可以通过以身作则来创建充满怜惜之心的规范。前纽约市长鲁道夫·W.朱利安尼(Rudolph W. Giuliani)正是这样的人,他在巨大的危机中发扬了这种精神,为整个城市塑造了新的规范。在2001年9月11日之前,鲁道夫·W.朱利安尼经常是负面头条新闻的主角。由于他为警察暴行做辩解,他被谴责加剧了城市的种族紧张情绪。在他市长生涯的后几年,他的私生活一直都是街头小报的素材。然而,在纽约最黑暗的那几天里,朱利安尼转变成了一名和谐领导者。在第二架飞机撞向世贸中心的几分钟之后,他就赶到了现场。他在附近的一个大厦里成立了临时指挥部,虽然很快就陷入险境中,但他仍然指挥若定。[17]

在9月11日那一日一夜,朱利安尼一直出现在广播、电视中,并去医院慰问受伤者。在当天下午晚些时候召开的记者招待会上,他提醒大家,恐惧和憎恨只会导致更大的悲剧,他鼓励所有人暂时放下恐惧和憎恨:"接下来将会是一段很艰难的时期,"他说,"我们现在还不知道我们将面临多大的痛苦。但我们现在必须把重点放在帮助整个城市挺过这次灾难,并变得更强大。现在纽约还在……明天纽约仍然也还在。我们要重建家园,我们会比以前变得更强大。"[18]

尽管他已经开启了希望之心的大门,他依然不断鼓励大家要有怜惜之心:"我们恳求广大的纽约市民通力合作、互相帮助。现在有很多人需要大家的帮助和协助。"他在记者招待会上说,"如果每一个人都去安慰他们、帮助他们、协助他们,整个纽约市民就可以团结起来、彼此帮助。"[19]

与此同时,他自己也不得不面对一些朋友、同事在这次灾难中丧生的事实。他已经忙得像个陀螺一样,而且不要忘记他和其他人一样,都处于极度的悲痛之中,而这种悲痛很容易转变成愤怒。但是相反的是,在他的言谈举止中,他把悲痛化为了行动中的怜惜之心——在此过程中想方设法为这个城市成功地树立了一个新的行为标准。直到现在,我们在街上看见纽约市民相处的方式也与9·11以前大不相同了。的确,在这个过去以寡言无礼闻名的城市里,谦恭的行为已经成为新的规范。[20]

我们已经探讨了在个人层面和组织层面培养怜惜之心的几个方法。现在让我们来看看在组织中把怜惜之心转化为实际行动的最后一个办法——教练(Coaching)。

训练你的怜惜之心

我们的研究发现,教练①是怜惜之心激发自我重塑的途径之一。教

---

① 在这一部分作者用到了 Coaching、Coach 两次,Coaching 是指教练的过程,Coach 是指承担教练人员的人。为了区分,在这一部分我们把 Coaching 翻译为教练,而把 Coach 翻译为教练员。——译者注

第八章

练是全世界发展最快的一个职业。2002年有将近一万名专业教练员在世界各地开展工作,据估计有59%的企业向他们的经理和高管人员提供教练或者发展咨询服务。[21]

（好的）教练的第一个,也是最主要的好处在于能够从组织内部培养和发展数量稳定的高效领导者。这样做的好处很明显:从外部聘请太多的领导者会增加公司的各种成本,包括会使那些努力向上发展,对组织有很强奉献精神的员工产生消极情绪。外部聘任还意味着你可能找到的是对组织的市场、技术和文化不太敏感的高级管理人员。而且当外部招聘失败的时候,公司光是用于寻找合适管理人员的费用可能就会达到六位数。[22]

因此,现在很多组织更愿意从内部招聘。这就意味着要培养员工成为领导者——这一过程就是教练。研究表明,高效领导者的培养在很大程度上都有赖于导师、教练员和其他的以这种方式帮助他们的人。[23]

教练与导师督导（Mentoring）、教师讲授（Teaching）不同。导师（Mentor）通常是组织中职位更高的人,他们开着办公室的门,但却通过网络来帮助你。教练员经常也提供督导,他们还讲授领导力甚至管理技能。此外,他们还针对各种各样的问题提供指导、支持和咨询。教练关系的本质比较复杂。在理想状态下,教练需要对他人的个人希望和梦想及其真实现状都有深刻的理解。在这一前提下,以明确的道德伦理为规范,教练员需要提供支持和建议,分享专业知识,帮助一个人,使他不管是在个人方面还是在专业方面都有显著的进步。

很明显,对于被教的人来说,接受教练有很多好处。但是我们更希望关注这一过程对教练员所产生的积极影响。试想一下:一个人教另一个人——基本上是全身心投入地帮助他人的成长——毫无疑问地需要表现出无比的怜惜之心。

教练和领导者：一个双赢策略

怀有怜惜之心的教练很可能帮助组织培养出更高效的领导者，同时，也可以完成教练员自身的自我重塑。当领导者充满怜惜之心地提供指导，并在整个公司中鼓励这种精神时，将会带来三个方面的主要成果：

- 领导人会更少地只关注自我。
- 他们会更加开明，与周围的人及环境保持联系，因此能避免孤立和患上 CEO 病。
- 他们能定期地进行自我重塑，从而使自己维持较高的工作效率，抵御付出综合征的影响。

在指导他人发展的同时，教练员会不由自主地体验到怜惜之心。但在这里有一个非常重要的区分：一种教练是为了人们的发展，另一种单纯为了组织的利益，两种是不一样的。后者的出发点是功利性的。欧洲管理发展学院的教授赫米尼娅·伊瓦拉（Herminia Ibarra）对关系的功利功能和社会功能做了区分。她的研究表明，教练关系的社会功能能够增强个体在专业工作中的能力、认同感与效率。[24] 她解释说，这些结果更多地来自于教练关系的社会功能，比如提供在管理层前露脸的机会或者为他们的提拔辩护。

当为了组织的某项具体的功利目的而进行教练时，比如传授某种必需的技能时，教练员很少会怀着真正的怜惜之心，因此也就不太可能激发自我重塑。而且，一些领导者试图教导他们的下属去适应组织的文化，或服从公司的需要。当这样去做而没有真正尊重被指导者时，这一切就会变成为了领导者个人或组织的目标而进行的教练。领导者的初

第八章

衷并不是要培养一个人,而只是为了组织或者他个人的利益简单地改变或者塑造别人。这时因为需要领导者刻意去影响他人,就很可能引发权力压力和付出综合征。[25]

仅仅为了使某一个人满足某一职位的要求或者满足组织需要所进行的教练也有可能出现波士顿大学的凯西·克拉姆(Kathy Kram)和她的同事哈佛大学的莫妮卡·希金斯(Monica Higgins)所说的"弱联系(weak ties)"。她们的研究表明这种弱联系会使教练关系更差。[26]在教练他人时,如果最关心的是达到组织的目标,就会出现功利行为。这也许会导致压力的增加,也许不会,但很显然这肯定不能激发自我重塑。

我们现在所要谈的是充满怜惜之心的教练,我们将它定义为"在他人有意识的转变过程中帮助他们"。[27]正如我们在第五章中所提到的,只有当一个人自己想要改变的时候,才有可能获得行为和习惯的可持续性改变。因此,我们把教练定义为帮助他人充满激情地追求自己的梦想和渴望。为了做到这一点,担任教练角色的领导必须少关注一点他们自身。

怀有怜惜之心的教练还会带来另一个好处,那就是领导者会对周围的人和周围的信息有更开明的态度。这种开明意味着领导者染上CEO病的概率降低。正如我们之前提过的,这个名词是形容领导者周围的人隐瞒那些重要的负面信息,或者是那些可能引起领导者不满的信息的可能性。患上了"CEO病",领导者就无法听到他人对领导者的战略、愿景及个人风格的批评或否定性意见。相反,他们接收到的只有正面的反馈。自然地,当出现这种情况时,很容易导致对自我的过度关注,自我中心主义不断升级,甚至产生自我陶醉心理。

怀着怜惜之心来教练他人是医治自我陶醉的最好解药,因为这需要领导者真诚地关怀他人。对自我的过度关注的降低,能够帮助领导者缓解领导权力与生俱来的自我膨胀的趋势。同时,领导者人际关系质量的提高,也使周围的人更加愿意提供重要的负面信息,甚至是批评性的反馈。从一个更积极的角度来说,充满怜惜之心的教练可以让领导者更乐于接纳他人及其意见,这就可以让领导者与其他人之间建立更紧密的关系,进而让领导者获得更多的反馈,并不得不去关注这些反馈。同时,教练他人能让领导者与大家保持联系,避免由领导角色而导致的孤独感,以及避免那种个体从事领导工作几年后而产生的隔离感,研究表明这些消极的情绪会导致多种与压力有关的疾病。[28]

既然我们已经看到了具有怜惜之心的教练能来带这么多好处,那么领导者应该如何培养这种关键能力呢?

成为一个伟大的教练员

一个领导者要想成为一个伟大的教练员,需要与他人建立和谐的人际关系。这意味着你首先要设法激发自己的警醒之心、希望之心和怜惜之心,否则你根本无法在你的学生身上激发这种品质与体验。在这个过程中,情商很有帮助,而且至关重要。一项研究表明,自我意识、社会意识以及被称为模式识别的认知能力是形成有效的教练关系所必需的。[29]

情绪上的自我意识让我们能在教练关系中有合适的界限。在教练关系中最常犯的错误是联手(collusion),也就是教练员和学生之间的关怀、怜惜和缺乏界限导致教练员把对方的情绪和反应当做是自己的情绪和反应。相反,一个对自身十分了解的教练员能够感受到自身强烈的情绪,很清楚哪些是她自己的情绪,哪些是学生的情绪,哪些是双方共同体验到的情绪。拥有自我意识的教练员能够富有同情心,能提供客观的支持,而不会滑向联手。

社会意识,尤其是同理心与组织意识,能够使教练员更深刻地理解别人的感想,也能够帮助理解组织在观念、行为、政治和文化等方面的一

第八章

些微妙模式。这种理解使教练员在遇到两难选择的时候,能够支持那些有创造力的、有效的判断和问题解决方案。

模式识别能理清那些看起来随机杂乱的信息。在帮助别人的时候,有效的教练员会注意到关于这个人的各种信息,并观察周围的人对他的反应,以及这个人所处的情境,尤其是通过模式识别来理清他的观察结果。

在《原发领导力》一书中,我们讲述了胡安·特里比诺(Juan Trebino)的故事,他是一个大型炼油公司的营销总监。他渴望在40岁的时候能够成为一个大型跨国公司的CEO或者总经理。到目前为止,他表现得都很不错。但是收到公司中其他人对他的360度反馈之后,他发现他的下属并不认为他帮助或教导过他们——这对于晋升或者实现他的职业目标非常关键。虽然他是一个富有魅力且有着丰富社会经验的经理人,但是胡安承认他似乎没有以他自己想要的方式去帮助别人。他猜想是他所受的工程师训练使他太过于专注问题了。

胡安并不是一个特例;的确,我们已经注意到了,当人们第一次开始教练别人时,他们往往更关注学员遇到的问题,而不是他们的学员本身。正如胡安所说的,"因为我之前接受的是工程师训练,所以当别人带着问题来找我的时候,我看到的只是问题,而不是当事人"。从这种意义上说,胡安是一个典型的例子,认为前来向他求助的人都是"问题人物"。教导方式的练习和训练经常帮助教练把关注的目标转向人与人之间的互动过程以及教导计划。虽然有帮助,但是这样做也可能会导致先入为主或者分散教练员的注意力。因此,有经验的教练员总是能超越问题和互动过程,关注他们正在帮助的人。这种从关注问题到关注过程再到关注学员的演变能够通过对教练员的教练得以实现,领导者可以在很多训练中心找到这类培训。

胡安的转变是从指导了他儿子所在的橄榄球队六个月开始的。他认为这类工作会是一个学习如何满怀怜惜之心地去教导他人的好方式。在与儿子相处的时候,胡安很容易体现出他的怜惜之心:他会很快想到自己有多爱儿子,能够了解他作为一个橄榄球队员的感受。他希望能够帮助儿子发展,同时又努力不让儿子感到太多的挫折和失望。这就是我们在以前出版的书中提到的胡安的情况。

经过了几年教练员工作的体验,胡安去了一家国际咨询公司工作。由于他来自加拉加斯(委内瑞拉首都),所以公司领导鼓励他去南美洲拓展业务。他在圣保罗担任领导工作3年。在这段时期,一个当地的咨询员告诉我们,初级咨询员和新的合伙人都视他为整个南美洲分部最值得尊敬的导师。他之所以受欢迎是因为他超越了导师角色的要求,去与他人建立了教练的关系。除了做好他自己的日常工作以外,最多的时候,他曾是公司里二十多个人的教练员(导师)。这让他感觉非常好,也是他对公司的成功以及他自己的韧性所做出的另一个贡献。现在胡安反馈说他对工作的感觉比过去好多了,他从问题解决者转变为充满怜惜之心的教练员,这个过程帮助他经常地自我重塑。

怜惜之心这个词在管理会议或者是董事会议上并不经常出现。但是正如我们在本章中提到的,体验怜惜之心是自我重塑的关键所在。怜惜的行为会产生和谐的氛围和结果。

在下一章,也就是最后一章中,我们将对如何成为一名和谐领导者的主要内容和结论性观点进行概括总结。但首先让我们通过一些探索怜惜之心的练习来结束本章。要为充满怜惜之心的教练找到角色榜样,也许最简单的方法就是分析一下那些曾经帮助过你的人。在各种研讨会和课程中,我们曾要求大家反思自己的经验与经历,来揭示一些真正起作用的重要指导原则。接下来的三个反思练习可以让大家了解怜惜之心表现出来是什么样子,会给人什么感觉。你也可以试试。

第八章

练习一：谁帮助过我？一个有三部分的练习

第一部分

想想在你的生活和工作中谁对你的帮助最大。想想那些你会这么对他们说的人，"如果没有你，我就不可能取得现在的成就。如果没有你，我就不会是今天的我"。

把他们的名字写在一张纸上。在名字的边上，写下他们给你留下最深刻印象的一幕。当时他们说了什么或者做了什么？然后写下你从他们那里学到了什么或者得到了什么。

第二部分

现在想想在过去的两年里谁帮助、管理或者教导过你。想想那些对你进行过绩效评价，或者对你的工作和生活的任何一个方面提供过反馈的人。想想你和他们相处的时刻，他们说了什么或者做了什么？

第三部分

接下来想想这两组人的言行是怎样影响你的，有什么区别。

分析你的反思结果

当经理人、高管人员和高级专业人员在做这个练习的时候，他们都会对过去曾经帮助过他们的人深怀感激。特别是在他们回忆起当时他们很脆弱或者面对挑战,且又对他们有长远影响的片段时,这种感觉尤为强烈。我们记录了他们的反思,并对这一变化过程中有哪些主要内容进行了编码分析,我们发现他们所回忆的80%的片段都是获得别人的帮助,延续了梦想而有了新的期盼与志向,或者仔细思考要成为一个成功的人或者好人究竟要做什么。换句话说,这些人帮助我们重塑新的理想自我或者个人愿景,给予了我们希望,激发了我们从未发现的或者不确信的潜力,增强了我们的警醒之心。在大部分情况下,他们所回忆起来的片段都是一种和谐的关系,也就是说有人充满怜惜地帮助他们。这些体验和回忆可能并不总是美好的(虽然大多时候是美好的),但是他们都是处于相互信任、相互关怀的关系之中。

相反,人们回忆起来的那些在过去一两年里帮助我们的人的片段中,很大一部分片段(超过50%)是他人给我们的反馈,就我们需要改进的地方提出的建议,也就是说聚焦于我们的弱点和不足上。商业实践应用中的"差距分析(Gap Analysis)"已经被很多人用来帮助他人制订"发展或绩效提升计划"。

难怪很多人没有改变。在鼓励和支持进行改变时,我们做的往往是错误的事情。事实上,我们所做的事情往往与那些对我们大多数人起作用的事情相反。

更重要的是,那些帮助过我们的人和当时的所作所为都体现着和谐的关系,并且经常能激发怜惜之心,甚至是多年以后,在回忆和向他人讲述这些故事的时候也是如此。但是那些试图帮助我们,却关注"数据反馈"或者"差距分析"的人,经常是在努力开发更有效的人力资源,或者在帮助我们解决问题。无论是属于哪一种情况,我们都不能从中体验到和谐,也很难激发对方的怜惜之心。

那些帮助我们的人的说话方式与他们所做的事情都会对我们产生意想不到的指导作用,使我们去思考如何对待别人以激发怜惜之心,并

第八章

推动我们去建立和谐的关系。它也能帮助领导者思考怎样更有效地培养别人,并且通过充满怜惜地帮助别人来摆脱付出综合征,实现自我重塑。

练习二:训练怜惜之心:想象他人的一天

选择一个跟你一起工作或者生活的人。闭上眼睛想象他们的一天,从早上起床到晚上睡觉。想象他们的所见所闻、所思所想。在这一天里,他们期盼的是什么,关心的什么?他们见着了谁,关心谁?他们有什么压力和烦恼?什么东西对他们来说是重要的?尽可能详细地想象他们一天的生活,就好像你在看录像一样。

你从这个练习中发现了什么?有什么事情让你感到惊讶?你有没有发现什么事情是你其实不知道,或者想象不到的?你将如何从他们身上获得这些信息?

第九章 "欲变世界,必先自变"

那些自认为不需要进行任何个人改变就能成为真正优秀的领导者的人,都似在自欺欺人。如果你没感受到自我激励,没有尽你的能力做到最好,你就不可能鼓舞别人,不可能创造和谐关系,也不可能把你的家庭、组织、社区发展成优秀的家庭、优秀的组织、优秀的社区。你必须做到"欲变世界,必先自变"*。

问题是,要实现个人的改变并不是一件简单的事情。事实上,面对我们自己的缺点不是一件容易的事情。坦诚地面对自我可能会使我们自己受到伤害。当我们看到真实的自我,发现我们其实不喜欢这样的自我时,我们会大受伤害。与流行的观点相反,改变自己并不很难,真正困难的是坦诚地面对自己,不做任何过滤地直面自己,勇敢地承认自己需要改进的地方。我们很多人都未能坦诚地面对自己,只是希望能避免受伤害。是的,当我们坦诚面对自己时,很有可能会发现真正的自己与想象的自己完全不同,与之而来的那种痛苦并不是我们想要的。自我发现是件很难的事情。也许,这就是为什么很少有人能够做到这一点,也是为什么很少有人能成为一个伟大的人、一个伟大的领导者。

---

* 本章的标题是印度圣雄甘地(Ghandi)的名言。

第九章

　　还有另外一个困难,就是领导者的工作本身会为塑造出色的领导者制造出很多障碍。领导是很困难的。有时需要领导者做出如本书中多次提到的自我付出。即使是那些很出色的领导者,即使是在行业景气的时候,沉重的责任、孤立感,以及迫在眉睫的威胁都在夜以继日地折磨着他。领导者不断地在付出自我,经常忽略了自己的个人需要和欲望——于是经常发现自己陷入了一种特殊的只会发生在管理者与领导者身上的压力。

　　所有这一切都说明了为什么个人的改变不会那么简单、快速地或者直线性地实现。对大多数人来说,在这一过程中都会觉得非常惊讶,或者非常矛盾,而这一切只有最终经过之后才会明白。在改变的过程中,我们会很容易感到失落、孤独或者仅仅是困惑。事后我们可能会指出这个过程是从什么时候开始的,但是要想完全精确地指出我们是什么时候开始从"旧生活"向新梦想起航的,通常还是非常困难的。

　　但有一件事情我们可以肯定:成为一名和谐领导者并不会偶然发生。出色的领导者都是源自他们辛勤的工作和一点点的运气。这需要我们发觉自己的崇高目标,用这一目标来指导我们每天的行动,并对我们自己和周围人的本性——思想、身体、心情、精神——有清晰的认识。正如我们一直试图展示给你的,出色的领导者要与自己和周围的人和谐、协调一致。

　　和谐领导者坚持他们的价值观,他们真正地关心别人。他们为自己和其他人指明了未来的希望,也让大家为现时兴奋不已。

　　那么,你如何知道自己是不是一名和谐领导者呢?先问自己几个问题:

➤ 你是一位能鼓舞人心的领导者吗?
➤ 你是否创造了一个积极、满怀希望的情感氛围?

> 你是否与他人保持接触？你是否了解别人心中所想？你是否体验并表现出了怜惜之心？
> 你是否警醒——真正坦诚，与自己、他人以及环境协调一致？

在本书中，我们分享了几个能对上面的问题都回答"是"的人的故事，我们也分享了一些从没有和谐过，或者失去了创造和谐的能力的人的故事。我们看到了杰出的领导者不仅能创造和谐，而且能控制好付出—自我重塑循环，从而长时间地维持和谐关系。我们很多人都知道大多数人很容易陷入不和谐，而且个人的不和谐会很快传染给他人、团队和我们所领导的组织。

因此，杰出的领导者需要关注创造和维持和谐。但是我们如何才能做到这一点呢？我们怎样才能够维持和谐、避免不和谐，控制好领导角色的压力和付出综合征？我们之前分享的故事，以及我们目前的研究都显示，通过对自身和周围的人培养警醒之心、希望之心和怜惜之心，我们是有可能控制付出综合征和自我重塑循环的。

我们已经在现实生活中看到了这一点，而且给人印象深刻。我们也发现杰出的领导者能全面关注自己：他们与自己的思想、身体、心情和精神协调一致。他们也积极地与周围的人保持联系，与他们协调一致，也对周围更大范围的外界状况保持警醒之心。他们对自己、对他人都表现出怜惜之心。警醒之心和怜惜之心使他们能够创造和谐的人际关系，同时不断地重塑自己。

但是，也许希望之心才是最重要的，它是自我重塑的第一步。如果我们不能构想一个更加美好的未来，我们又如何能有意识地做出决策，去实现它呢？希望具有神奇的魔力，能够赋予人新的生命，其作用远远超过了乐观。希望也是塑造情商、智能灵活性、解析环境并预见各种可能性、相信自己和他人有能力影响我们的生活的基本信念的综合体。

第九章

所有的一切都是从你自己开始的。所有能最终让你成为一个更和谐的领导者——并延续这种成功——的个人转变都是从对你的警醒之心的挑战以及对你的激情、信仰、责任和真实需求的日益清晰的认识开始的。也许这种认识是一次唤醒呼叫,激发你开始有意识的转变。

不管怎样,改变是可能的。虽然会牺牲一些领导力,但是你可以重塑你自己。你可以对抗付出综合征,从而创造并维持和谐。而你的和谐将具有很强的感染力。你的家庭、团队、组织、社区甚至国家的成员,只有在个人精神被激发、被振奋的情况下,才能够取得成功。因此,为了鼓舞他们,你需要努力追求增强你的警醒之心、希望之心和怜惜之心。周围的人会感染你的激情,他们会被你为维持和谐所做的一切而感动。他们会感受到和谐关系的鼓舞作用,看到未来的种种可能,从而渴望自我不管是在生活上还是在工作上都变得更伟大。

你应该下决心做一名领导者——一名杰出、伟大的领导者。如果我们能向那些能重塑自我的勇敢的领导者学习,我们也就同样能重塑自我并维持和谐。下面这些来自歌德(Goethe)的文字,捕捉住了能驱动个人进行有意识转变的希望,也是我们所能想到的最能体现我们在本书中想要跟大家分享的思想的格言:[1]

你能做什么,或者梦想你自己能做什么,
现在就去做吧。
勇气会带来天赋、力量和魔力。

附录 A 权力压力、付出综合征和自我重塑循环

附录 A 描述了付出综合征和付出—自我重塑循环的生理基础。它将详细解释神经和内分泌过程是如何影响情绪，又是如何被情绪所影响的；两者之间的互动是如何影响我们的知觉和心情，以及这一切又是如何通过思想和行为表现出来的。我们提供了这一解释，以帮助大家全面地理解领导力，以及思想、身体、心情和精神是如何成就和谐领导的。

领导力与权力压力

领导职位的独特要求通常会引发权力压力和付出综合征。在和谐领导者身上，这类破坏性的组合会被某种特定的体验（比如，能推动实现自我重塑的警醒之心、希望之心和怜惜之心）所改变。事实上，领导者能够通过控制付出和自我重塑循环来维持和谐。[1]

领导者需要行使影响力和权力。[2] 需要影响他人去做事。领导者需要对组织承担一定的责任。一个人在组织中的地位越高，他所担任的角色的"权力"就越大。[3] 领导者的权力动机，如果能无意识或者有意识地自我约束，能够预测领导者的成功与有效性。[4] 结果是，领导者的角色就需要去面对一种被称为"权力压力"的压力。[5]

当我们处于自己觉得难以控制而又有社会评价（也就是说，有他人

附录 A

在观察、评价我们）的情境中,同时我们又很希望完成重要、显著的目标或者任务时,我们往往会比在其他情境中面临更大的压力。[6] 人有一种奇特的给自己制造压力的能力,也就是当他们预期会出现以上这类会诱发压力的情境时,他们就会产生压力。[7] 领导者每天都会面临诸如此类的事情和情境。结果,他们就处于持续不断的压力情境下,并产生压力。由于权力和行使权力是领导角色的核心,所以我们可以说领导者会感受到很大的权力压力。也就是说,权力压力是领导者施加影响力与在领导职位上的责任感所引发的体验的一部分。

此外,有效的领导需要经常的自我控制:把组织的利益放在个人冲动和需求之上。[8] 无论是否与施加影响力同时出现,自我控制都会产生压力。[9] 换句话说,要抑制冲动,按捺心中的欲望都需要有意无意地耗费精力。一个人必须从其他的思考和行动中抽身出来,以控制自己的思想、感受和行动。维持一个人的自我控制需要持续地运用这种注意力和精力。因此,有效的领导会激发权力压力和由自我控制而造成的压力。

长期压力和付出综合征

权力压力的唤醒会激活交感神经系统,从而激活典型的抵抗性的或者逃避性的生理反应。[10] 的确,许多形式的压力都会激活交感神经系统。[11] 领导者经常会遇到这种情况。他们的主要压力来源与施加影响力有关,因为他们必须依赖其他人来完成他们的工作,所以他们必须向这些人施加影响力;同样地,这些人又要依赖其他人来完成工作,这些人也层层依赖那些实际上直接完成工作的人。同时,领导者也对集体所付出的努力和组织的发展都负有一定的责任。这就意味着领导者一直处于与施加影响力和责任有关的压力之下。这种压力被认为是长期压力,其中穿插着急性压力（在遇到突发危机时）。这些不同类型、不同程度的压力的结合增加了"非稳态负荷",从而导致了各种危害性的后果。[12]

交感神经系统的激活,导致了多种神经传递素的分泌增多,包括肾上腺素和去甲肾上腺素,正如图A-1显示的,这两者通过下丘脑垂体肾上腺(H-P-A)和交感肾上腺脊髓颈椎激活人的身体。[13]个体会感觉到心脏收缩压与心脏舒张压的升高。[14]与此同时,血液流向大的肌肉组织。[15]就连神经循环也会被重新分配,大脑似乎更关注于生存必要的神经循环,右前额叶皮层(RPFC)的神经活动变得比左前额叶皮层(LPFC)的更加活跃。[16]肾上腺分泌出皮质醇,降低了细胞调节免疫力,从而降低了身体抗感染的能力,引起炎症和失调。[17]皮质醇的分泌还会产生其他的影响,那就是过度刺激神经,抑制神经组织正常的潜在增长。[18]

已有研究表明,交感神经系统的唤醒和右前额叶皮层的神经活动的激活与特定的情绪有关,比如恐惧和厌恶。[19]其他的负面效应,比如感觉失落或者焦虑,以及"与环境不和谐相处"也都与这类神经活动有关。[20]

从肾上腺素长期释放的糖皮质激素(比如皮质醇)具有免疫抑制作用。[21]有研究表明,具有领导动机模式的人,也就是高权力需求、权力需求超过亲和需求及高自我控制的人,有更低水平的免疫球蛋白A(S-IgA)——一个衡量免疫系统功能的指标。[22]然而,研究也表明,长期的压力会提高免疫球蛋白的生长速度,导致不当的抗体反应,因此增加了自体免疫失调(比如糖尿病)发生的可能性。[23]

许多常见的人类疾病,包括高血压、心肌梗塞、慢性传染病、胃溃疡、自体免疫混乱、肥胖、心律不齐、心力衰竭、糖尿病以及感染癌症,都可以部分归因于交感神经系统的过分活跃和沉重的激素负担。[24]比如,年轻人患上高血压被认为是因为长期刺激交感神经系统,激活了从大脑到肾脏、骨骼肌肉和心脏的去甲肾上腺素的传导路径。[25]引发胃溃疡的部分原因是幽门螺旋菌的出现。在这种情况下,压力降低了身体对这种感染

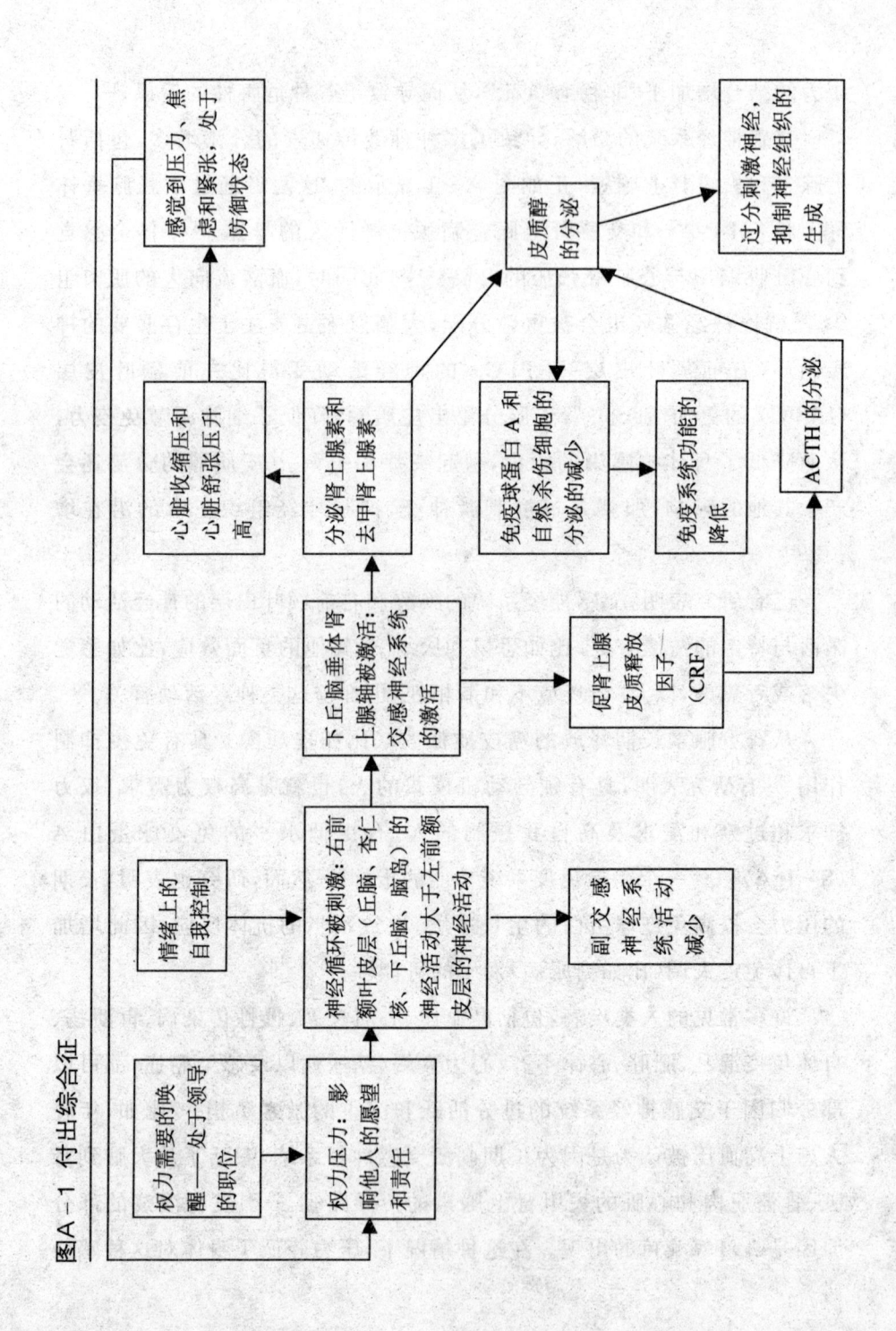

附录 A

图 A-1 付出综合征

- 权力需要的唤醒——处于领导的职位
- 权力压力：影响他人的愿望和责任
- 情绪上的自我控制

↓

神经循环被刺激：右前额叶皮层（丘脑、下丘脑、杏仁核、脑岛）的神经活动大于左前额皮层的神经活动

↓

- 副交感神经系统活动减少
- 下丘脑垂体肾上腺轴被激活：交感神经系统的激活
- 促肾上腺皮质释放因子（CRF）

↓

- 分泌肾上腺素和去甲肾上腺素
- 心脏收缩压和心脏舒张压升高
- 感觉到压力，焦虑和紧张，处于防御状态
- 免疫球蛋白 A 和自然杀伤细胞的分泌的减少 → 免疫系统功能的降低
- 皮质醇的分泌 → 过分刺激神经，抑制神经组织的生成
- ACTH 的分泌

的抵抗和治愈能力,促进了溃疡的形成。

大量的压力研究表明,身体的反应不仅包括刺激了交感神经系统,而且还包括抑制了副交感神经系统(PSNS)。[26]交感神经系统决定身体对生理或情绪刺激的快速高效反应能力,而副交感神经系统帮助从这种兴奋状态中恢复过来,并确保身体在基准水平(也就是平静状态)上的运转。[27]

受刺激而引发的压力,短期来看能帮助个体应对危机。长期和反复性的压力最终会使人的身体容易患肠胃疾病、传染病、心肌梗塞、失眠和一些其他常见的疾病。[28]长期遭受压力和激活交感神经系统确实对身体有害,耗尽了一个人的精力以及正常运转和创新的能力。[29]对于女性的研究结果表明,女性对于压力的反应与男性有细微差别,但也会激活交感神经系统。[30]在1985年出版的《动机》(*Motivation*)一书中,麦克莱兰(McClelland)总结的一项研究表明,高"权力需求"的人不会体验到同等程度的权力压力。[31]当他们处于需要行使权力的情境,或者承担需要行使权力的角色时,他们可能感受到更少的权力压力,因此权力压力并不会对免疫系统产生同样的有害影响。但是,在这种情况下的长期权力压力会带来什么样的负面影响,目前还没有探讨过。

一些学者认为,基因的排列决定了为什么有些人比其他人更容易感受到压力,更容易出现相应的负面影响。[32]虽然压力的个体差异确实存在,而因交感神经系统激活所产生的分泌物之间也有差异,但是基因的表达被认为有更大的影响,可能超过了遗传特性的影响。[33]然而基因的表达看起来主要受环境条件、行为模式、饮食习惯和自我管理行为的影响。[34]因此,医学研究者也认为,遗传决定对生理过程的影响可能比个人的经验和周围环境对生理过程的影响要小。

领导者的非理性行为或无拘无束的行为,尤其在为了有效地工作而进行自我控制的时候,会带来一些损害,包括倦怠、筋疲力尽、疲倦、内心

附录 A

的不平静或者厌烦，以及其他的一些疾病。从雷德福·威廉斯（Redford Williams）教授和他的同事们对工作倦怠的文献综述来看，他们强调了这样一个事实，"实证研究表明，工作倦怠会产生严重的功能紊乱性结果，这就意味着对个人和组织来说，代价都很大。"[35]

自我重塑循环

自我重塑有多个来源。心怀希望，体会怜惜之心，通过练习冥想来提高警醒之心都能激活人体内的反应，进而激活副交感神经系统，扭转压力所产生的反应及其对交感神经系统的唤醒。[36]正如图 A-2 所示，这就是对抗压力的解药。我们称之为自我重塑循环。

充满关怀的人际关系是激活副交感神经系统的关键。在各种研究中，充满关怀的人际关系都与低血压、更强的抵抗力以及更好的健康状况联系在一起。[37]研究发现，社交网络和社会资本都能降低人口的死亡率。[38]在对灵长类动物的研究中发现，父母与后代之间的养育联结会增加父母——不管是雄性还是雌性——的存活时间。在大部分的灵长类动物中，雌性是主要的付出关怀者，所以雌性有明显的生存优势。然而对于鹰面猴，双亲中只有父亲才承担抚养后代的责任，所以雄性比雌性有更强的生存优势。[39]豢养宠物的心脏病人比不养宠物的病人有更多的生存机会，更低的发病率，因为他们的交感神经系统被激活的频率更低。[40]

副交感神经系统帮助人体维持平静状态时（比如吃饭或者睡觉的时候）的身体现状。副交感神经系统也负责协调人体的反应，以扭转在压力情境下所激活的交感神经系统产生的影响。[41]亲情和友情会通过从下丘脑释放出来的后叶加压素和催产素，引致交感神经系统反应减少。[42]催产素会减少下丘脑垂体肾上腺轴的活动，增加副交感神经系统的活动。研究已经表明,催产素的作用是降低血压,减少压力反应,减少由压力引起的化学反应,扭转其对身体的有害影响。[43]因此,不管是在有没有亲情或者友情的情况下,社会交往(比如,亲情或友情)都可以通过增加副交感神经系统在基准水平的活动,来向下调控个体对压力的交感神经系统反应。[44]

我们相信当一个人感受到警醒之心时,和感受到希望之心和怜惜之心一样,左前额叶皮层的神经活动就会大大多于右前额叶皮层的神经活动。[45]有证据表明,与这一神经循环随之而来的活动是与幸福、欢乐之类的情绪联系在一起的,而经历过这类神经活动的人反映说,他们感觉非常兴奋、满腔热情、充满兴趣——最好的概括就是有兴高采烈的感觉。[46]这些情绪是由伏隔核激活的神经回路所引发的(与伏隔核对应,杏仁核激活的神经回路引发的是恐惧等情绪)。[47]这些神经回路的激活会引发轻微的兴奋与幸福感,类似与希望相关的想法在左前额叶皮层引发的感觉。[48]比如,看着你爱的人的照片与看着普通朋友的照片相比,相对来说会更多地激活左前额叶皮层和相关区域的神经活动。[49]此外,副交感神经系统和其他一些相关神经过程还可以扭转领导者运转不良的免疫系统功能。[50]芭芭拉·弗雷德里克森(Babara Fredrickson)和他的同事的研究表明,此类积极情绪与更开明的思想和更大的关注范围是联系在一起的。[51]

图 A-2 自我重塑循环

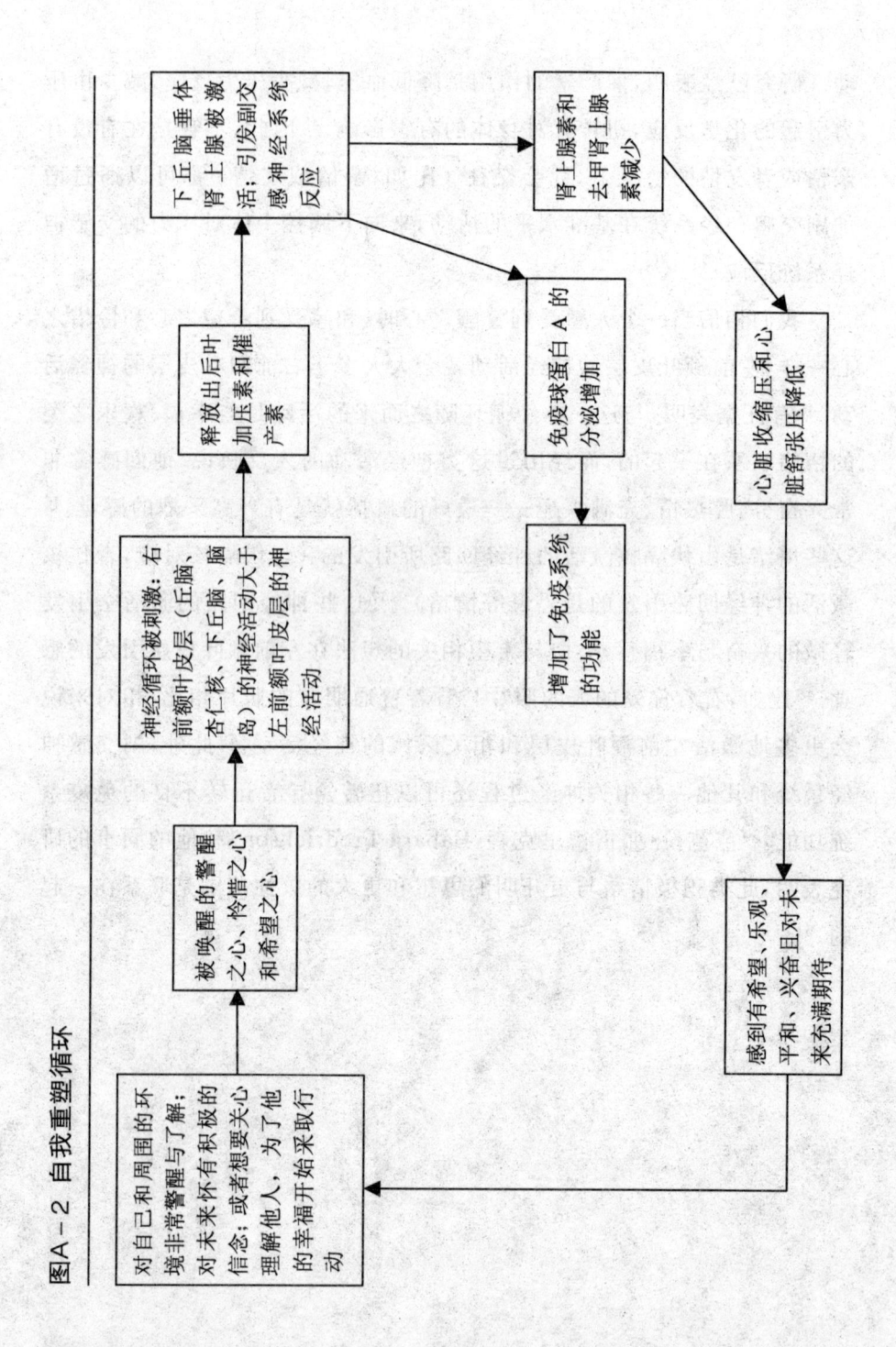

```
对自己和周围的环     被唤醒的警醒     神经循环被刺激：右     释放出后叶     下丘脑垂体
境非常警醒与了解；   之心、怜悯之心  →  前额叶皮层（丘脑、  →  加压素和催  →  肾上腺被激
对未来怀有积极的     和希望之心        杏仁核、下丘脑、       产素           活；引发副交
信念；或者想要关心                     岛）的神经活动大于                    感神经系统
理解他人，为了他                       左前额叶皮层的神                      反应
的幸福开始采取行                       经活动
动
                                                                             ↓         ↘
                                                    免疫球蛋白A的          肾上腺素和
                                                    分泌增加               去甲肾上腺
                                                    ↓                      素减少
                                                    增加了免疫系统          ↓
                                                    的功能                  心脏收缩压和心
                                                                           脏舒张压降低
                                                                           ↓
      ←  感到有希望、乐观、平和、兴奋且对未来充满期待  ←
```

210

附录 B 附加练习

练习一：洞察你的行事原则

我们特有的价值观并不总是能解释我们所有的行为。例如，在最近的一个研讨会上我们遇到了两名高管，他们都认为"家庭"是他们最重要的价值观之一。一个人选择做一家大型企业的国际副总裁，经常在周日晚上或者周一早晨飞往其他城市出差，而在周五晚上或者周六早上回到家中。另一位是一家化学公司的工厂经理，在过去的一年内推掉了两次晋升机会——其一是因为新的职位要求他经常出差，其二是因为需要他把家搬到别的地方去。当被问及两个人的选择与生活风格差距如此之大，他们又怎么会都把"家庭"放在同等重要的位置上时，他们的回答带出了另外一个问题。

副总裁说他在支撑这个家。他的妻子能拥有她所想要的家，她可以自由自在地去找一份工资不是很高，但却能让她觉得自己在为社会做重大贡献的工作。他的孩子们可以上最好的私立学校，而这让他和妻子对孩子们的未来充满了希望。而工厂经理说，对于他来说，"家庭"是最重要的价值观意味着"我每周有六个晚上回家跟家人共进晚餐，我们总是在一起做别的家庭也经常做的事情，更重要的是，做所有我们想做的事情"。

之所以会出现这种对立有两种可能。一种可能是他们其中一个并

附录 B

不是很了解自己的行为和这种行为对别人的影响。从那些很了解他们的人反映的情况来看，他们并不是这样。第二种可能是这种差别并不是取决于他们最重要的价值观，而是取决于他们是如何确定价值观的。我们把这种确定称为一个人的行事原则，因为不管人们把哪一种植根于某一特定信仰或者生活伦理观的哲学作为自己主要的指导原则，他们都会将这种原则转化为更具使用性和操作性的行为指南。

在接下来几页，我们提供了行事原则取向问卷，你可以借助这一问卷来了解自己的行事原则。[1] 根据你现在的偏好进行排序，在每一道题的 3 个选项旁边分别标上 1、2、3。

> 标"1"的选项应该是你的第一选择；
> 标"2"的选项应该是你的第二选择；
> 标"3"的选项应该是你的最后一个选择。

一些选项有多个部分，中间用"或者"隔开。对于这样的选项，选择最重要的部分（也就是被"或者"隔开的你所喜欢的部分），在这一部分下面画线，然后根据这一部分来进行排序（也就是说，只根据你画线的这一部分进行排序，而不是根据整个选项来排序）。

1. 我判断自己价值或者财富的依据：
   A. 我的人际关系（比如家人、朋友）
   B. 我的想法，**或者**创造新概念的能力，**或者**分析事物的能力
   C. 我的实际资产或收入

2. 我为我所在的组织感到自豪，当这一组织：
   A. 开发出新的产品（服务）
   B. 为个人（不管是员工、投资者还是合伙人）创造经济价值**或者**创造就业岗位

C. 帮助人们更轻松和更健康地生活

3. 当有人要求我花时间在某一项目上的时候,我问自己:

 A. 我能够从中学到什么?

 B. 做这件事情能不能帮到别人,**或者**是不是有人依靠我来做这件事情?

 C. 这对我来说有价值吗?

4. 有时候我做一件事情没有其他理由,只是:

 A. 我想知道为什么有些事情会是现在这样子

 B. 为了做其他的事情,必须要做这件事,**或者**这样才能获得我想要的东西

 C. 它会使我和另一个关心我的人在一起,**或者**这件事可以取悦我关心的人

5. 我能对别人的生活做出最大贡献的方式是:

 A. 帮助他们找到工作,**或者**帮助他们获得经济安全和独立

 B. 帮助他们形成他们自己的生活指导原则

 C. 帮助他们与别人或者我自己建立人际关系,**或者**让他们对自我的感觉更好一些

6. 我和什么样的人共事会把事情做到最好:

 A. 务实的

 B. 关心他人的

 C. 善于分析的

7. 我认为我对社会的贡献在于:

 A. 思想、概念或者产品

 B. 金钱

 C. 人和人际关系

8. 我根据什么来看我自己:

A. 我的成就，或者我做的事情（比如我的行动或行为）

B. 我的思想、价值观和观点

C. 和我有关系的人

9. 我认为我是一个这样的人：

A. 善于分析的

B. 关心他人的

C. 务实的

10. 我认为我所在组织最重要的利益相关者是：

A. 我们所在的领域或行业

B. 职员

C. 股东（投资者），或者顾客、客户

11. 当我在读或听新闻的时候，我经常想的是：

A. 这些新闻是否给我提供了一个赚钱的点子，或者告诉我如何抓住一个机会

B. 这些新闻对社会本质的论述

C. 这些新闻中的人物（比如被事件影响的人）

12. 我相信很多社会问题都能得到解决，如果更多的人是：

A. 务实的

B. 善于分析的

C. 关心他人的

13. 当我有空的时候，我会：

A. 做那些必须做的事情（比如家务事和一些分内的事情）

B. 思考一些事情，或者思考为什么有些事情会是目前这个样子，是如何成为这样的

C. 花时间和某人聊天或和他一起做事情

14. 以下哪个是生活中最重要的原则：

A. 今日事,今日毕

B. 要想别人怎么对你,你就怎么对别人

C. 思考生活和事情的意义是一项重要的活动

15. 当我和什么样人在一起的时候,我觉得最高兴、最兴奋、最受鼓舞:

A. 务实的

B. 关心他人的

C. 善于分析的

16. 我认为一个组织应该对社会做出什么样的贡献:

A. 为人们提供一个能够实现梦想、追求发展和做出贡献的地方

B. 产生创意、创造产品或服务

C. 创造增加的净资产(比如,帮助个人积累净资产)**或者**创造就业岗位

17. 人们将过着充实的生活,如果他们:

A. 关怀别人,并与之建立关系

B. 成为一个百万富翁,**或者**实现经济安全,**或者**创造就业岗位

C. 开发创意、产品和方法

18. 每个人应该:

A. 确定他们的目标并朝这个方向努力;为了长期目标,必要的时候可以做出牺牲

B. 从他们的人际关系中寻求满足感

C. 了解自己,理解他们自己的行为原因

19. 我会觉得很成功,如果我能在十年内:

A. 写文章(著书),**或者**传授他人观念和思想,**或者**发明新概念、新想法、新产品,**或者**搞明白一些事情

B. 结交很多人,**或者**建立很多有意义的人际关系

C. 比我现在获得更大的净价值,**或者**拥有经济安全、经济自由

附录 B

20. 我会在一项活动花合适的时间,如果这项活动可以:
    A. 交朋友,**或者**会见我感兴趣的人
    B. 获得了有趣的想法,**或者**从中观察到有趣的东西
    C. 赚到钱

计算问卷的分数

为了计算你在行事原则取向问卷中的得分,首先请把你对上述问卷中每一道题、每一选项旁边所标的数字抄写到下面的表格中(比如,1a 是第 1 道题的第一个选项,20c 是第 20 道题的最后一个选项)。把每一列的分数加起来,写在小计一栏中。然后用 60 去减每一列的得分,就分别得到务实原则、理智原则和人情原则的总分。这三个分数中的最高分,就是你通常在制定决策、确定事物或者行为价值时的行事原则。

题号	实用原则	理智原则	人情原则
1	1.c	1.b	1.a
2	2.b	2.a	2.c
3	3.c	3.a	3.b
4	4.b	4.a	4.c
5	5.a	5.b	5.c
6	6.a	6.c	6.b
7	7.b	7.a	7.c
8	8.a	8.b	8.c
9	9.c	9.a	9.b
10	10.c	10.a	10.b
11	11.a	11.b	11.c
12	12.a	12.b	12.c
13	13.a	13.b	13.c
14	14.a	14.c	14.b
15	15.a	15.c	15.b
16	16.c	16.b	16.a

17	17. b	17. c	17. a
18	18. a	18. c	18. b
19	19. c	19. a	19. b
20	20. c	20. b	20. a
小计			
用 60 去减后的得分			

解读结果

这个问卷的主要目的是帮助你了解自己在这三种基本行事原则上的倾向性，这三种行事原则分别是实用原则、理智原则和人情原则。我们通过自己的主导行事原则来判断自己、他人和组织的价值、利益与好处。我们的价值观以信念为基础，并决定我们的态度。一般来说，一种价值观包括了对某一对象或者目标的评价（即指明它是好还是坏）。而不同价值观的组合形成了建议或者禁令（即要做什么以及不要做什么），并指导我们的日常生活。价值观也会影响我们对周围事物、事情的知觉和理解。行事原则就是影响个体对事物的知觉及对其价值的判断的价值观的组合。

实用原则

实用原则是以实用主义、务实主义或者结果主义的哲学为基础的。如果一个人的主导行事原则是实用原则，他倾向于根据行为对想要得到的结果或目标的可衡量的效用来决定行为的价值。如果结果或目标不明确，或者衡量起来比较困难，那么实用原则占主导的人就会低估这些行为的价值。虽然金钱是一种很方便的衡量方式（即用美元或者当地货币的单元来衡量），但这并不意味着一个实用原则占主导的人只关注或者过分关注金钱。金钱可能仅仅是被用来评估投入和产出比的衡量工具。

附录 B

理智原则

理智原则是以理性主义的哲学为基础的,或者可能是以摈弃神秘主义为基础的。如果一个人的主导行事原则是理智原则,他倾向于根据行为对理解事物的概念上的贡献来确定行为的价值。建立一张认知地图,或者形成能描述某一事物的框架,是这一行事原则的核心。它倾向于用抽象、象征的变量来理解、描述和考察某一现象。

人情原则

人情原则是以人道主义和集体主义的哲学为基础的。如果一个人的主导行事原则是人情原则,他倾向于根据行为对某个人的影响和对自己与特定他人的人际关系的影响来确定行为的价值。对于人情原则占主导的人来说,虽然他们也有可能在工作情境或者其他情境中关心他人及与他们的关系,但是亲情和友情对他们来说却是最重要的事情。

原则性的价值取向

我们每一个人都认同上面描述的三种行事原则,但是我们每个人赋予每一种行事原则的重要性是不同的。也就是说,很多人认为在他们人生的任何一个时刻,其中一种行事原则都会比其他两种更重要。当然,这三种行事原则的相对重要性有可能随时间而变化。

对你的问卷结果进行解释的第一步,就是问问你自己,总分(也就是用 60 减去每列的小计之后得到的原始分数)的排序是否反映了你个人对这三种行事原则的重要性的排序。提醒你一下——因为你把每一道题中最重要的选项标为"1",所以你的得分必须倒过来(即用最大分数 60 来减)以得到一个"高分代表更重要的行事原则"的数字。

不同总分之间的差距反映了你对这些相差不大或者相差很大的价值观的偏好程度。如果总分比较接近,也就是说两种行事原则或者三种行事原则之间的差距在 3 分之内,意味着在你做决定的时候,如果要做的决定与这两种原则或者三种原则有关,你内心就会非常矛盾,你就可能会优柔寡断。

还有一种分析得分含义的方法,那就是通过百分位图表。在下一页中,根据你的三项总分在图中找着相应的百分位位置并描点,然后用线把这三点连起来。

这个结果反映了你的得分与1 320位经理、高管和专家的得分相比所得到的百分位分布。抽样调查者的年龄从17岁到63岁,平均年龄32岁。女性占1/3多一点,来自于美国、欧洲、南美洲和亚洲。

原始分数和百分位分布的方法都很有用,但方式不同。原始分数反映你是如何回答每一个问题的。百分位分布显示你的得分与其他完成这一问卷的人相比较之后的结果。后者可以调整由社会期望或某一选项的政治正确性所导致的结果偏差。因为原始分数和百分位图表提供了不同的信息,所以这两种信息你都应该分析,以更深入地了解你自己的行事原则。

比如,假设你的实用原则得分是12,你的理智原则得分是24,你的人情原则得分是24。因为你的理智原则和人情原则的原始得分(仍然是用60减完后的结果)比较接近,这就意味着当你遇到的情况与你关心的人有关,并且与公正、公平或者遵循程序有关时,你内心就会感到矛盾。但是在百分比图上,你的百分比成绩变成了实用原则=34%、理智原则=82%、人情原则=42%。这就意味着在别人眼里,在很多情况下,或者从很长的一段时间来看,你更有可能倾向于对状况进行理性的分析,建立能够解释这一状况的模型和框架,而非考虑别人的感受(人情原则),或者权衡不同选择的成本与收益(实用原则)。这并不意味着你不关心他人,也不意味着你不现实。这是一个相对权重。这也就意味着,你会首先用对你来说最重要的那个原则来考虑问题,然后才会想到用其他两个原则来进行考量。

附录 B

百分位	实用原则 30+	理智原则 32+	人情原则 38+
100%	29 / 28 / 26 / 24	31 / 30 / 28 / 27	37 / 35 / 34
90%	23 / 22 / 21 / 20	26 / 25	33 / 32
80%		24	31
	19	23 / 22	30
70%	18		29
	17	21	28
60%	16	20	27
			26
50%	15	19	
	14		25
40%	13	18	24
	12	17	23
		16	22
30%			21
	11	15	20
	10	14	
20%	9	13	19 / 18
			17
	8	12	16
10%	7	11 / 10	15 / 14
	6	9	12
0%	5	8	

220

附加练习

练习二：回应唤醒呼叫——你可以向谁暴露你的软肋

在你的生活中，你可以跟谁分享你内心深处的苦恼和顾虑？有没有一个人，你可以向他展示你最脆弱的一面，与他讨论你所犯的最严重的错误或你最大的期望？

这个人是谁？_____

我与他最后一次交谈是什么时候？我是不是应该再与他进行一次交谈了？

如果你不能确定有这么一个人的话，你是否愿意找一个外人，比如一个教练或咨询师——一个可信赖的顾问——来倾听你的想法、你的希望和顾虑，并给予你指导？花点时间同那些曾经寻求过顾问帮助的人谈谈，了解在这样的关系中，哪些事情是有帮助的，哪些事情是没有帮助的，以及你可以从什么地方找着这些能够提供帮助的顾问。

练习三：在清晨引入警醒之心（一个十分钟的练习）

思想	身体
用两分钟时间写下你大脑里思考的东西：	用钢笔或者铅笔勾画出你的身体轮廓，边画边检查身体相应的部位——注意紧张、放松、感觉痛苦或是舒服的部位。圈出你需要注意的身体部位。
我今天不愿去思考的东西有：	

附录 B

心情	精神
写出你此刻的感受：_____ 在你的身体的哪个部位有这种感受？_____ 什么具体行动可以帮助你维持这种感受（如果它是有用的）或者摆脱它（如果它是令人紧张或痛苦的）？写下来：	闭上眼睛，想象一些能够激励你的事物或者人。怀着这种感觉坐着进行几次深呼吸。想象自己在一天中向外界散放着这种能量。你在做什么，想什么，感受什么？在练习期间你的脑海中出现了什么影像呢？

练习四：整体平衡练习

在这个练习中，用下面的图表来分析你最近从事的活动分别属于哪一类——思想的、身体的、精神的、心情的。

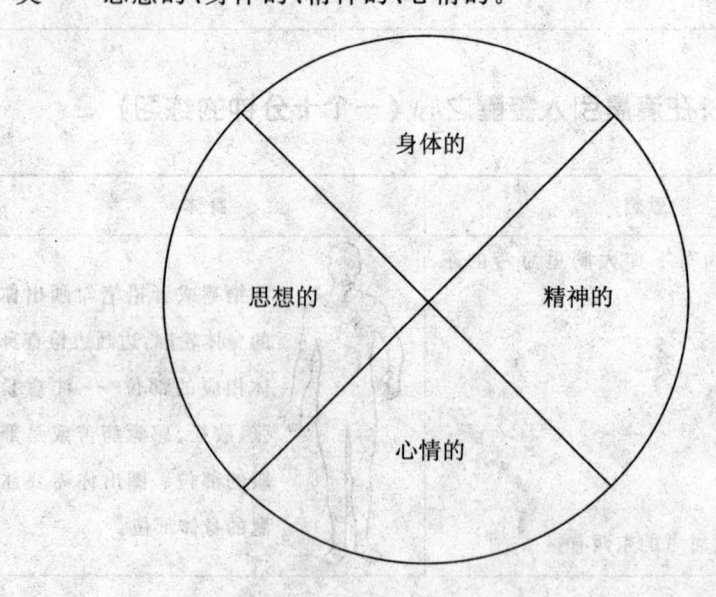

附加练习

做完这个练习以后,反思一下这些活动对你的有益程度。

如果你能改变的话,你会改变哪些?记录下来并进行简单的分析。

现在仔细想想你的理想,为了实现平衡(安定、和谐)的生活你会从事哪些活动(记住:你理想的平衡生活,是你自己的,而不是别人的)。

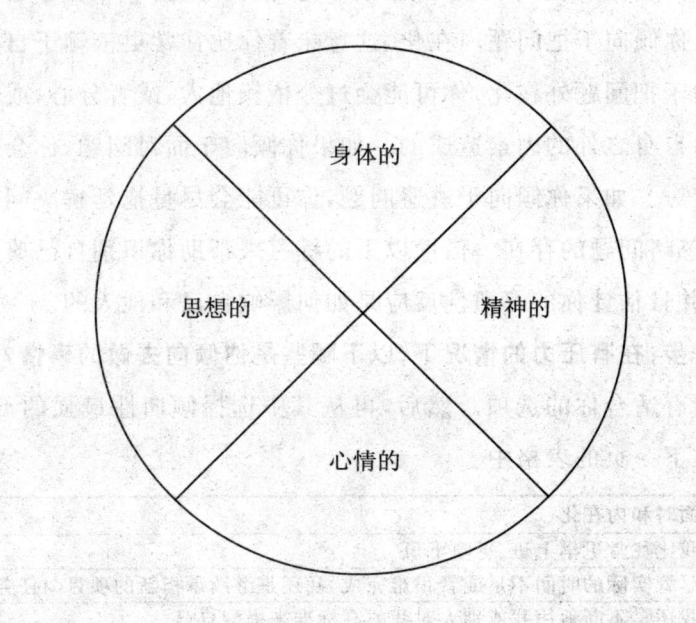

```
          身体的

   思想的        精神的

          心情的
```

反思下面几个问题:

你希望生活中多点什么,少点什么?你是需要简化还是丰富你的生活?

什么技能、知识、学问或者信念能够帮助你实现更好的平衡?

为了实现你想要的平衡,有哪些是你必须要放弃、牺牲、摆脱的?

附录 B

练习五：识别你的防御机制

当我们处于长期的权力压力之下，我们往往会借助我们习惯性的防御机制来帮助我们，让自己觉得事情都在掌控之中。虽然每个人对压力的反应有一些不同，但是我们总是采用许多相同的策略，这些策略基于我们是倾向于把问题内在化还是外在化，倾向于面对问题还是逃避问题。如果你倾向于把问题内在化，这意味着你比往常更依赖于自己。如果你倾向于把问题外在化，你可能会过分依赖他人，或者分心，或者认为问题是由自身之外的因素造成的。如果你倾向于面对问题，你会忙着解决或者应对。如果你倾向于逃避问题，你可能会尽量拖延解决问题的时间，甚至忽略问题的存在。借助以下的练习来帮助你识别自己典型的防御机制，并且估计你的习惯性反应是如何影响自己和他人的。

第一步：在有压力的情况下，以下哪些是你倾向去做的事情？首先，请选择所有适合你的选项。然后，再从其中选择倾向性最强的五项，把它们写在下一页的表格中。

	面对和内在化
	我比往常更早上班、更晚下班
	尽管实际的时间不足或者很难完成，我还是继续承担新的项目与任务
	我还是不断地用我或别人对我的高标准来提醒自己
	我希望每个人的工作绩效都能达到我的高标准
	我从不说"不"

	逃避和内在化
	更愿意待在办公室，注意力越来越只放在我自己的项目、想法和关心的事物上
	与同事、家人、朋友疏远
	以"简短"与"直奔主题"的方式与人交谈，只谈"实质"的信息
	只有我的目标和使命看起来重要
	我认为我不需要别人的建议与帮助
	其他人都在妨碍我

	面对和外在化
	我是唯一一个知道答案的人
	如果有人跟我有不同意见,我会忽略他,或者使他对此感到后悔
	我最亲密的朋友和顾问总是同意我的看法
	我从不放弃做决策

	逃避和外在化
	关注事情消极的一面
	把愤怒和失望当做一种荣誉
	批评那些怀有希望或者想要改变现状的人,或者变得愤世嫉俗
	把我的情绪或者遇到的状况归罪于他人或者环境因素
	跟一些与我的想法类似的人聚会、喝酒,并谈论一些我认为是错误的事情

第二步:列出五个你最常见的防御机制。注意分析你是否更倾向于面对你所遇到的问题或感受,还是更倾向于逃避你所遇到的问题或感受,以及你是倾向于将你的反应内在化还是外在化。然后,试着去分析你的防御机制是如何影响你、你的团队(同事)甚至你的组织的,并把分析的结果记录下来。

我的防御机制	面对、逃避、内在化、外在化	它如何影响我:思想上、身体上、心情上和精神上	它如何影响我的团队(亲密的同事)和家人	它如何影响我周围环境的和谐或不和谐程度

控制你的防御机制的第一步就是要正确地认识它们。在上面的列表中,你已经了解到了你的习惯性反应方式,以及这些行为模式是如何影响你自己和其他人的。下一步就是问你自己"这些习惯对我有用吗?

附录 B

对其他人有用吗?"虽然有时候我们的防御机制的确有帮助,但更多的时候并非如此。如果你发现你的习惯对你自己或者别人没有帮助,你必须关注你的反应,监控你何时,又是如何对问题做出反应的。这样在行动之前,你对自己的选择就会有更清楚的认识。

练习六:观看舞蹈

观察人际关系和团队如同观看舞蹈——它们有节奏,有动作,有拍子,有领舞、伴舞,有自由发挥的,以及编舞的。警醒地观察这种舞蹈可以让你了解很多重要的信息,这能让我们不仅关注对话的内容,而且也关注动作、反应、声调、强度和讲话的抑扬顿挫。同时,也能让我们了解有哪些人参与了互动,他们又是如何加入的?此外,也能让我们关注整个互动过程;在这一过程中我们产生了哪些感受与想法?

观看"舞蹈"的提示:
- 哪些人在参与?
- 谁是领"舞"?
- 谁是伴"舞"?
- 参与者的互动是有节奏的还是杂乱、不和谐的?
- 感情基调是怎么样的?
- 感情强度如何?
- "舞蹈"在整个过程是怎样不断变化的?
- 当我在观察的时候,我产生了什么样的情绪?
- 当我在观察的时候,我被激发出了什么样的想法?

注 释

第一章

1. 参见 Daniel Goleman, Richard Boyatzis, and Annie McKee, *Primal Leadership: Realizing the Power of Emotional Intelligence* (Boston: Harvard Business School Press, 2002).

2. 同上。

第二章

1. 尽管确有其人,但是我们使用了化名,以保护此人陷入尴尬的处境。在整本书中以及各注释中,我们在第一次提到某人时,如果只有名字则意味着这是一个化名。

2. 参见 Daniel Goleman, Richard Boyatzis, and Annie McKee, *Primal Leadership: Realizing the Power of Emotional Intelligence* (Boston: Harvard Business School Press, 2002)。Annie McKee 和 Fran Johnston 在 *The NTL Handbook of Organization Development and Change* (San Francisco: John Wiley & Sons/Pfeiffer, 2005)一书的"The Impact and Opportunity of Emotion in Organizational Development"中拓展了这一概念。

3. 来源于作者 2004 年与 Colleen Barrett 的对话与交谈。文中关于 Colleen Barrett 的信息多数来源于作者在 2004 年至 2005 年与 Colleen

注释

Barrett 的面谈与信件交流。

4．我们和 Daniel Goleman 在 *Primal Leadership* 里向大家展示了大量情商与绩效的关系的研究。见 Benjamin Schneider and David Bowen, *Winning the Service Game*（Boston：Harvard Business School Press, 1995）。

5．"The Most Powerful Women in Business," *Fortune*, October 13, 2003：103-108.

6．Thomas Lewis、Fari Amini 和 Richard Lannon 在 *A General Theory of Love*（New York：Random House, 2000）一书中对此做出解释。人们确实会感染彼此的情绪,人们尤其会从那些他们特别重视的人比如领导者那里受到情绪感染。关于这一点的更多说明请见 Richard Petty, Leandre Fabriger, and Duane Wegener, "Emotional Factors in Attitudes and Persuasion" in *Handbook of Affective Sciences*, ed. Richard J. Davidson, Klaus R. Sherer, and H. Hill Goldsmith（New York：Oxford University Press, 2003）, 752-772。

7．参见 Elaine Hatfield, John Cacioppo, and Richard Rapson, *Emotional Contagion*（New York：Cambridge University Press, 1994）；也参见 Paul Ekman, Joseph J. Campos, Richard J. Davidson, and Frans DeWaals, *Emotions Insides Out*, Annals of the New York Academy of Science, vol. 1000（New York：New York Academy of Science, 2003）；和 Lyndall Strazdins, "Emotional Work and Emotional Contagion," in *Emotions in the Workplace：Research, Theory and Practice*, ed. Neal Ashkanasy, Wilfred Zerbe, and Charmine Hartel（Westport, CT：Quorum Books, 2000）, 232-250。

8．参见 Paul Ekman, *Emotion Revealed：Recognizing Faces and Feelings to Improve Communication and Emotional Life*（New York：Henry Holt, 2004）.

9．参见 Alfons O. Hamm, Harald T. Schupp, and Almut I. Weike, "Motivational Organization of Emotions：Autonomic Changes, Cortical

Responses, and Reflex Modulation," in Davidson, Scherer, and Goldsmith, *Handbook of Affective Sciences*, 187–211。

10. Ekman, *Emotions Revealed* (2004)。

11. 参见 Thomas Lewis, Fari Amini, and Richard Lannon "*A General Theory of Love* (2000)"; Paul Ekman, "Should We Call It Expression or Communication?" in *Innovation in Social Science Research* 10, (1997):333–344; 和 John Gottman, Robert Levenson, and Erica Woodin, "Facial Expression During Marital Conflict," in *Journal of Family Communication* 1, (2001):37–57。

12. Anthony T. Pescosolido, "The Leader's Emotional Impact in Work Groups" (PhD diss., Case Western Reserve University, 2000)。

13. Nadia Wager, George Fieldman, and Trevor Hussey, "The Effect on Ambulatory Blood Pressure of Working Under Favorably and Unfavorably Perceived Supervisors," *Occupational Environmental Medicine* 60(2003):468–474.

14. Angela Vargo 是西南航空公司的公共关系测评专家，他为我们对西南航空公司的研究提供了很多帮助和深刻的见解。

15. 想了解情绪、态度和行为之间关系的众多研究的总体结果，见 Joseph P. Forgas, "Affective Influences on Attitudes and Judgments" in Davidson, Scherer, and Goldsmith, *Handbook of Affective Science*, 563–573。

16. Alan Sanfey, James Rilling, Jessica Aronson, Leigh Nystrom, and Jonathon Cohen, "The Neural Basis of Economic Decision-making in the Ultimatum Game," *Science* 300, no.5626(2003):1755–1758.

17. Goleman, *Destructive Emotions*. B. Alan Wallace 认为，"破坏性情绪就是那些对自己或者他人有害的情绪"。Owen Flanagan 认为西方观点的情绪的破坏性状态包括"……低自尊、自负、带着负面情绪（例如愤怒、害怕、嫉妒），缺少热情，不能建立亲密的个人关系"。Matthieu Ricard 从佛教的角度做出了这样的定义："……破坏性的情绪，也就是模糊或者令

注释

人苦恼的心理因素,会阻断人们的思想,令其无法探明事实的真相",他还表示"这样的情绪状态削弱了人们的判断能力和评估事务的能力……因此,模糊的情绪会束缚人们的思想,让人们用一种带有偏见的方式去思考、表达和采取行动"。

18. 领导能力的研究有着悠久而著名的历史,可考证的研究是从 David McClelland 的早期研究工作开始的(参见 David C. McClelland, "Testing for Competence Rather Than Intelligence," *American Psychologist* 28(1973):14 - 31)。这方面的工作其后被 Richard Boyatzis、Lyle Spencer、Cary Cherniss、Daniel Goleman 和 Annie McKee 以及其他许多学术研究者和实践者发扬光大。参见 Richard Boyatzis, *The competent Manager: A Model for Effective Performance* (New York: Jonh Wiley & Sons,1982); Lyle Spencer Jr. and Signe Spencer, *Competence at Work: Models for Superior Performance* (New York: John Wiley & Sons, 1993); 和 Cary Cherniss and Mitchel Adler, *Promoting Emotional Intelligence in Organizations: Make Training in Emotional Intelligence Effective* (Washington, DC: American Society of Training and Development, 2000)。这些根基性的研究在过去 10 年里已经得到了极大的拓展,我们和许多其他同仁的研究均表明,与情商有关的多种能力是区分领导优秀与否的重要因素。要了解这一理论与研究的早期综述,请参见 Daniel Goleman, *Working with Emotional Intelligence* (New York: Bantam, 1998);要了解这一理论的新进展和更多最新的研究,请参见 Goleman, Boyatzis, and McKee, *Primal Leadership*。

19. 参见 David Goleman, "What Make a Leader?" *Harvard Bussiness Review* (November - December 1998): 92 - 102; 另见 Goleman, Boyatzis, And McKee, "Primal Leadership: The Hidden Driver of Great Performance," *Harvard Business Review* (December 2001): 42 - 51。要了解这些能力的分类情况,参见 Richard Boyatzis, Daniel Goleman and Kenneth Rhee, "Clustering Competence in Emotional Intelligence: Insights from the Emotional Competence Inventory (ECI)," in *Handbook of*

Emotional Intelligence, ed. Reuven Bar-On and James D. A-Parker (San Francisco: Jossey-Bass, 2000), 343 – 362。

20. 像与情商有关的能力一样,这是一种能区分优秀的领导者与普通的领导者的认知能力。参见 Boyatzis, *The Competent Manager*; Spencer and Spencer, *Competence at Work*; Peter Senge, *The Fifth Discipline* (New York: Currency Doubleday, 1994); Richard Boyatzis, "Using Tipping Points of Emotional Intelligence and Cognitive Competencies to Predict Financial Performance of Leaders," *Psicothemia* (in press)。另见 Dominic Massaro, "A Pattern Recognition Account of Decision-making," in *Memory & Cognition* 22. (1994): 616 – 627。

21. 参见 David Goleman, *Emotional Intelligence* (New York: Bantam, 1995), Goleman, Boyatzis and McKee, *Primal Leadership*。

第三章

1. John Kotter, *Power in Management: How to Understand, Acquire, and Use It* (New York: AMACOM Press, 1979); John Kotter, *The General Managers* (New York: Free Press, 1982); David McClelland, *Power: The Inner Experience* (New York: Irvington Press, 1975); Gary A. Yukl, *Leadership in Organizations*, 5th edition (Upper Saddle River, NJ: Prentice Hall, 2001) and Gary A. Yukl and David Van Fleet, "Theory and Research on Leadership in Organizations," in *Handbook of Industrial and Organization Psychology*, 2nd edition, vol. 3, ed. Marvin D. Dunnette and Leaetta M. Hough (Palo Alto, CA: Consulting Psychologists Press, 1990): 147 – 197。关于权力压力的早期研究主要是由动机心理学家 David McClelland 和他的同事开展的;参见 David McClelland, *Human Motivation* (Glenview, IL: Scott, Foresman & Co., 1985)。

2. Chris Argyris, *Strategy, Change & Defensive Routines* (Boston: Pitman Publishing, 1985)。

注释

3. Alan F. Fontana, Roberta L. Rosenberg, Jonathan L. Marcus, and Robert D. Kerns, "Type A Behavior Pattern, Inhibited Power Motivation, and Activity Inhibition" *Journal of Personality and Social Psychology* 52 (1987):177–183; John B. Jemmott Ⅲ, "Psychosocial Stress, Social Motives and Disease Susceptibility,"(PhD diss., Harvard University,1982); David McClelland, *Human Motivation* (1985); David McClelland, Erik Floor, Richard Davidson, and Clifford Saron, "Stressed Power Motivation, Sympathetic Activation, Immune Function, and Illness,"*Journal of Human Stress* 6,no.2(1980): 11–19;David McClelland and John B. Jemmott Ⅲ, "Power Motivotion, Stress, and Physical Illness", *Journal of Human Stress* 6, no. 4, no. 2(1980): 6-15; David McClelland and Carol Kirshnit "Effects of Motivational Arousal on Immune Function,"(unpublished manuscript, Harvard University,1982); 和 David McClelland, S. Locke, R. Willians, and M. Hurst, "Power Motivation, Distress and Immune Function,"(unpublished manuscript, Harvard University, 1982); Richard Boyatzis, Melvin Smith, and Nancy Blaize, "Sustaining Leadership Effectiveness Through Coaching and Compassion: It's Not What You Think," *Academy of Management Learning and Education* (*forthcoming*);也请参见本章的注释1与附录A。

4. Suzanne Segerstom and Gregory Miller,"Psychological Stress and Human Immune System: A Meta-analytic Study of 30 Years of Inquiry," *Psychological Bulletin* 130,no.4(2004):601–630.

5. David McClelland, *Human Motivation* (1985); David McClelland and Richard Boyatzis,"The Leadership Motive Pattern and Long Term Success in Management," *Journal of Applied Psychology* 67(1982): 737–743;Fontana et al., "Type A Behavior Pattern..." Ruth L. Jacobs and David McClelland, "Moving Up the Corporate Ladder: A Longitudinal Study of Leaderships Motive Pattern and Managerial Success in Women and Men," *Consulting Psychology Journal: Practice and Re-

search 46(1994)32 - 41;和 Sharon R. Jenkins,"Need for Power and Women's Careers over 14 Years: Structural Power, Job Satisfaction, and Motive Change," *Journal of Personality and Social Psychology*, 66 (1994):155 - 165。

6. 附录 A 对此过程的技术细节进行了阐述。

7. Roy Baumeister, Todd Heatherton, and Diane Tice, *Losing Control: How and Why People Fail at Self-Regulation* (New York: Academic Press, 1994); Roy Baumeister, "Ego Depletion and Self-regulation Failure: A Resource Model of Self-control," *Alcoholism: Clinical and Experiment Research* 27, no.2(2003): 281 - 284; Robert Sapolsky, "The Physiology and Pathophysiology of Unhappiness" in *Well-Being: The Foundation of Hedonic Psycholgy*, ed. Daniel Kahnemann, Edward Diener, and Norbert Schwarz (New York: Russell Sage Foundation, 1999),453 - 469.

8. 参见 Mustafa Al'Absi, Kenneth Hugdahl, and William Lovallo, "Adrenocortical Responses and Altered Working Memory Performance," *Psychophysiology* 39 (2002): 95 - 99; Hedva Braunstein-Bercovize, Inbal Dimentman-Ashkenasi, and R.E. Lubow, "Stress Affects the Selection of Relevant from Irrelevant Stimuli," *Emotion* 1(2001):182 - 192; Michael Ennis, Kimberly Kelly, Mary K. Wingo, and Paul L. Lambert, "Cognitive Appraisal Mediates Adrenomedullary Activation to a Psychological Stressor," *Stress and Health* 17 (2001) : 3 - 8; Peter Hancock and Paula A. Desmond, *Stress, Workload and Fatigue* (Mahwah, NJ:Lawrence Erlbaum, 2001)。

9. Sally S. Dickerson and Margaret Kemeny, "Acute Stressors and Cortisol Responses: A Theoretical Integration and Synthesis of Laboratory Research," *Psychological Bulletin* 130, no.3(2004): 355 - 391; Oakley Ray,"How the Mind Hurt and Heals the Body," *American Psychologist* 59, no.1 (2004):29 - 40; Suzanne Segerstom, and Gregory

注释

Miller,"Psychological Stress and Human Immune System: A Meta-analytic Study of 30 Years of Inquiry," *Psychological Bulletin* 130, no. 4 (2004): 601 – 630; Gregory Miller, Sheldon Cohen, Sarah Pressman, Anita Barkin, Bruce Rabin, and John Treanor,"Psychological Stress and Antibody Response to Influenza Vaccination: When Is the Critical Period for Stress, and How Does It Get Inside the Body?" *Psychosomatic Medicine* 66, no.2 (2004): 215 – 223.

10. 同上。

11. Peter S. Erikson, Ekaterina Perfilieva, Thomas Bjork-Erikssson, Ann-Marie Alborn, Claes Nordburg, Daniel Peterson, and Fred Gage,"Neurogenesis in the Adult Human Hippocampus," *Nature Medicine* 4,(1998): 1313 – 1317; Stephan Harzsch, Julie Miller, Jeanie Benton, and Barbara Belz,"From Embryo to Adult: Presistent Neurogenesis and Apoptotic Death Shape the Lobster Deutocerebrum," *Journal of Neuroscience* 19, no.9(1999): 3472 – 3485; Daniel Goleman, Richard Boyatzis, and Annie McKee, *Primal Leadership: Realizing the Power of Emotional Intelligence* (Boston: Harvard Business School Press, 2002).

12. 神经系统的压抑和神经组织的损害会削弱大脑学习新事物的能力。参见上面的注释11；Arturo Alvarez-Buylla and Sally Temple,"Stem Cells in the Developing and Adult Nervous System," *Journal of Neurobiology* 36,(1998): 105 – 110；和 Elizabeth Gould, Anna Beylin, Patima Tanapat, Alison Reeves, and Tracey J. Shors,"Learning Enhances Adult Neurogenesis in the Hippocampal Formation," *Nature and Neuroscience* 2,(1999):260 – 265。

13. Dickerson and Kemeny,"Acute Stresssors."

14. 心理学家 Aaron Beck 和 Martin Seligman 解释了认知、情感和行为之间的相互作用关系，以及他们对我们生活中的有效性和幸福的影响。在一本具有里程碑意义的著作 *Depression: Clinical, Experimental, and Theoretical Aspects* (New York:Harper and Row, 1967)中，Aaron Beck

第一次提出了认知行为疗法,即通过打破框框与紊乱行为之间的联系,来改变人们的想法和思维模式的过程。他的著作后来成为 Martin Seligman 早期研究的基础。他还描述了消极认知和积极认知对人们生活的影响。参见 Martin E. P. Seligman, *Learned Optimism: How to Change Your Mind and Your Life*, (New York: A. A. Knopf, 1991)。在过去几年中, Seligman 和他的同事们的关注点发生了极大的转变,从原来的对功能紊乱的关注转变为对积极体验、预防和心理健康和疾病的关注。这一被称做"积极心理"的运动的核心假设为:增强我们自身的力量对我们的心理、情绪和精神健康都非常重要。与弥补我们的弱点和克服心理紊乱相比,增强自身力量即使不是更重要也是同等重要。关于这一点的更多说明,参见 Jane E. Gillham and Martin E. P. Seligman, "Footsteps on the Road to Positive Psychology," *Behavior Research and Therapy* 37 (1999): 163 – 173, Martin E. P. Seligman and Mihaly Csikszentmihalyi, "Positive Psychology: An introduction," *American Psychologist* 55, (2000): 5 – 14; 和 Martin E. P. Seligman, *Authentic Happiness: Using the New Positive Psychology to Realize Your Potential for Lasting Fulfillment* (New York: Free Press, 2002)。

15. Albert Bandura 在他多本著作中对"自我效能对人类行为和有效性的影响"的论述,让我们了解到我们对自身影响事情能力的信念,是如何影响我们的所作所为和最终结果的。参见 Albert Bandura, *Social Learning Theory* (Englewood Cliffs, NJ: Prentice Hall, 1977); "Self-evaluative and Self-efficacy Mechanisms Governing the Motivational Effects of Goal Systems," *Journal of Personality and Social Psychologist* 45, no. 5 (1977): 1017 – 1028; "Human Agency in Social Cognitive Theory," *American Psychologist* 44, (1989): 1175 – 1184; *Self-efficacy: The Exercise of Self-control* (New York: W. H. Freeman, 1997)。

16. 参见 "The Self and Emotion: The Role of Self-Regulation in the Generation and Regulation of Affective Experience," in Davidson, Scherer, and Goldsmith, *Handbook of Affective Science*, 773 – 786。

注释

17. 从 Jones and Harris 在 1967 年所开展的一项经典研究中所得到的结论。参见 Edward E. Jones and Victor Harris, "The Attrition of Attitudes," *Journal of Experimental Social Psychology* 3(1967): 1-24。之后的研究支持了最初的发现,而事实上,基本归因错误是社会心理学领域的一个根基性的概念;参见 David Trafinow, Monica Armendariz, and Laura Madson, "A Test of Whether Attributions Provide for Self Enhancement or Self-defense," *Journal of Social Psychology* 144, (2004): 453-463;和 John A. Wagner and Richard Z. Gooding, "Equivocal Information and Attribution: An Investigation of Managerial Sensemaking," *Strategic Management Journal* 18, (1997): 275-286。

18. 第一次由 John Byrne 描述为 CEO 病, *Business Week*, April 1, 1991, 52-59；另见 Michelle Conlin and Kathleen Kerwin, "CEO Coaches," *Business Week*, November, 11, 2002: 98-104。

19. McBer & Company（现在是 The Hay Group）建立了一个关于领导行为、风格、氛围的数据库。Stephen Kelner Jr. 对这个数据库进行了最初的分析。参见 Stephen Kelner Jr., Christine Rivers, and Kathleen O'Connell, *Managerial Style as a Behavioral Predictor of Organizational Climate* (Boston: McBer & Company, 1996)。其抽样调查者包括来自于欧洲、非洲、北美、澳大利亚及环太平洋地区的领导者,半数是美国人。

20. 有关讨论细节以及有关这种关系的专业文字记载参照附录 A。

21. John Kotter 的研究显示《财富》500 强的 CEO 中有 53% 的人不具备完成自己工作所必需的技能 [John Kotter, *The Leadership Factor* (New York: Free Press, 1998)]；而 Richard Boyatzis 的数据分析报告 *The Competent Manager: A Model for Effective Performance* (New York: John Wiley & Sons, 1982) 表明,超过半数以上的管理人员并没有为他们的组织创造附加价值。

第四章

1. 在 *The Hungry Spirit: Beyond Capitalism: A Quest for Purpose*

in the Modern World（London：Hutchinson，1997）中，Charles Handy 认为，当我们按照我们已经内化的"应该做"去做事时，我们就会掉入一个陷阱。另见 Richard Boyatzis，R. E. Murphy，and Jane Wheeler，"Philosophy as a Missing Link between Values and Behavior，"*Psychological Reports* 86(2000)：47 – 64。

2. 对"消极情绪对身体和心理功能的影响"的综述请参见 Daniel Goleman，*Destructive Emotions*（New York：Bantam Books，2003）。

3. 要了解详细的内部过程描述及参考书目请参见附录 A。

4. 关于权力、压力及权力压力的参考书见第三章的注解 1、3、4、5；关于积极情绪的力量请参见第三章的注解 15 以及附录 A。另见 Goleman，*Destructive Emotions*。

5. 主观幸福感衡量的是一个人对其总体生活的自我（主观）评价。可以根据积极情绪出现的频率，以及积极情绪与消极情绪的比率对主观幸福感进行衡量。主观幸福感的研究重点在于理解什么可以使人们过得更开心，而且更感激生活，而不是放在病理学和疾病上。关于主观幸福感的更多说明，参见 Ed Diener，Eunkook Suh，Richard Lucas，and H. Smith，"Subjective Well-being：Three Decades of Progress，"*Psychological Bulletin* 125 (1999)：276 – 302；Ed Diener and Richard Lucas，"Subjective Emotional Well-being，"in *Handbook of Emotion*，2nd edition，ed. Michael Lewis and Jeannette Haviland-Jones（New York：Guilford，2000），325 – 337；Daniel Kahneman，"Objective Happiness，" in *Well-being：The Foundations of Hedonic Psychology*，ed. Daniel Kahneman，Ed Diener，and Norbert Schwarz（New York：Russell Sage Foundation），3 – 25；Ed Diener and Martin E. P. Seligman，"Beyond Money：Toward an Economy of Well-being，"*Psychological Science in the Public Interest* 5，(2004)，1 – 31。

6. 参见 Goleman，*Destructive Emotions*；另见 Brian Knutson，Grace Fong，S. Bennett，Charles Adams，and Daniel Homer，"A Region of Mesialprefrontal Cortex Tracks Monetarily Rewarding Outcomes：Char-

注释

acteristics with Rapid Event-related fMRI," *Neuroimage* 18, (2003): 263-272。

7. 参见 Goleman, *Destructive Emotions*; Barbara Fredrickson and Christine Branigan, "Positive Emotions Broaden the Scope of Attention and Thought-action Repertoires," *Cognition and Emotion* (in press); Michele Tugade and Barabara Fredrickson, "Resilient Individuals Use Positive Emotions to Bounce Back from Negative Emotional Experiences," *Journal of Personality and Social Psychology* (in press); Barbara Fredrickson, "Gratitude, Like Other Positive Emotions, Broadens and Builds," in *The Psychology of Gratitude*, ed. Robert Emmons and Michael McCullough (New York: Oxford University Press, forthcoming); Barbara Fredrickson, Michele Tugade, Christian Waugh, and Gregory Larkin, "What Good Are Positive Emotions in Crises?: A Prospective Study of Resilience and Emotions Following the Terrorist Attacks on the United States on September 11th, 2001," *Journal of Personality and Social Psychology* 84 (2003): 365-376; Barbara Fredrickson, "Positive Emotions and Upward Spirals in Organizational Settings," in *Positive Organizational Scholarship*, ed. Kim Cameron, Jane Dutton, and Robert Quinn (San Francisco: Berrett-Koehler, 2003); B. L. Fredrickson, "The Role of Positive Emotions in Positive Psychology: The Broaden-and-build Theory of Positive Emotions," *American Psychologist* 56(2001):218-226。

8. Erik Erikson, *The Life Cycle Completed: A Review* (New York: W. W. Norton & Co., 1985); Daniel Levinson with Charlotte Darrow, Edward B. Klein, Maria H. Levinson., and Braxton McKee, *The Seasons of a Man's Life* (New York: Knopf, 1978); Daniel Levinson, with Judy Levinson, *The Seasons of a Woman's Life* (New York: Knopf, 1996); Edgar Schein, *Career Dynamics: Matching Individual and Organization Needs* (Reading, MA: Addison-Wesley, 1978); Gail Sheehy, *New Passages: Mapping Your Life Across Time* (New York: Random

House, 1995).

9. Richard Boyatzis and David A. Kolb, "Performance, Learning, and Development as Modes of Growth and Adaptation Throughout Our Lives and Careers," in *Career Frontiers: New Conceptions of Working Lives*, ed. Maury Peiperl, Michael Arthur, Rob Goffee, and Tim Morris (London: Oxford University Press, 1999):76-78. 另见 Levinson et al., *The Seasons of a Man's Life*; Levinson and Levinson, *The Seasons of a Woman's Life*; and Erickson, *The Life Cycle Completed*。

10. Burnout: Richard Boyatzis, Melvin Smith, and Nancy Blaize, "Developing Sustainable Leaders through Coaching and Compassion," *Academy of Management Learning and Education* (in press); Steven Berglas, *Reclaiming the Fire: How Successful People Can Overcome Burnout* (New York: Random House, 2001)。

11. Richard Boyatzis, Annie McKee, and Daniel Goleman: "Reawakening Your Passion for Work," *Harvard Business Review* (April 2002):87-94. 这里我们要指出,大多数人特别是领导者,或那些担负重大责任的人,会周期性地经历不满、烦躁不安和可能的活力恢复。我们的研究和经验表明,会有线索提醒我们需要进行个人或职业方面的变化,以继续保持生活和工作中的有效性与幸福状态。当我们经历了如死讯、离婚或是重大的失败这类悲伤的事件,或者是经历了如喜得贵子这类的积极事件的时候,我们都可能产生不安的感觉,或是一种顿然开窍的感觉。一旦唤醒,我们可以采用以下几种策略来应对伴随而来的反思和转变过程:请求暂停;参加一个新的、有挑战性的培训项目;创建我们所说的反思结构;寻找教练的帮助;或者重新思考我们如何扮演好生活中的多种角色,重新思考在这些角色中要做得多好,并且有意识地开始尝试新的生活方式。

12. 参见"Stocking a Global Pantry: An Interview with Unilever's Niall Fitzgerald," *Wall Street Journal*, May 24, 2004, B-1。

13. 首次描述参见 John Byrne, "CEO Disease," *Business Week*, April 1, 1991, 52-59; 另见 Michelle Conlin and Kathleen Kerwin, "CEO

注释

Coaches," *Business Week*, November 11, 2002, 98-104。

14. 参见 Goleman, *Destructive Emotions*。

15. 同上；另见本章的注释5与注释7。

16. 同上。

17. Karen Reivich and Andrew Shatte, *The Resilience Factor: How Changing the Way You Think Will Change Your Life for Good* (New York: Broadway Books, 2002).

18. 几千年以来,哲学家和心理学家们都一直在讨论"本我"的本质含义。见 Aristotle, *De Anima*, in *The Works of Aristotle*, vol. 3, ed. W. D. Ross, (Oxford: Charendon Press, 1931); Charles Darwin, *The Expression of Emotion in Man and Animals*, 2nd edition, (Chicago: Chicago University Press, 1965); Margaret Mead, *Coming of Age in Samoa: A Psychological Study of Primitive Youth for Western Civilization* (New York: Morrow, 1928/1988); Carl Jung, *The Integration of Personality* (New York: Farrar & Rhinehart, 1939); Thomas Merton, *New Seeds of Contemplation* (New York: Plough Publishing, 1974). 见 Mark R. Leary, "The Self and Emotion: The Role of Self-Regulation in the Generation and Regulation of Affective Experience" in *Handbook of Affective Sciences*, ed. Richard J. Davidson, Klaus R. Scherer, and H. Hill Goldsmith (New York: Oxford University Press, 2003).

19. 参见 Gregory F. Ashby, Alice M. Isen, and U. Turken, "A Neuropsychological Theory of Positive Affect and Its Influence on Cognition," *Psychological Review* 106, no. 3 (July 1999): 529-550。对该研究的精彩总结见 Davidson, Scherer, and Goldsmith, *Handbook of Affective Sciences*。

20. 早期管理学研究非常关注目标设置理论。大量研究结果表明,能够设想一个目标,然后能用现实的、富有挑战性而又具体的形式来阐述这一目标的人,更有可能达成此目标。但是最近的研究表明,在不确定的情境中,"学习目标"导向往往比具体目标更有效。该领域的经典著作见 Ed-

win Locke, "Toward a Theory of Task Motivation and Incentives," *Organizational Behavior and Human Performance* 3 (1968): 157–189; John Hollenbeck and Howard J. Klein, "Goal Commitment and the Goal Setting Process: Problems, Prospects, and Proposals for Future Research," *Journal of Applied Psychology* 40 (1987): 213–220; Gerald H. Seits, Gary P. Latham, Kevin Tasa, and Brandon W. Latham, "Goal-setting and Goal Orientation: An Integration of Two Different Yet Related Literatures," *Academy of Management Journal* 47, no. 2, (2004): 227–239. Annie McKee 的研究（"Individual Differences in Planning for the Future"(PhD diss., Case Western Reserve University, 1991)指出，除了设置具体、可衡量的目标外，一些人因为能用他们所坚持的价值观和信念作为制订计划的"指示灯"，他们还能找到一个强有力的未来愿景。这些人表现出了很强的自我效能与情感，而这些确实会影响他们的命运。Richard Boyatzis 多年以来一直在研究展望理想愿景会带来的影响，早在20世纪70年代目标设置理论刚刚兴起的时候，他就开始了这方面的研究［参见 David A. Kolb and Richard E. Boyatzis, "Goal Setting and Self Directed Change," *Human Relations* 23, no. 5 (1970): 439–457］。他最近在这方面还有几篇即将发表的文章："Intentional change theory from a complexity perspective,"及与 Kleio Akrivou-Naperksy 合作的 "The Ideal Self as a Driver of Change," *Journal of Management Development*。

21. 这个练习是在很多评价个人价值观的练习与工具的基础上发展而成的，其中的个人价值观参考 Milton Rokeach 在 *The Nature of Human Values* (New York: Free Press, 1973) 一书中的描述。

第五章

1. Richard Boyatzis, "Intentional Change Theory from a Complexity Perspective," *Journal of Management Development* (forthcoming); Daniel Goleman, Richard Boyatzis, and Annie McKee, *Primal Leader-*

ship: *Realizing the Power of Emotional Intelligence* (Boston: Harvard Business School Press, 2002); Richard Boyatzis and Kleio Akrivou-Naperksy, "The Ideal Self as a Driver of Change," *Journal of Management Development* (forthcoming); Richard Boyatzis, Cindy Prick, and Ellen Van Oosten, "Developing Leaders Throughout an Entire Organization by Developing Emotional Intelligence Competencies," in *The Talent Management Handbook: Creating Organizational Excellence by Identifying, Developing, and Positioning High-Potential Talent*, ed. Lance Berger and Dorothy Berger (New York: McGraw-Hill, 2003); Richard Boyatzis "Developing Emotional Intelligence," in *The Emotionally Intelligent Workplace*, ed. Cary Cherniss and Daniel Goleman (San Francisco: Jossey-Bass, 2001); Richard Boyatzis, "Stimulating Self-directed Learning through the Managerial Assessment and Development Course," *Journal of Management Education*, 18, no. 3 (1994), 344 - 323; David A. Kolb, and Richard E. Boyatzis, "Goal setting and Self-directed Behavior Change," *Human Relations* 23, no. 5(1970):439 - 457.

2. Goleman、Boyatzis 和 McKee 的 *Primal Leadership* 一书在第六章有对这一问题进行的综述,关键参考书目有:Richard Boyatzis, Elizabeth C. Stubbs, and Scott N. Taylor, "Learning Cognitive and Emotional Intelligence Competencies through Graduate Management Education," *Academy of Management Learning and Education* 1, no. 2 (2002):150 - 162; Richard E. Boyatzis, Scott S. Cowen, and David A. Kolb, *Innovations in Professional Education: Steps on a Journey from Teaching to Learning* (San Francisco: Jossey-Bass, 1995); Ronald Ballou, David Bowers, Richard E. Boyatzis, and David A. Kolb, "Fellowship in Lifelong Learning: An Executive Development Program for Advanced Professionals," *Journal of Management Education* 23, no. 4 (1999): 338 - 354; Henry Cutter, Richard Boyatzis, and David D. Clancy, "The Effectiveness of Power Motivation Training for Rehabilitating Alcohol-

ics," *Journal of Studies on Alcohol* 38, no. 1, (1977): 131-141; Richard Boyatzis, "Power Motivation Training: A New Treatment Modality," *Work in Progress on Alcoholism: Annals of the New York Academy of Sciences* 273, ed. Frank A. Seixas and Suzie Eggleston (New York: New York Academy of Sciences, 1976), 525-532; Cary Cherniss and Mitchell Adler, *Promoting Emotional Intelligence in Organizations: Make Training in Emotional Intelligence Effective* (Washington, DC: American Society for Training and Development, 2000); *Learning That Lasts: Integrating Learning, Development, and Performance in College and Beyond*, ed. Marcia Mentkowski and Associates, (San Francisco: Jossey-Bass, 2000); Richard E. Boyatzis., David Leonard, Kenneth Rhee, and Jane V. Wheeler, "Competencies Can Be Developed, but Not the Way We Thought," *Capability*, no. 2 (1996): 25-41; David C. McClelland and David G. Winter, *Motivating Economic Achievement* (New York: Free Press, 1969); David Miron and David C. McClelland, "The Impact of Achievement Motivation Training on Small Business," *California Management Review* 21, no. 4 (1979): 13-28; Jane V. Wheeler, "The Impact of Social Environment on Self-directed Change and Learning," (PhD diss., Case Western Reserve University, 1999); David Leonard, "The Impact of Learning Goals on Self-directed Change in Education and Management Development," (PhD diss., Case Western Reserve University, 1996); 和 Kenneth Rhee, "Journey of Discovery: A Longitudinal Study of Learning During a Graduate Professional Program," (PhD diss., Case Western Reserve University, 1997)。

3. 在1954年,亚伯拉罕·马斯洛在 *Motivation and Personality*, 2nd edition (New York: Harper & Row, 1970)中提出了人员激励理论。马斯洛指出,人的第一层次的需求是基本的生理需求——食物、水等。然后,人们才会开始考虑安全需求,继而是社会需求,再考虑尊重需求,最后是自我实现需求。

注释

4. 参见本书第七章对积极的情绪诱因和消极的情绪诱因的讨论。

5. 参见 Goleman、Boyatzis 和 McKee 的《原发领导力》的第七章。

6. 一般认为,使思想集中于所期望的最终状态的力量是由大脑中主导情绪的那一部分所驱动的。参见 Daniel Goleman, *Emotional Intelligence: Why It Can Matter More Than IQ for Character, Health and Lifelong Achievement* (New York: Bantam Books, 1995)。

7. 参见 Daniel Goleman, *Vital Lies, Simple Truths: The Psychology of Self-deception* (New York: Simon & Schuster, 1985); Delroy L. Paulhus and Karen Levitt, "Desirable Responding Triggered by Affect: Automatic Egotism," *Journal of Personality and Social Psychology* 52, no. 2 (1987): 245-259; Phebe Cramer, "Defense Mechanisms in Psychology Today: Further Processes for Adaptation," *American Psychologist* 55, no. 6 (2000): 637-646; George E. Vaillant, *The Wisdom of the Ego* (Cambridge, MA: Harvard University Press, 1993); Goleman, *Emotional Intelligence*。

8. "领导风格及其与情商、和谐的关系"的综述参见 Daniel Coleman, "What Makes a Leader?" *Harvard Business Review* (November-December, 1998): 93-102; 和 Goleman, Boyatzis, and McKee, *Primal Leadership*。

9. Ellen 的上司给她的书是 Daniel Goleman 的 *Working with Emotional Intelligence* (New York: Bantam Books, 1998)。

10. 对情商进行自我评价是一种非常有用的反思工具,但是采用这种方式并不能对相关的行为进行准确的衡量。原因很简单,自我意识是情商的基石。如果一个人的自我意识不强,即使不是不可能,他也很难对他自己的情商进行准确的评价。对情商能力问卷的研究表明,自我评价的平均内部一致性为 0.75,他人评价的平均内部一致性为 0.85。因此,我们建议将 360 度反馈作为一种对个人情商进行评价的方式,以获得可比较的结果。情商能力问卷,由 Richard Boyatzis and Daniel Goleman 设计,Hay Group 发行,其构想效度、可信度和绩效效度已经得到了深入的研究;参见

Fabio Sala, "Emotional Competence Inventory (ECI) Technical Manual" (Hay Group, McClelland Center for Research and Innovation, June 2000). 另见 Richard Boyatzis and Fabio Sala, "Assessing Emotional Intelligence Competencies" in *The Measurement of Emotional Intelligence*, ed. Glenn Geher (Hauppauge, NY: Novas Science Publishers, 2004)。

11. 制订一个学习计划可以让人们为自己的绩效设立个别的标准,而不是设立"标准的"标准——仅仅是模仿其他人;见 J. Matthew Beaubien and Stephanie Payne, "Individual Goal Orientation as a Predictor of Job and Academic Performance: A Metanalytic Review and Integration," paper presented at the meeting of the Society for Industrial and Organizational Psychology, Atlanta, April 1999。同时,绩效导向引起了我们的焦虑与疑惑:我们究竟是否能够改变自己? 参见 Gilad Chen, Stanley Gully, Jon-Andrew Whiteman, and Robert N. Kilcullen, "Examination of Relationships among Trait-like, Individual Differences, and Learning Performance," *Journal of Applied Psychology* 85, no. 6 (2000): 835 – 847。Weatherhead 管理学院的一项纵向研究表明,那些在改变自己某些能力时设置了目标的 MBA 学生,比起其他的 MBA 学生,在这些能力上确实有显著的改变 [David Leonard, "The Impact of Learning Goals on Self-directed Change in Education and Management Development," (PhD diss., Case Western Reserve University, 1996)]。另见 Edwin Locke and Gary P. Latham, *A Theory of Goal Setting and Task Performance* (Upper Saddle River, NJ: Prentice Hall, 1990)。

12. 参见 David A. Kolb, *Experiential Learning: Experience as the Source of Learning and Development* (Englewood Cliffs, NJ: Prentice Hall, 1984); Richard Boyatzis, "Stimulating Self-directed Change"。

13. Christine Dreyfus 研究了科学家和工程师中表现出众的管理者。在证明了这些管理者比业绩平平者更多地采用某些特定的能力后,她接着深入研究这些管理者是如何开发这些能力的。其中一项能区分他们能力的是团队建设。她发现这些中年管理者的很多人都是在高中和大学的运

注释

动团体和俱乐部中就第一次尝试了团队建设的能力。其后,在他们成为相对独立地解决问题的科学家与工程师之后,他们仍然在工作之余在社会组织和社团组织(比如4-H俱乐部、专业协会)的活动中实践这种技能;见 Christine Dreyfus, "The Characteristics of High Performing Managers of Scientists and Engineers" (PhD diss., Case Western Reserve University, 1990)。

14. 参见 Kolb and Boyatzis, "Goal Setting and Self-directed Behavior Change"; Wheeler, "The Impact of Social Environments on Self-directed Change and Learning"; Jeffrey LePine, Marice LePine, and Christine Jackson, "Challenge and Hindrance Stress: Relationships with Exhaustion, Motivation to Learn, and Learning Performance," *Journal of Applied Psychology* 89, no. 5 (2004): 883–891; Rex Wright, Jody Dill, Russell Geen, and Craig Anderson, "Social Evaluation Influence on Cardiovascular Response to a Fixed Behavioral Challenge: Effects across a Range of Difficulty Levels," *Annals of Behavioral Medicine* 20, no. 4 (1998): 277–285; David E. Conroy, "The Unique Psychological Meanings of Multidimensional Fears of Failing," *Journal of Sport and Exercise Psychology* 26, no. 3 (2004): 484–491。要了解"关怀与支持及其对学习的影响"的综述参见 Melissa Herb, "A Study of Care and Support Among Teachers and Students in a Small Suburban Middle-Senior High School" (PhD diss., University of Pennsylvania Graduate School of Education, 2005)。

15. 解读和理解他人、群体和组织文化的能力。见 Goleman, Boyatzis, and McKee, *Primal Leadership*; Perrine Ruby and Jean Decety, "How Would You Feel Versus How Do You Think She Would Feel? A Neuroimaging Study of Perspective Taking with Social Emotions," *Journal of Cognitive Neuroscience* 16, no. 6 (2004): 988–999。

16. 在社会学中,我们所依赖的,用来帮助定义我们自己的群体叫做参照群体。我们会以这些关系为背景,来解释我们在所期望的改变上取得的进展以及新的学习的作用,它们甚至对我们的理想自我的形成也有显著贡献(见 Kathy E. Kram, "A Relational Approach to Careers," in *The Career is Dead: Long Live the Career*, ed. Douglas T. Hall (San Francisco:1996),132-157)。

17. Jane Wheeler 分析了 MBA 毕业生在他们的多"生活领域"目标(也就是工作、家庭、玩伴等)上的努力程度。在一项对两个在职 MBA 班为期两年的跟踪研究中,她发现:与那些只在一个目标(比如工作或者与其他人的关系)上努力的人相比,那些在多种关系的目标与计划上努力的人改进最多(见 Wheeler, "The Impact of Social Environment on Self-directed Change and Learning")。Ballou 等人研究了长年的管理人员发展项目对医生、律师、教授、工程师与其他专业人员(参考本章的注释2)的影响,发现参与者在该项目中获得了自信。甚至在项目开始的时候,有些人说,这些参与者的自信心程度本来就很高。从追踪调查的问题中我们可以找到答案,他们认为随着改变的信心的增强他们的自信心也有了极大的增强。这些参与者的目前参照群体(也就是家庭、工作上的群体、专业群体、社团群体)都希望他们能够保持现状,而他们自己却希望改变。管理人员发展项目让他们形成了一个鼓舞他们去改变的新的参照群体。

第六章

1. 有关杜绍基(John Studzinski)的信息很多都来自作者在 2004—2005 年间对他的采访、与他的个人谈话和信件交流。

2. 2001 年,因为其工作对流浪者做出了突出的人道主义贡献,杜绍基被教皇约翰·保罗二世授予大国瑞骑士勋章。最近,由于对促进科索沃的普世教会主义所做出的贡献,他被梵蒂冈封为圣·西尔维斯特教徒(Saint Sylvester)的爵士。在 2000 年,由于对流浪者所做的贡献,杜绍基获得了威尔士王子大使奖。

3. 参见 Ellen J. Langer, *The Power of Mindful Learning* (Reading, MA: Perseus Books, 1997); Ellen J. Langer, *Mindfulness* (Cambridge,

注释

MA: Perseus Publishing, 1989)。

4. 见 Jon Kabat-Zinn, *Full Catastrophe Living: Using the Wisdom of Your Body and Mind to Face Stress, Pain, and Illness* (New York: Dell Publishing, 1990)。Kabat-Zinn 和他的同事结合佛教传统、现代心理学与医学，创造了一种可以帮助人们应对压力、病症和日常生活中的烦心事的方法。马萨诸塞大学的医学、卫生保健和社会生活警醒训练中心的减压项目，会训练人们学会使用一些警醒之心的联系，例如冥想、呼吸技术等，帮助人们挖掘自身的力量和应对机制以更有效地应对他们所遇到的特殊情况。参见 Jon Kabat-Zinn, *Wherever You Go There You Are: Mindfulness Meditation in Everyday Life* (New York: Hyperion, 1994); 和 Saki Santorelli, *Heal Thy Self* (New York: Random House, 1999); Richard Dividson, Jon Kabat-Zinn, Jessica Schumacher, Melissa Rosenkranz, Daniel Muller, Saki F. Santorelli, Ferris Urbanowski, Anne Harrington, Katherine Bonus, and John F. Sheridan, "Alteration in brain and immune function produced by mindfulness meditation," *Psychosomatic Medicine* 65 (2003): 564-570。

5. 把"药轮"作为领导力发展的一种组织框架的讨论见 Clint Sidle, *Five Archetypes of Leadership* (New York: Palgrave Macmillan, in press)。关于这个问题的更多讨论见 Angeles Arrien, *The Fourfold Way: Walking the Paths of the Warrior, Teacher, Healer and Visionary* (San Francisco: Harper, 1993)。Arrien 的著作综合了人类学、心理学、宗教学和组织动力学的知识，为我们研究人类发展与人际关系提供了独特的视角。

6. 参见 Tara Bennett-Goleman, *Emotional Alchemy: How the Mind Can Heal the Heart* (New York: Harmony Books, 2001); 以及 Kabat-Zinn, *Full Catastrophe Living*。

7. 一个人监控自己的思维、情绪与反应的能力，这种能力可以使我们与他人相处得更加融洽。见 Daniel Goleman, Richard Boyatzis, and Annie McKee, *Primal Leadership: Realizing the Power of Emotional*

Intelligence（Boston：Harvard Business School Press，2002）。

8. 本章有关 Judi Johansen 的信息很多都来自作者在 2004 年对他的采访及信件交流。

9. 认识情感线索和信号，参见 Paul Ekman，*Emotions Revealed：Recognizing Face and Feelings to Improve Communication and Emotion Life*（New York：Times Books，2003）。

10. 我们在 *Primal Leadership* 一书中第一次使用这一术语。这个术语指的是在任何人群中都会表现出来的微妙的情绪暗流。情绪现实透露了一个群体的文化、氛围与个体的行为。关于情绪现实的更多信息见 Annie McKee and Fran Johnson，"The Impact and Opportunity of Emotion in Organizational Development" in *The NHL Handbook of Organizational Development and Change*（San Francisco：John Wiley & Sons/Pfeiffer，2005）。

11. Langer，*The Power of Mindful Learning*.

12. 思维、情绪与认知分类。我们的心理分类实际上是一个非常复杂的，由情绪反应、记忆和思维模式组成的系统，这些心理分类在我们获取信息时特别有用。在获取信息时，我们用既有的认知分类来对信息进行过滤，结果是我们或者吸收这些信息（例如，与我们现有的认知分类相符合），或者适应这些信息（比如，改变我们的认知分类来适应新的信息）。这是一个非常精密的系统，但是有的时候它也会出问题：我们的心理分类系统并不总是准确的，而且吸收信息要比适应信息容易。关于这个问题的更多信息参见 Langer，*The Power of Mindful Learning*；Langer，*Mindfulness*。

13. Ellen Langer 的著作对我们理解人类如何解释周围的世界及人类在其中的地位非常有帮助。参见 Langer，*The Power of Mindful Learning*；Langer，*Mindfulness*；and Ellen J. Langer and Lois Imber，"When Practice Makes Imperfect：The Debilitating Effects of Overlearning," *Journal of Personality and Social Psychology* 37（1979）：2014 - 2205。

14. 情绪，与思想一样，指引我们如何对信息进行分类，理解发生在我们身上与周围环境中的事情。除了注释 12 之外，参见 Daniel Goleman,

注释

Emotional Intelligence（New York：Bantam，1995）；Daniel Goleman，*Working with Emotional Intelligence*（New York：Bantam，1998）；和Goleman，Boyatzis，and McKee，*Primal Leadership*。

15. 有关Patrick Cescau的信息很多都来自作者在2004—2005年间对他的采访、与他之间的个人谈话及信件交流。

16. 参见Charles Handy，*The Hungry Spirit：Beyond Capitalism：A Quest for Purpose in the Modern World*（London：Hutchinson，1997）。

17. 我们被在非营利组织SixSeconds工作的同事所鼓舞，这个组织的目的是组织研究人员和实践者把情商的研究成果付诸实践。Josh Freedman和Anabel Jensen使用"崇高的目标"这个词语来描述我们生活中根本性的、最重要的目标。参见Clair Nuer,"Shifting to the Ecosystem,"*EQ Today*,2000，http://www.eqtoday.com./archive/ecosystem.html。

18. Michael H. Kernis在"Toward a Conceptualization of Optimal Self-Esteem"（*Psychological Inquiry* 14，no.1（2003）：1-26）一文中对自尊进行了文献综述，并且得出结论：自尊这一概念比我们以前所想的要复杂得多。他指出，直到最近人们都认为低自尊是与自我价值的消极体验联系在一起的，而高自尊是与自我价值的积极体验联系在一起的。最近的一些研究表明，低自尊的人实际上也可能有一些积极的自爱感，并且对他们自己的负面看法也没有以前人们认为的那么多。然而，这类人有对他们自己的看法缺乏一致性和自我概念缺乏稳定性的特点。领导者一般都有很多积极的自爱感，Kernis和他的同事认为至少有两种高自尊，而直到现在很多人依然认为这两种高自尊是相同的、无区别的。有着"脆弱的"高自尊心的人往往很担心受到伤害，所以他们总是力图去保护他们的自我形象。他们常常通过与别人比较，并觉得自己"更好"这一方式来保护自我形象。这类人会为自己的成就而自豪，但却把失败归结于环境的影响。他们常常花很多时间和精力（心理和其他方面）来维持甚至增强他们对自己的积极看法与总体的自我概念。与之相反，有着"牢固的"高自尊心的人的特征是对自己有着积极的、均衡的和现实的看法。他们能接受自己，包括长处与不足，也不会通过觉得自己比别人优秀来维护自己的积极的自爱感。

在我们对领导者的研究中,我们注意到,那些在很多年里都不能得到关于他们自己的正确反馈,往往只接受到能支持他们自尊的信息的领导者,往往会形成非常脆弱的高自尊心。在某些方面,他们或许知道自己并没有得到完整的信息,然而他们只能得到这些信息。随着时间的推移,这种自我形象显得越发重要,导致他们对自我价值有着非真实的积极看法,并以一种防御的心态来保护这一形象;参见 Michael H. Kernis, David P. Cornell, Chienru Sun, Andrea Berry, and Thomas Harlow, "There's More to Self-Esteem Than Wether It's High or Low: The Importance of Stability of Self-Esteem," *Journal Personality and Social Psychology* 65 (1993): 1190–1204。

19. 参见 Steven Berglas, *The Success Syndrome: Hitting Bottom When You Reach the Top* (New York: Plenum, 1986); Pauling Chance, *The Imposter Phenomenon: Overcoming the Fear That Haunts Your Success* (New York: Peachtree Publishing, 1985); Kathy, Oriel, Mary Beth Plane, and Marlon Mundt, "Family Medicine Residents and the Imposter phenomenon," *Family Medicine* 36, no.4 (2004); Peggy McIntosh, *Feeling Like a Fraud* (Wellesly, MA: Stone Center, 1985)。

20. 参见 Sahara, *Land Beyond Imagination*, photography by Frans Lemmens, text by Martijn de Rooi (Dutch Publishers, 2004), 29。

21. 参见 Lizs Roffe, Katji Schmidts, and Edzard Ernst, "A Systamtic Review of Guided Imagery as an Adjuvant Cancer Therapy," *Psycho-oncology* (January 2005) DOI:10.1002/pon.889; Lisa Manniz, Rohit Chardukar, Lisa Ribicki, Diane Tuesk, and Olen Solomon, "The Effect of Guided Imagery on Quality of Life for Patients with Chronic Tension-type Headaches," *Headache: Journal of the Head and Face Pain* 39 (1999): 324–326。

22. 有关 Joise Harper 的信息很多都来自作者在 2004—2005 年间对他的采访、与他的个人谈话和信件交流。

23. 有关 Paul Macdermott 的信息很多都来自作者在 2004—2005 年

注释

间对他的采访、与他之间的个人谈话和信件交流。

24. 虽然 Paul MacDermott 没有参与任何正式的研究，但是值得一提的是，在他和他的团队致力于提高他们的领导能力（尤其是情商）并且专注于建立健康的、警醒的人际关系的那一段时期，使用权威流行的客户和员工满意度衡量方法进行衡量，以及对 EI 和收益的测量，结果都表明有明显的上升：在 J.D.Power 客户满意度 10 分量表上的得分上升到 8.6，盖洛普 Q12 员工满意度得分在政府和行业排名中名列前 1%，EQ 评价得分提升了 51%，而且收益增加了 53%。

第七章

1. 有关 Mrs. Zikhali 的信息很多都来自作者在 2004—2005 年期间与她之间的个人谈话与信件交流。

2. 参见 See Alice M. Isen, "A Role for Neuropsychology in Understanding the Facilitating Influence of Positive Affect on Social Behavior and Cognitive Process," in *Handbook of Positive Psychology*, ed. C. R. Snyder and Shane J. Lopez (New York: Oxford University Press, 2002)。

3. 参见 Jerome Groopman, *The Anatomy of Hope: How People Prevail in the Face of Illness* (New York: Random House, 2004)。

4. 同上。

5. Thomas Lewis, Fari Amini, and Richard Lannon, *A General Theory of Love* (New York: Random House, 2000); Janice Kelly and Sigal Barsade, "Mood and Emotions in the Small Groups and Work Teams," *Organizational Behavior and Human Decision Progresses* 86 (2001): 99-130; Brooks B. Gump and James A. Kulik, "Stress Affiliation and Emotional Contagion," *Journal of Personality and Social Psychology* 72, (1997): 305-319.

6. 参见 Bill Moyers, *Healing and the Mind* (New York: Double-

day, 1993); Karen A. Matthews, Katri Raikkonen, Kim Sulton-Tyrell, and Lewis H. Kuller, "Optimistic Attitudes Protector Against Progression of Carotid Atherosclerosis in Healthy Middle aged Women," *Psychosomatic Medicine* 66, (2004): 640 – 644。

7. 参见 C. R. Snyder, Kevin L. Rand, and David R. Sigmon, "Hope Theory: A Member of Positive Psychology Family," in Snyder and Lopez, *Handbook of Psychology*, 257 – 276;以及 Lewis Curry, C. R. Snyder, David Cook, Brent Ruby, and Michael Rehm, "The Role of Hope in Academy and Sport Achievement," *Journal of Personality and Social Psychology* 73(1997):1257 – 1267。

8. 参见 Isen, "A Role for Nuropsychology"; also see Daniel Goleman, *Destructive Emotions* (New York: Bantam Books, 2003); Victor S. Johnston, *Why We Feel: The Science of Human Emotions* (Cambridge, MA: Perseus Books, 1999); Jim Loehr and Tony Schwarts, *The Power of Full Engagement: Managing Energy, Not Time, Is the Key to High Performance and Personal Renewal* (New York: Free Press, 2003); Snyder and Lopez, *Handbook of Positive Psychology*; and Richard J. Davidson, Klaus R. Sherer, and H. Hill Goldsmith, eds., *Handbook of Affective Sciences* (New York: Oxford University Press, 2003)。

9. 参见 Isen, "A Role for Neuropsychology"; and Snyder and Lopez, *Handbook of Positive Psychology*。

10. 参见 James Luderman, "Narrative Inquiry: Collective Storytelling as a Source of Hope, Knowledge, and Action in Organizational Life (PhD diss., Case Western Reserve University, 1996)"。

11. Synder、Rand 和 Sigmon 针对"希望理论"的发展撰写了一篇全面的综述,并且提出了他们自己的总结性理论,参见"Hope Theory: A Member of Positive Psychology Family,"; C. R. Snyder, "Hope Theory: Rainbows in the Mind," *Psychological Inquiry* 13, no. 4 (2000): 149 – 275。

注释

12. 一些心理学家认为希望之心是由认知元素和情绪元素组成的。C.R. Snyder 通过研究认为,希望之心包括一个明确的目标、达成目标的途径以及载体(把目标付诸实践的能力),可以用特质与状态来对它进行衡量,见"The Past and Possible Futures of Hope" *Journal of Social and Clinical Psychology* 19. no.1 (2000): 11-28; Groopman 认为希望之心是"当我们看见——意识到——实现美好未来的途径时,我们所体会的振奋感受"(*The Anatomy of Hope*, xiv); Richard Davidson 则认为"希望之心就是我所说的情绪预测,即当心中有一个积极的未来时,你所产生的令人欣慰的、精力充沛的、让人精神振奋的情绪体验"(见 Groopman, *The Anatomy of Hope*, 193)。

13. 参见"A Member of Positive Psychology Family,"; Snyder, "Hope Theory: Rainbows in the Mind"。

14. Bjoerndalen 是一名得过奖的滑雪射击运动员;见 Charles Le Duff, "A pile of medals for a positive thinkers," *New York Times*, February 21, 2002, C-17。

15. 如同我们在 *Primal Leadership* 一书中提到的那样,Laura Winkinson 在获得十米台跳水冠军的时候,脚还缠着绷带,她的脚在奥运会开赛前一个月里受伤了,她把获得冠军归功于教练要求她所做的想象。因为脚踝正在接受治疗,所以她不能正常训练,但是她每天都在泳池边坐上6个多小时,想象自己走向梯子、爬到上面、准备、起跳、落水、游到泳池边,然后一遍又一遍地重复上面的想象(Goleman, Boyatzis, and McKee, *Primary Leadership*)。见 Jim Loehr and Tony Schwarts, "The Making of Coporate Athlete," *Harvard Business Review* (January/February, 2001): 120-128; Ingo Meister, Timeo Krings, Henrik Foltys, B. Boroojerdi, M. Muller, R. Topper, and Armin Thron "Playing the Piano in the Mind—An fMRI Study on Music Imagery and Performance in Pianists," *Cognitive Brain Research* 19, no.3 (2004): 219-228。

16. Gabriel Kreiman, Christof Koch, and Itshak Fried, "Imagery Neurons in the Human Brain," *Nature* 408, (2000): 357-361. 用神经联

系不断来强化它们：Gerlad M. Edelman, *Neural Drawinism: The Theory of Neural Group Selection* (New York: Basic Books, 1987), 58; Cameron Carter, Angus Macdaonlad, Stefan Ursu, Andy Stenger, Myeong Ho Sohn, and John Anderson, "How to the Brain Gets Ready to Perform," presentation at the thirtieth annual meeting of the Society of Neuroscience (New Orleans, November, 2000); Tara Bennett-Goleman, *Emotional Alchemy: How the Mind Can Heal the Heart* (New York: Harmony Books, 2001)。

17. 自1987年以来,这个组织举办了一系列探讨佛教与西方思想的会议,该组织位于科罗拉多州的路易斯维尔,现任主席是R. Adam Engle。

18. 参见Daniel Goleman, *Destructive Emotions* (New York: Bantam Books, 2003)。

19. 参见Sharon Begley, "This Year, Try Getting Your Brain Shape," *Wall Street Journal*, January 10, 2003, B1。

20. Richard Boyatzis, "International change theory from a complexity perspective," *Journal Management Development* (forthcoming); Goleman, Boyatzis, and McKee, *Primary Leadership*; Richard Boyatzis and Kleio Akrivou-Naperksy "The Ideal Self as a Driver of Change" *Journal Management Development* (forthcoming); 以及第五章的注释1和注释2。

21. 复杂理论是一种自然系统分析方法的现行名称,起初这种方法被称为"灾难理论",随后又被称为"混沌理论",这一个理论起源于对天气、水晶、金属疲劳与失效,以及投资行为中的剧变的研究。现在,复杂理论也被用于人和组织动力的研究。参见Margaret J. Wheatly, *Leadership and the New Science: Discovering Order in a Chaotic World* (San Francisco: Berrett-Koehler, 1999); and Margaret J. Wheatly, *Finding Our Way: Leadership for a Uncertain Time* (San Francisco: Berrett-Koehler, 2005)。这一理论通过一些书籍介绍而得以普及,如James Gleick的*Chaos: Making a New Science* (New York: Viking, 1987) 以及Michal

注释

Crichton 的小说。

22. 参见 Jean Francois Manzoni, *The Set Up to Fail Syndrome* (Boston: Harvard Business School Press, 2002)。

23. 参见 Martin E. P. Seligman and Mihaly Csikszent-mihaly, "Positive Psychology: An Introduction," *American Psychologist* 55, (2000): 5-14。

24. 参见 Martin E. P. Seligman, *Authentic Happiness: Using the New Positive Psychology to Realize Your Potential for Lasting Fulfillment* (New York: Free Press, 2002)。

25. 参见 Martin E. P. Seligman, Steven F. Maier, and James H. Geer, "The Alleviation of Helplessness in Dogs," *Journal of Abnormal Psychology* 73 (1968): 256-262; Steven F. Maier and Martin E. P. Seligman, "Learned Helplessness: Theory and Evidence," *Journal of Experimental Psychology: General* 105 (1976): 3-46; and Martin E. P. Seligman, *Helplessness: On Depression, Development and Death*, 2nd edition (New York: W. H. Freeman, 1991)。

26. 对这一概念的全面综述,参见 Seligman, *Authentic Happiness*; and Martin E. P. Seligman, *Learned Optimism: How to Change Your Life* (New York: Pocket Books, 1998)。参见 Charles S. Carver and Michael F. Scheier, "Optimism," in Synder and Lopez, *Handbook of Positive Psychology*. 231-234。

27. 参见 Goleman, Boyatzis, and McKee, *Primal Leadership*。

28. 参见 Goleman, Boyatzis, and McKee, *Primal Leadership*; and Karen Reivich and Andrew Shatte, *The Resilience Factor: How Changing the Way You Think Will Change Your Life for Good* (New York: Broadway Books, 2000)。

29. 参见 Robert Rosenthal and Lenore Jacobson, *Pygmalion in the Classroom: Teacher Expectation and Pupil's Intellectual Development* (New York: Rhinehart and Winston, 1968; New York: Irvington Pub-

lishers, 1992)。参见 Dov Eden, *Pygmalion in Management: Productivity as a Self-fulfilling Prophecy* (Lexington MA: Lexington Books, 1990)。

30. "CNN Presents the Gap: Fifty Years after Brown vs. The Board of Education," 2004 年 5 月 16 日播出。关于期望以及黑人学生在校的表现和经历、感受的更多信息参见 Luis Ottley, "Outsiders Within: The Lived Experience of African American Children at the Shipley School" (PhD diss., University of Pennsylvania, Graduate School of Education, 2005)。

31. 同上。

32. Robert Merton, "Self-fulfilling Prophecy," *Anitoch Review* 8 (1948): 193–210.

33. William James, *The Principles of Psychology* (New York, Henry Holt, 1890); William James, *The Will to Believe* (Cambridge, MA: Harvard University Press, 1979; original work published in 1897); 由 Burton Watson 翻译的《荀子》(New York: Columbia University Press, 1996); Avicenna, in Sayyed Hossein Nasr, 由 John Cottingham 翻译的 *Three Muslim Sages: Avicenna-Suhrawaradi—Ibn 'Arabi'* (Cambridge, MA: Harvard University Press, 1964); René Descarters, "Treatice on Man", in *The Philosophical Writings of Descartes*, vol.1, trarslated by John Cottingham Robert Stoothoff, Duglad Murdoch (Cambridge: Cambridge University Press, 1985; original work published in 1664)。

34. Albert Bandura 在许多年前就提出了"自我效能"这一术语,并且还明确了针对自我效能应该进行哪些研究。班杜拉认为,自我效能是指一个人相信自己能表现出某些特定行为的信念,自我效能是决定人类力量的关键元素。见 Albert Bandura, *Self-Efficacy: The Exercise of Control* (New York: Freeman, 1997); "Self-efficacy: Toward a unifying theory of bevhavioral change," *Psychological Review* 84 (1977): 191–215; *Social Foundations of Thought and Action* (New York: Pretince Hall, 1986). 参见 J. E. Maddux, "Self-Efficacy Theory: An Introduction," in

注释

Self-Efficacy, Adaption, and Adjustment: Theory, Research, and Application, ed. J. E. Maddux (New York: Plenum, 1995), 3–33; and Stephen J. Zaccaro, Virginia Blair, Christopher-Peterson, and Michelle Zazanis, "Collective Efficacy," in Maddux, *Self-Efficacy, Adaption, and Adjustment*, 305–330。

35. 参见 Maddux, *Self-Efficacy, Adaption, and Adjustment* 和 Seligman, *Learned Optimism*。

36. Enhancing self-efficacy: Martin Seligman 及其在宾夕法尼亚大学的同事设计了清晰的认知技能训练程序以帮助人们增强自我效能,参见 Seligman, *Learned Optimism*; and Reivich and Shatte, *The Resilience Factor*。Jon Kabat-Zinn 在 *Full Catastrophe Living: Using the Wisdom of Your Body and Mind to Face Stress, Pain, and Illness* (New York: Delta Books, 1990) 一书中也提供了旨在增强人们对生活中的一些具体事件与情境的控制感的方法;参见马萨诸塞大学的医学、卫生保健和社会生活中的警醒训练中心的减压项目。

37. 参见 J. E. Maddux, "Self-Efficacy Theory: An Introduction," in *Self-Efficacy, Adaption, and Adjustment*, 3–33; Stephen J. Zaccaro, Virginia Blair, Christopher Peterson, and Michelle Zazzanis, "Collective Efficacy" in Maddux, *Self-Efficacy, Adaption, and Adjustment*, 305–328。

38. Po Bronson 在 *What Should I do with My Life*? (New York: Random House, 2002) 一书中提出了自我效能或集体自我效能的另一个抉择——来自上帝的效能。灵修练习活动,包括正式的宗教活动以及不很正式的个人祈祷、冥思和此类的活动,近年来变得越来越流行。Rick Warren 的 *The Purpose-Driver Life* (Grand Rapids, MI: Zondervan, 2002) 是一本建立在基督教价值观基础上的畅销书,它创造了新的销售纪录,到 2005 年已经销售了 2 000 万册,成为 *New York Times* 杂志最畅销的励志类图书;参见 Lynda H. Powell, Leila Shahabi, and Carl E. Thoresen, "Religion and Spirituality: Link Ages to Physical Health," *American*

Psychologist 58,(2003):36-52。

39. 新墨西哥州立大学的心理学家 William Miller 和斯坦福大学的心理学家 Carl Thoresen 对比了"灵修"和"笃信宗教"的区别。强烈笃信宗教的人是某一特定宗教及其价值观的拥护者和倡导者,灵修者则通过社会认可的活动(比如,经常去教堂、寺庙或清真寺),关注他们未表达出来的那些方面。Miller 和 Thoresen 通过引用别人的研究告诉人们:笃信宗教的人倾向于认为上帝是"正义的创造者",而灵修者倾向于认为上帝是"博爱的、宽容的、公正的"。见 William R. Miller and Carl E. Thoresen,"Spirituality,Religion and Health:An Emerging Research Field," *American Psychologist* 58,(2003):28。

40. 参见 Claudia Kalb, "Faith and Health," *Newsweek*, November 10, 2003, 44-56。

41. 参见 Miller and Thoresen, "Spirituality, Religion and Health"; Powell, Shahabi, and Thoresen, "Religion and Spirituality"; Teresa E. Seeman, Linda Fagan Dubin, and Melvin Seeman, "Religiosity/Spirituality and Health: A Critical Review of the Evidence for Biological Pathways," *American Psychologist* 58 (2003): 53-57。

42. 参见 David L. Cooperrider and Diana Whitney, *Collaborating for Change: Appreciative Inquiry* (San Francisco: Berrett-Koehler, 2000)。

43. 参见 William B. Swann and Brett W. Pelham, "The Truth about Illusions: Authenticity and Positivity in Social Relationships," in Synder and Lopez, *Handbook of Positive Psychology* 366-381。

44. Elie Wiesel 在凯斯西储大学毕业典礼上的演讲,May 16, 2004。

45. 参见 Goleman, Boyatzis and McKee, *Primal Leadership*。

46. 参见 Elaine Hatfield, John Cacioppo, and Richard Rapson, *Emotional Contagion* (New York: Cambridge University Press, 1994);参见 Paule Ekman, Joseph J. Campos, Richard J. Davidson, and Frans De Waals, *Emotions Inside Out*, Annals of the New York Academy of Sci-

注释

ence, vol. 1000 (New York: New York Academy of Science, 2003); and Lyndall Strazdins, "Emotional work and Emotional Cantagion," in *Emotions in the Workplace: Research, Theory and Practice*, ed. Neal Ashkanasy, Wilfred Zerbe, and Charmine Hartel (Westport, CT: Quorum Books, 2000), 232-250。

47. 这一部分的例子主要来自于以下文章,参见:Richard E. Boyatzis, Diana Bilimoria, Lindsey Godwin, Margret Hopkins, and Tony Lingham, "Effective Leadership in Extreme Crisis," in *9/11: Public Health in the Wake of Terrorist Attacks*, ed. Raz Gross, Yuval Neria, Randall Marshall, and Ezra Susser, (New York: Cambridge University Press, 2004)。很感谢我们的同事,他们的研究为我们开发范例提供了素材,感谢他们允许我们使用这些素材。

48. 参见 Patrick McGeehan, "Sailing into a Sea of Troubles: No Grace Period for New Chief of American Express," *New York Times*, October 5, 2001, C1; John Byrne and Heather Timmons, "Though Times for a New CEO" *Business Week*, October 29, 2001, 64。

49. "Tough Times for a New CEO: How Ken Chenault of AmEx Is Being Tested in Ways Few Could Have Imagined," *Business Week*, October 29, 2001, 64; and "Twenty-Five Most Influential Personalities in Finantial Service," *Business Week*, May 2001, 20; 参见 atrick McGeehan, "Sailing into a Sea of Troubles: No Grace Period for New Chief of American Express," *New York Times*, October 5, 2001, C-1。

50. 参见 Byrne and Timmons, "Tough Times for a New CEO"。

51. 我们简略地介绍了 Goleman, Boyatzis 和 McKee 所著的 *Primal Leadership* 一书中的一些练习,这些练习足够唤醒或唤起一个人的梦想。

第八章

1. 关于 Lechesa Tsenoli 的大部分信息来自作者与他的访谈、与他之间的个人谈话和信件交流,2003-2005。

2.怜惜之心的定义:韦氏新大学词典(1963)把怜惜之心定义为:对他人痛苦的同情意识,并希望减轻他人的痛苦。美国传统词典[*The American Heritage Dictionary* (1969)]把怜惜之心定义为:一种分享他人痛苦的深刻感受,倾向于给予、支持或是宽恕。Matthieu Ricard 引用的佛教对"怜惜之心"与"爱"的定义为:怜惜之心是指希望他人远离痛苦和导致痛苦的人或事,而爱是指希望他人幸福并遇到令人幸福的人或事[in Daniel Goleman, *Destructive Emontions* (New York: Bantam Books, 2003), 143]。另见 Peter Frost, *Toxic Emotions at Work: How Compassionate Managers Handle Pain and Conflict* (Boston: Harvard Business School Press, 2003); Peter Frost, Jane Dutton, Monica Worline, and Annette Wilson, "Narratives of Compassion in Organizations," in *Emotions in Organizations*, ed. Stephen Fineman (Beverly Hills, CA: Sage Publications, 2000), 24-45; Thomas Bateman and Chris Porath, "Transcendent Behavior," in *Positive Organizational Scholarship: Foundations of a New Discipline*, ed. Kim Cameron, Jane E. Dutton, and Robert E. Quinn (San Francisco: Berrett-Koehler, 2003), 122-137; Jason Kanov, Sally Maitlis, Monica Worline, Jane E. Dutton, Peter Frost, and Jacoba Lilius, "Compassion in Organizational Life," *American Behavioral Scientist* 47, no. 6(2004): 808-827。

3.儒学对"怜惜之心"的定义,就是"仁":Antonio S. Cua, "Chinese Confucian philosophy," in *Routledge Encyclopedia of Philosophy*, vol. 2, ed. Edward Craig (London: Routledge, 1998), 536-549; and Bryan W. Van Norden, Mencius, in *Routledge Encyclopedia of Philosophy*, vol. 6, ed. Edward Craig (London: Routledge, 1998), 302-304。帮助其他人的原因可能包括,想减轻他人因没实现既定目标而遭受的痛苦,或者是想帮助他们实现梦想或新的抱负。因此,像我们定义的那样,他人的痛苦遭遇或经历并不是表现怜惜之心的必要条件。

4.早期被广泛采用的衡量工具的编码及相关研究仍然以基于缺失的

动机定义为基础。但是在 70 年代初期,研究者开始把不同形式的亲和动机或亲密动机建立在积极、非焦虑的基础上。研究者也开始认识到管理者的工作需要有亲密关系的支持。参见 Richard Boyatzis in *Organizational Psychology: A Book of Readings*, 2nd,3rd,4th,5th,and 6th editions, ed. David A. Kolb, Irwin Rubin, and James McIntyre (Englewood Cliffs, NJ: Prentice Hall, 1974, 1979, 1982, 1990, 1995); 另见 Richard Boyatzis, "Affiliation Motivation: A Review and a New Perspective," in *Human Motivation: A Book of Readings*, ed. David McClelland and Robert S. Steele (Morristown, NJ: General Learning Press, 1973); Richard Boyatizs, "A Tow-factor Theory of Affiliation Motivation," (PhD diss., Harvard University); Dan McAdams, "A Thematic Coding System for the Intimacy Motive," *Journal of Research in Personality* 14 (1980): 413-432; Carol Constantian, "Attitudes, Beliefs, and Behavior in Regard to Spending Time" (PhD diss., Harvard University, 1981); Stephen Kelner, "Interpersonal Motivation: Positive, Negative, and Anxious" (PhD diss., Harvard University, 1990); David McClelland, *Human Motivation* (New York: Cambridge University Press, 1985); Roy Baumeister and Mark Leary, "The Need to Belong: Desire for Interpersonal Attachments as a Fundamental Human Motivation," *Psychological Bulletin* 117, no.3 (1995): 497-529。

5. Morgan Lewis Bockius 的 14 家美国事务所和 5 家全球事务所雇用了 1 200 多名在 22 个实践领域有专门技能的律师。

6. 这是近几年常见的一个术语,因为它触及当今复杂组织中的管理难题。这个词语产生于 20 世纪 90 年代末期,Michael Seitchick、Greg Shea 和 Kenwyn Smithde 在为 Wharton School's Aresty Institute of Education 设计领导力课程时的一系列谈话中。

7. Thomas A. Wright and Russell Cropanzano, "The Role of Psychological Well-Being in Job Performance: A Fresh Look at an Age-Old Quest," *Organizational Dynamics* 33, no. 4 (2004): 338-351; Richard

Lazarus, "How Emotions Influence Performance in Competitive Sports," *Sport Psychologist* 14 (2000): 229-252.

8. Personal communication, Mark Scott, December, 2003.

9. "Football Teams Up with Habitat for Humanity," Georgia Institute of Technology Web site (www.gatech.edu), July, 2, 2004.

10. 记录在2004年展望上的球队成绩,"自从Richt来到佐治亚,牛头犬队的成绩成了32-8(包括过去两个赛季的24-4)"。参见 http://georgiadogs.collegesports.com/sports/m-footbl/spec-rel/ 070204 aab.html。

11. "The In-house A-list,"*PR Week*, October 20, 2003, 18-19.

12. Elaine Hatfield, John T. Cacioppo, and Richard Rapson, *Emotional Contagion* (New York: Cambridge University Press, 1994).

13. Douglas T. Hall, ed. *The Career Is Dead—Long Live the Career: A Relational Approach to Careers* (San Francisco: Jossey-Bass, 1996).

14. 俄亥俄州阿克伦城Summa健康保健中心的总裁兼CEO Thomas Strauss在2003年4月28日的第十次心连心周年纪念讨论会上发表的评论。宣言是根据艾伯特·爱因斯坦健康护理基金会1988年服务卓越项目提供的版本改编的。

15. 信息来自于作者对Summa现有的医生与护士及以前的员工的个人访谈。

16. Jane Dutton, Peter Frost, Monica Worline, Jacoba Lilius, and Jason Kanov, "Leading in Times of Trauma," *Harvard Business Review* (January 2002): 54-61; Jane Dutton and Emily D. Heaphy, "The Power of High-Quality Connections," in *Positive Organizational Scholarship*, ed. Kim Cameron, Jane E. Dutton, and Robert Quinn (San Francisco: Berrett-Koehler, 2003): 264-278.

17. E. Pooley, "Mayor of the World," *Time*, December 31, 2001,1.

18. A. Ripley, "We're Under Attack," *Time*, December 31, 2001, 5; Pooley, "Mayor of the World," 2.

19. Rudolph Giuliani在2001年9月12日世贸中心遇袭后发表的评

论。

20. 来自与一个在曼哈顿市中心工作的长期居住者 Mary Ann Batos 的个人访谈。

21. Manuel London, *Leadership Development: Paths to Self-Insight Professional Growth* (Mahwath, NJ: Lawrence Erlbaum Associates, 2002).

22. HayGroup, "Increasing the odds of success with outside experienced hires: A case study of competency-based assessment and selection," Hay Viewpiont working paper (Boston: The McClelland Center, 2003).

23. Morgan W. McCall Jr., Michael M. Lombardo, and Ann M. Morrison, *The Lessons of Experience: How Successful Executives Develop on the Job* (Lexington, MA: Lexington Books, 1988); Kathy Kram, *Mentoring at Work* (Glenview, IL: Scott, Foresman, 1985); Kathy Kram and Cary Cherniss, "Developing Emotional Competence through Relationships," in *The Emotionally Intelligent Workplace: How to Select for, Measure, and Improve Emotional Intelligence in Individuals, Groups, and Organizations*, ed. Cary Cherniss and Daniel Goleman (San Francisco: Jossey-Bass, 2001), 254-285; Daniel Goleman, Richard Boyatzis, and Annie McKee, *Primal Leadership* (Boston: Harvard Business School Press, 2002); Richard Boyatzis, Melvin Smith, and Nancy Tresser, "Sustaining Leadership Effectiveness Through Coaching and Compassion: It's Not What You Think," *Academy of Management Learning and Education* (forth coming); Richard E. Boyatzis, Anita Howard, Brigette Rapisarda, and Scott Taylor, "Coaching Can Work, but Doesn't Always," *People Management* (March 11, 2004) 26-32.

24. Herminia Ibarra, *Working Identity: Unconventional Strategies for Reinventing Your Career* (Boston: Harvard Business School Press, 2003).

25. 大量研究已经描述了这种模式（被称为领导—成员交换理论）及其消极作用；参见 Fred Dansereau, James Cashman, and George Graen, "Instrumentality Theory and Equity Theory as Complimentary Approaches in Predicting the Relationship of Leadership and Turnover among Managers," *Organizational Behavior and Human Performance* 10, no. 2 (1973): 184-200; Fred Dansereau, George Graen, and William Haga, "A Vertical Dyad Linkage Approach to Leadership within Formal Organizations: A Longitudinal Investigation of the Role Making Process," *Organizational Behavior and Human Performance* 13, (1975): 46-78; George Graen and Terri Scandura, "Toward a Psychology of Dyadic Organizing," *Research in Organizational Behavior* 9, (1987): 175-208; George Graen, Michael Novak, and Patricia Sommerkamp, "The Effects of Leader-Member Exchange and Job Design on Productivity and Satisfaction: Testing a Dual Attachment Model," *Organizational Behavior and Human Performance* 30, no. 1 (1982): 109-131; George Graen and Mary Uhl-Bien, "Relationship-Based Approach to Leadership: Development of Leader-Member Exchange (LMX) Theory of Leadership over 25 Years: Applying a Multi-Level Multi-Domain Perspective," *Leadership Quarterly* 6, no. 2 (1995): 219-247; George Graen and J. Cashman, "A Role-Making Model of Leadership in Formal Organizations: A Developmental Approach," *Leadership Frontiers*, ed. James G. Hunt and Lars L. Larson (Kent, OH: Kent State University Press, 1975): 143-165。

26. Kathy Kram, *Mentoring at Work* (Glenview, IL: Scott, Froesman, 1985): 143-165; Monica Higgins and Kathy Kram, "Reconceptualizing Mentoring at Work: A Developmental Network Perspective," *Academy of Management Review* 26, (2001): 264-288.

27. Richard Boyatzis, "Notes from a Coaching Workshop," (unpublished paper, Weatherhead School of Management, Case Western

Reserve University, 2003).

28. Boyatzis, Smith, and Tresser, "Sustaining Leadership Effectiveness Through Coaching and Compassion," *Academy of Management Learning and Education* (forthcoming).

29. Richard Boyatzis, "Core Competencies in Coaching Others to Overcome Dysfunctional Behavior," in *Linking Emotional Intelligence and Performance at Work: Current Research Evidence*, ed. Vanessa Druskat, Fabio Sala, and Gerald Mount (New York: Lawrence Erlbaum Associates, in press).

第九章

1. Johann Wolfgang von Goethe, *Faustus; The Bride of Corinth; The First Walpurgis Night*, 2 vols., translated by John Anster (London: Longman, Rees, Orme, Brown, Green, and Longman, 1835), 303.

附录 A

1. 这一段大部分取自 Richard Boyatzis, Melvin Smith, and Nancy Blaize, "Developing Sustainable Leaders Through Coaching and Compassion," *Academy of Management Learning and Education* (forthcoming)。

2. John P. Kotter, *The General Managers* (New York: Free Press, 1982); David C. McClelland, *Human Motivation* (Glenview, IL: Scott, Foresman & Co., 1985); Gary A. Yukl and David Van Fleet, "Theory and Research on Leadership in Organizations," in *Handbook of Industrial and Organizational Psychology*, 2nd edition, vol. 3, ed. Marvin D. Dunnette and Leaetta M. Hough (Palo Alto, CA: Consulting Psychologists Press, 1990): 147–197.

3. John P. Kotter, *Power in Management: How to Understand, Acquire, and Use It* (New York: AMACOM, 1979).

4. David McClelland and Richard Boyatzis, "The Leadership Motive Pattern and Long Term Success in Management," *Journal of Applied Psychology* 67 (1982): 737 – 743; Alan F. Fontana, Roberta L. Rosenberg, Jonathan L. Marcus, and Robert D. Kerns, "Type A Behavior Pattern, Inhibited Power Motivation, and Activity Inhibition," *Journal of Personality and Social Psychology* 52 (1987): 177 – 183; McClelland, *Human Motivation*; Ruth L. Jacobs and David McClelland, "Moving Up the Corporate Ladder: A Longitudinal Study of the Leadership Motive Pattern and Managerial Success in Women and Men," *Consulting Psychology Journal: Practice and Research* 46 (1994): 32 – 41; Sharon R. Jenkins, "Need for Power and Women's Careers Over 14 Years: Structural Power, Job Satisfaction, and Motive Change," *Journal of Personality and Social Psychology*, 66 (1994):a 155 – 165.

5. McClelland, *Human Motivation*.

6. Sally S. Dickerson and Margaret E. Kemeny, "Acute Stressors and Cortisol Response: A Theoretical Integration and Synthesis of Laboratory Research," *Psychological Bulletin* 130, no. 3 (2004): 355 – 391.

7. Paul Martin, *The Healing Mind: The Vital Links Between Brain and Behavior, Immunity and Disease* (New York: Thomas Dunne Books, St. Martin's Griffin, 1997).

8. McClelland and Boyatzis, "The Leadership Motive Pattern and Long Term Success in Management"; David McClelland, *Power: The Inner Experience* (New York: Irvington Press, 1975).

9. Roy Baumeister, Todd Heatherton, and Diane Tice, *Losing Control: How and Why People Fail at Self-Regulation* (New York: Academic Press, 1994); Robert Sapolsky, "The Physiology and Pathophysiology of Unhappiness" in *Well-Being: The Foundation of Hedonic Psy-*

chology, ed. Daniel Kahnemann, Edward Diener, and Norbert Schwarz (New York: Russell Sage Foundation, 1999), 453 – 469.

10. Robert S. Steele, "The Physiological Concomitants of Psychogenic Motive Arousal in College Males" (PhD diss., Harvard University, 1973); Robert S. Steele, "Power Motivation, Activation, and Inspirational Speeches;" *Journal of Personality* 45 (1977): 53 – 64; McClelland, *Human Motivation*; David McClelland and John B. Jemmott III, "Power Motivation, Stress, and Physical Illness," *Journal of Human Stress* 6, no. 4 (1980): 6 – 15; David C. McClelland, Grace Ross, and Vandana Patel, "The Effect of an Academic Examination on Salivary Norepinephrine and Immunoglobulin levels," *Journal of Human Stress* 11 (1985): 52 – 59; David C. McClelland, Erik Floor, Richard J. Davidson, and Clifford Saron, "Stressed Power Motivation, Sympathetic Activation, Immune Function, and Illness," *Journal of Human Stress* 67 (1980): 737 – 743; Oliver C. Schultheiss, "Psychophysiological and Health Correlates of Implicit Motives," paper presented at the 107th Annual Convention of the American Psychological Association, Boston, Massachusetts, August 1999; Oliver C. Schultheiss and Joachim C. Brunstein, "Inhibited Power Motivation and Persuasive Communication: A Lens Model Analysis," *Journal of Personality* 70 (2002): 553 – 582; Oliver C. Schultheiss and Wolfgang Rohde, "Implicit Power Motirotion Predicts Men's Testosterone Changes and Implicit Learning in a Context Situation," *Hormones and Behavior* 41 (2002): 195 – 202; Joseph LeDoux, S*ynaptic Self: How Our Brains Become Who We Are* (New York: Viking, 2002); Robert M. Sapolsky, "Why Stress Is Bad for Your Brain," *Science*, August 9, 1996, 749 – 750; Bruce S. McEwen, "Protective and Damaging Effects of Stress Mediators," *New England Journal of Medicine* 338 (1998): 171 – 179.

11. W. Cannon, "Stresses and Strains in Homeostasis," *American*

Journal of Medical Science 189 (1935): 1 - 14.

12. Sally Dickerson and Margaret Kemeny, "Acute Stressors and Cortisol Responses"; Oakly Ray, "How the Mind Hurts and Heals the Body," *American Psychologist* 59, no. 1 (2004): 29 - 40; Suzanne C. Segerstom and Gregory E. Miller, "Psychological Stress and the Human Immune System: A Meta-analytic Study of 30 Years of Inquiry," *Psychological Bulletin* 130, no. 4 (2004): 601 - 630.

13. Robert M. Sapolsky, *Why Zebras Don't Get Ulcers*, 3rd edition (New York: Harper Collins, 2004); LeDoux, *Synaptic Self*.

14. Sapolsky, *Why Zebras Don't Get Ulcers*; LeDoux, *Synaptic Self*; V. DeQuattro and M. Feng, "The Sympathetic Nervous System: The Muse of Primary Hypertension," *Journal of Human Hypertension* 16 (2002): S64 - S69.

15. Sapolsky, *Why Zebras Don't Get Ulcers*.

16. LeDoux, *Synaptic Self*; Richard J. Davidson, Daren C. Jackson, and Ned H. Kalin, "Emotion, Plasticity, Context and Regulation: Perspectives from Affective Neuroscience," *Psychological Bulletin* 126 (2000): 890 - 909; Richard J. Davidson, personal communication, 2003.

17. McEwen, "Protective and Damaging Effects of Stress Mediators"; Clifford Saper, "The Central Autonomic Nervous System: Conscious Visceral Perception and Autonomic Pattern Generation," *Annual Review of Neuroscience* 25 (2002): 433 - 469; Melissa A. Rosenkranz, Daren C. Jachson, Kim M. Dalton, Isa Dolski, Carol D. Ryff, Burt H. Singer, Daniel Muller, Ned H. Kalin, and Richard J. Davidson, "Affective Style And In Vivo Immune Response: Neurobehavioral Mechanisms," *Proceedings of the National Academy of Sciences*, 100 (2003): 11148 - 11152.

18. Bruce McEwen, "Protective and Damaging Effects of Stress

注释

Mediators"; Sapolsky, *Why Zebras Don't Get Ulcers*; LeDoux, *Synaptic Self*; Sapolsky, "Why Stress Is Bad for Your Brain"; James E. Zull, *The Art of Changing the Brain: Enriching Teaching by Exploring the Biology of Learning* (Sterling, VA: Stylus, 2002); Peter S. Erikson, Ekaterina Perfilieva, Thomas Bjork-Eriksson, Ann-Marie Alborn, Claes Nordburg, Daniel A. Peterson, and Fred H. Gage, "Neurogenesis in the Adult Human Hippocampus," *Nature Medicine* 4 (1998): 1313–1317; Richard Davidson, personal communication, 2003.

19. Richard J. Davidson, Paul Ekwan, Clifford D. Saron, Joseph A. Senulis, and Wallace V. Friesen, "Approach-Withdrawal and Cerebral Asymmetry: Emotional Expression and Brain Physiology I," *Journal of Personality and Social Psychology* 58, no. 2 (1990): 330–341.

20. Andrew J. Tomarken, Richard J. Davidson, Robert E. Wheeler, and Robert C. Doss, "Individual Differences in Anterior Brain Asymmetry and Fundamental Dimensions of Emotion," *Journal of Personality and Social Psychology*, 62, no. 4 (1992): 676–687.

21. Sally Dickerson and Margaret Kemeny, "Acute Stressors and Cortisol Responses"; Segerstom and Miller, "Psychological Stress and the Human Immune System"; Nikolai Petrovshy, "Towards a Unified Model of Neuroendocrine-Immune Interaction," *Immunology and Cell Biology* 79 (2001): 350–357; Gregory E. Miller, Sheldon Cohen, Sarah Pressman, Anita Barkin, Bruce S. Rabin, and John J. Treanor, "Psychological Stress and Antibody Response to Influenza Vaccination: When Is the Critical Period for Stress, and How Does It Get Inside the Body?" *Psychosomatic Medicine* 66, no. 2 (2004): 215–223.

22. 参见 David McClelland and Richard Boyatzis, "Leadership Motive Pattern and Long Term Success in Management," *Journal of Applied Psychology* 67, no. 9 (1982): 737–743; David C. McClelland, S. E. Locke, R. M. Williams, and M. W. Hurst, "Power Motivation,

Distress and Immune Function" (unpublished manuscript, Harvard University, 1982).

23. 同上。

24. Richard Davidson, personal communication, 2003; Sapolsky, *Why Zebras Don't Get Ulcers*; McEwen, "Protective and Damaging Effects of Stress Mediators."

25. DeQuattro and Feng "The Sympathetic Nervous System."

26. Sapolsky, *Why Zebras Don't Get Ulcers*; McEwen, "Protective and Damaging Effects of Stress Mediators."

27. 同上。

28. Sapolsky, *Why Zebras Don't Get Ulcers*.

29. McEwen, "Protective and Damaging Effects of Stress Mediators."

30. Shelly E. Taylor, Laura C. Klein, Brain P. Lewis, Tara L. Gruenewald, Regan A. R. Gurung, and John A. Updegraff, "Biobehavioral Responses to Stress in Females: Tend or Befriend, Not Fight or Flight," *Psychological Review* 107 (2002): 411–429.

31. David C. McClelland, *Human Motivation* (Glenview, IL: Scott, Foresman & Co., 1985).

32. Nigel Nicholson, *Executive Instinct: Managing the Human Animal in the Information Age* (New York: Crown Business, 2000).

33. Robert Lickliter and Hunter Honeycutt, "Development Dynamics: Toward a Biological Plausible Evolutionary Psychology," *Psychological Bulletin* 129, no. 6 (2003): 819–835; Eric H. Davidson, *Genomic Regulatory Systems: Development and Evolution* (New York: Academic Press, 2001); Redford B. Williams, John C. Barefoot, James A. Blumenthal, Michael J. Helms, Linda Luecken, Carl F. Pieper, Ilene C. Siegler, and Edward C. Suarez, "Psychosocial Correlates of Job Strain in a Sample of Working Women," *Archives of General Psychiatry* 54

注释

(1997): 543-548.

34. Williams et al., "Psychosocial Correlates of Job Strain in a Sample of Working Women."

35. 同上, 621。另见 Cary Cooper, Philip Dewe, and Michael O'Driscoll, *Organizational Stress: A Review and Critique of Theory, Research, and Applications* (Thousand Oaks, CA: Sage Publications, 2001)。

36. Sapolsky, *Why Zebras Don't Get Ulcers*; LeDoux, *Synaptic Self*; Davidson et al., "Emotion, Plasticity, Context, and Regulation."

37. Robert Sapolsky, *Why Zebras Don't Get Ulcers*; Andreas Bartels and Semir Zeki, "The Neural Basis of Romantic Love," *NeutoReport* 11, no. 17 (2000): 3829-3834; Thomas R. Insel, "A Neurobiological Basis of Social Attachment," *American Journal of Psychiatry* 154 (1997): 726-735.

38. Ichiro Kawachi, B. Kennedy, and R. Glass, "Social Capital and Self-Rated Health: A Contextual Analysis," *American Journal of Public Health* 89 (1999): 1187.

39. John Allman, Aaron Rosin, Roshan Kumar, and Andrea Hasenstaub, "Parenting and Survival in Anthropoid Primates: Caretakers Live Longer," *Proceedings of the National Academy of Science* 95 (1998): 6866-6869.

40. E. Friedmann, A. Katcher, J. Lynch, and S. Thomas, "Animal Companions and One-Year Survival of Patients Discharged from a Coronary Care Unit," *Public Health Reports* 95 (1980): 307-312.

41. Jay Schulkin, *Neuroendocrine Regulation of Behavior* (New York: Cambridge University Press, 1999); Sapolsky, *Why Zebras Don't Get Ulcers*; McEwen, "Protective and Damaging Effects of Stress Mediators."

42. Insel, "A Neurobiological Basis of Social Attachment"; Schul-

kin, *Neuroendocrine Regulation of Behavior*; C. Sue Carter and Margaret Altemus, "Integrative Functions of Lactational Hormones in Social Behavior and Stress Management," *Annals of the Academy of Science* 807 (1997): 164–174.

43. Insel, "A Neurobiological Basis of Social Attachment"; LeDoux, *Synaptic Self*.

44. Lisa Diamond, "Contributions of Psychophysiology to Research on Adult Attachment: Review and Recommendations," *Personality and Social Psychology Review* 5 (2001): 276–295.

45. 感受警醒之心和怜惜之心时,是左前额叶皮层的神经活动而不是右前额叶皮层的神经活动被激活: Daniel Goleman, *Destructive Emotions*. (New York: Bantam Books, 2003); Richard J. Davidson, "Toward a Biology of Positive Affect and Compassion," in *Visions of Compassion*, ed. Richard J. Davidson and Anne Harrington (New York: Oxford University Press, 2002), 107–130; Rosenkranz et al., "Affective Style and In Vivo Immune Response"。

46. Paul Ekman, Richard J. Davidson, and Wallace V. Friesen, "The Duchenne Smile: Emotional Expression and Brain Physiology II," *Journal of Personality and Social Psychology* 58, no. 2 (1990): 342–353; F. Gregory Asby, Alice M. Isen, and U. Turken, "A Neuropsychological Theory of Positive Affect and Its Influence on Cognition," *Psychological Review* 106, no. 3 (1999): 529–550; Jerome Groopman, *The Anatomy of Hope: How People Prevail in the Face of Illness* (New York: Random House, 2004); Tomarken et al., "Indiridual Differences in Anterior Brain Asymmetry..."; Davidson et al., "Approach–Withdrawal and Cerebral Asymmetry"; Richard Davidson, Jon Kabat-Zinn, Jessica Schumacher, Melissa Rosenkranz, Daniel Muller, Saki F. Santorelli, Ferris Urbanowski, Anne Harrington, Katherine Bonus, and John F. Sheridan, "Alterations in Brain and Immune Function Produced

by Mindfulness Meditation," *Psychosomatic Medicine* 65 (2003): 564 – 570.

47. Esther M. Sternberg, *The Balance Within: The Science of Connecting Health and Emotions* (New York: W. H. Freeman and Company, 2001).

48. Insel, "A Neurobiological Basis of Social Attachment."

49. Bartels and Zeki, "The Neural Basis of Romantic Love."

50. David C. McClelland and C. Kirshnit, *Effects of Motivational Arousal on Immunofunction* (unpublished manuscript, Harvard University, 1982); Jemmott, "Psychosocial Stress, Social Motives and Disease Susceptibility."

51. Barbara L. Fredrickson and Christine Branigan, "Positive emotions broaden the scope of attention and thought-action repertoires," *Cognition and Emotion* (in press); Michelle M. Tugade and Barbara L. Fredrickson, "Resilient individuals use positive emotions to bounce back from negative emotional experiences," *Journal of Personality and Social Psychology* (in press); Barbara L. Fredrickson, "Gratitude, like other positive emotions, broadens and builds," in *The Psychology of Gratitude*, ed. Robert A. Emmons and Michael E. McCullough (New York: Oxford University Press, forthcoming); Barbara L. Fredrickson, Michelle M. Tugade, Christian E. Waugh, and Gregory Larkin, "What good are positive emotions in crises?: A prospective study of resilience and emotions following the terrorist attacks on the United States on September 11th, 2001," *Journal of Personality and Social Psychology* 84 (2003): 365 – 376; Barbara L. Fredrickson, "Positive Emotions and Upward Spirals in Organizational Settings," in *Positive Organizational Scholarship*, ed. Kim Cameron, Jane Dutton, and Robert Quinn (San Francisco: BerrettKoehler, 2003).

附录 B

1. Copyright © Richard E. Boyatzis, 1992. 如果需要深入了解这个测验及其理论基础和统计学上的可信度，参见 Richard E. Boyatzis, Angela Murphy, and Jane Wheeler, "Philosophy as the missing link between values and behavior," *Psychological Reports* 86 (2000) 47–64。

作者介绍

理查德·E.伯亚斯是凯斯西储大学组织行为和心理系的教授,也是位于巴塞罗那的 ESADE 学院的人力资源访问教授。在 2005 年和 2006 年,他是伦敦商学院组织行为学的访问教授。在凯斯西储大学工作期间,他还担任高管教育的副主任和组织行为系的系主任。在成为教授之前,他在麦克伯(McBer)公司(一家人力资源研究咨询公司)担任了 11 年的 CEO,也在杨克舒(YanKelovich, Skelly & White)顾问公司(一家市场研究公司)担任了两年的 COO。他发表过 125 篇关于行为变化、领导力、胜任特征和情商等方面的文章。他的著作包括:《胜任的经理人》(The Competent Manager)、《定性变革信息》(Transforming Qualitative Information)、《职业教育的创新:从教到学的历程》(Innovations in Professional Education: Steps on a Journey from Teaching to Learning)与斯科特·克文和戴维·科尔布合著。他也是一本国际畅销书《原发领导力:认识情商的力量》的合著者。这本书的其他两位作者是丹尼尔·戈尔曼和安妮·麦基,这本书已经被翻译成 27 种语言。伯亚斯从麻省理工学院获得了航空航天学士学位,并从哈佛大学获得了社会心理学的硕士和博士学位。

安妮·麦基是泰里欧斯领导力学院的联合主席,这是一家为领导者服务的国际咨询机构,其客户包括《财富》(Fortune)杂志百强企业以及一些重要的非营利组织,比如联合国。她也在宾夕法尼亚大学的教育研究院以及沃顿商学院的 Aresty 高管教育学院任教。

麦基的工作集中在领导力、文化和战略上。她设计了创新性的领导力开发方法,作为一名个人顾问,她为全球的高层经理服务,关注领导

作者介绍

力、战略和组织变革的交叉点。

麦基是一位积极的公共演讲家和作家,她在全球为经理人做过各种演讲与报告。在出版本书之前,她与丹尼尔·戈尔曼和理查德·E.伯亚斯合著了国际畅销书《原发领导力》。她在包括《哈佛商业评论》(*Harvard Business Review*)等杂志上发表了许多关于管理和领导力的文章。所有这些文章都着眼于领导者情商的开发,以及创造有活力的、目标明确的和谐组织。

在合作创立泰里欧斯领导力学院之前,麦基是海氏集团(The Hay Group)的管理开发服务总监。她也在宾夕法尼亚大学的职业发展中心担任多年的执行总监,并在沃顿商学院教授 MBA 课程。她的研究兴趣包括领导力、高管发展和组织变革。她通过不断地发表文章,做研究,发表评论,编辑专业杂志,并且为国际非政府机构和费城的社区服务,从而为管理领域做出巨大的贡献。

麦基在檀香山夏米娜德大学以最优秀的成绩获得荣誉学士学位,并在凯斯西储大学获得博士学位。她还在克利夫兰格式塔学院和德国法兰克福的一个研究机构继续她的专业研究。

麦基和她的丈夫以及三个孩子现定居在宾夕法尼亚的埃尔金斯帕克(Elkins Park)。